天达共和法律研究丛书

著作权法体系化研究

王坤　王展 ◎ 著

中国政法大学出版社

2018·北京

本书为浙江省社会科学院2018年重点课题研究成果以及
"部门法学"重点学科成果,
受北京天达共和律师事务所出版资助。

CONTENTS
目　录

导　读 ·· 001

第一章　著作权产生论 ··· 006
　第一节　著作权制度的萌芽 ··· 006
　第二节　现代著作权制度的产生 ··· 009
　第三节　现代著作权制度产生的理论基础 ······························ 011
　第四节　《大清著作权律》及其历史影响 ······························ 015

第二章　著作权对象论 ··· 023
　第一节　作品概念 ··· 023
　第二节　作品独创性 ··· 031
　第三节　作品分类 ··· 042
　第四节　演绎作品 ··· 051
　第五节　表演作品 ··· 055
　第六节　电影作品 ··· 060
　第七节　软件作品 ··· 062
　第八节　合作作品 ··· 066
　第九节　单位作品 ··· 069

第十节　字体案例分析 ··· 071
第十一节　鬼吹灯案例分析 ··· 075

第三章　著作权内容论 ··· 079
第一节　著作权概念 ··· 079
第二节　著作用益权能 ··· 083
第三节　著作人格权制度的缺陷 ··· 089
第四节　著作辅助权能 ··· 093
第五节　著作权的时间限制 ··· 103
第六节　著作权的法域限制 ··· 105
第七节　著作权权利穷竭 ··· 106
第八节　著作用益权 ··· 108
第九节　普通邻接权 ··· 111
第十节　人格符号财产权 ··· 121
第十一节　作者和著作用益权人利益冲突的处理原则 ··················· 127

第四章　著作权保护论 ··· 131
第一节　作品要素分析与著作权保护范围 ··································· 132
第二节　作品功能分析与著作权保护范围 ··································· 140
第三节　思想表达二分法评析 ·· 146
第四节　著作权法上的公共领域 ··· 148
第五节　侵权行为类型 ··· 150
第六节　侵犯著作权的责任承担方式 ·· 158
第七节　侵犯著作权的几个相关问题 ·· 163
第八节　作品合理使用 ··· 166
第九节　法定许可 ··· 174
第十节　死海古卷案件分析 ··· 180

第五章　反剽窃论 ……………………………………………… 185
第一节　反剽窃的理论依据 ……………………………………… 187
第二节　剽窃行为的对象、种类、本质及法律定性 …………… 189
第三节　剽窃行为的侵权责任 …………………………………… 194
第四节　著作权法上剽窃条款的修正 …………………………… 198
第五节　剽窃行为的行政责任 …………………………………… 199
第六节　剽窃行为的刑事责任 …………………………………… 201
第七节　剽窃例外情形 …………………………………………… 203

第六章　著作权立法论 …………………………………………… 211
第一节　总　则 …………………………………………………… 211
第二节　作　品 …………………………………………………… 213
第三节　著作权的权能 …………………………………………… 215
第四节　著作权的归属 …………………………………………… 217
第五节　著作权保护范围 ………………………………………… 220
第六节　著作权的利用 …………………………………………… 222
第七节　邻接权 …………………………………………………… 224
第八节　侵犯著作权的救济 ……………………………………… 227
第九节　侵犯著作权的免责情形 ………………………………… 232

参考文献 ……………………………………………………………… 236
基础文献 ……………………………………………………………… 241
后　记 ………………………………………………………………… 243

导　读

一、著作权法存在的问题

著作权法学是一门特殊的学科，之所以特殊，主要是因为这门学科看上去很好学，同时，又很不好懂。说其很好学，是因为这门学科中的很多概念、命题、制度，人们往往一看就能够明白。比如，作品是一种智力成果，独创性的一种解释就是要求独立创作。说其很不好懂，是因为这些概念、命题、制度缺少确定的内涵和外延，又跟民法基本原理严重背离。因此，学习著作权法，往往会使人产生以下两种感觉：

第一种感觉，像是被抛入一个昏天黑地的海上漩涡中，周围漂浮的是各种各样的混沌概念，智力成果、思想、表达、独创性，等等，没有一个不是似曾相识，但没有一个概念能够清晰地予以界定，以至于我们可以确定地信赖它们、依靠它们。比如，将作品界定为一种智力成果。但智力成果概念本身含糊不清，在此基础上很难再去把握著作权法上的其他概念、命题和制度。比如，我们很难去界定作品（智力成果）的独创性是怎么一回事，勉强为之，或是流于经验的描述，只要是独立创作的、额头流汗的，就具有独创性；或是流于玄学思辨，以是否显示作者的个性或创作高度作为判断标准。而"个性""创造高度"等概念并不比"独创性"更易于理解，实际上是什么也没有解释。可以说，只要对作品概念没有一个科学的界定，人们对作品的独创性之理解就只能在经验描述和玄学思辨两个极端之间摇摆。

再比如，在著作权法上，有着著名的思想表达二分法，认为著作权法保护表达，不保护思想。但什么是思想？什么是表达？从来没有被认真地界定过。到最后，凡是需要受到保护的，就是表达；凡是不需要受到保护的，就是思想，根本上就缺少一种科学上的确定性。[1]一旦碰上具体案例，这些概念就如同随意捏就的橡皮泥，让人无所适从。而在科学上，在对概念缺少科学定义的情况下，一切学术论争就会变得毫无意义。

第二个感觉，与民法脱节、背离，甚至渐行渐远。举世皆知，知识产权是一种私权、民事权利，著作权自然也不例外。著作权属于哪一个层级上的民事权利？是与物权、债权等并列的一级民事权利，还是属于"知识产权"下属的次级民事权利？如果说这个问题还属于认识问题，更严重的问题在于：

著作权由著作财产权和著作人格权两种性质的权利构成，即使作者（著作人格权人）死亡，署名权、完整权、修改权、接触权等所谓著作人格权依然可以永世长存。这就是说，民事主体不存在了，民事权利还可以继续存在，无疑彻底违背了民法基本原理。

其次，在民法上，民事权利的主要内容是各种具体的权能。比如，所有权中包含着占有、使用、收益、处分等积极权能以及排除他人干涉、妨碍的消极权能，不存在独立的占有权、使用权、收益权、处分权。但在著作权法上，通说认为，著作财产权中包含了复制权、发行权、改编权、信息网络传播权等一束民事权利，这些民事权利可以单独转让，也可以单独成为被侵害的对象。在侵犯著作权民事诉讼中，总是要追问被侵犯的是复制权、发行权，还是信息网络传播权？舍此，案件几乎无法办理下去。而在侵犯物的所有权诉讼中，从来不会有人去追问侵犯的是占有权，还是使用权？

最后，在民法上，物权、债权、人格权、身份权等民事权利从来不存在穷竭问题，但在知识产权法上，包括著作权在内，通常认为存在着穷竭问题。即附载知识产权的产品，经合法授权进入流通渠道后，知识产权即穷竭。这在民法上也无法解释。

著作权法上存在上述问题的根源就在于：这门学科缺少科学的理论体系。当然，这种缺陷不仅是著作权法所独有，其他类型的知识产权也存在同样的问题。这种缺陷突出地表现为两个方面：在著作权法内部，未能形成一个立足于科学概念基础上的理论和制度体系；在著作权法外部，未能与商标法、

---

[1] "对于各种主要的名辞，求得明白正确的定义，实为一切科学研究的一个重要功绩"。[美]迦纳：《政治科学与政府·绪论、国家论》，孙寒冰译，东方出版社2014年版，第9~10页。

专利法等协调一致，特别是未能与民法体系相协调，拥有太多的特殊性，不能够顺利地融入民法体系中，以至于我们总要在各种场合翻来覆去地强调包括著作权在内的知识产权是私权，是民事权利。

二、著作权法体系建构的两大路径

针对著作权法存在的问题，可以概括出著作权法体系建构的两大路径：

一是科学化路径。在著作权法上，智力成果、思想、表达等概念并非科学概念，它们或是未经严格界定的、日常生活中的经验性概念，或类似于哲学领域中的思辨性概念，这是造成著作权法理论和实践中的各种困扰之总根源。概念是学科理论体系的基础。在著作权法上，首先就是需要建构一个科学的作品概念。在此基础上，对独创性、作品保护范围等进行研究，确立科学的著作权法概念体系，形成著作权法体系的骨架。其次，需要厘清著作权法的立法基础，克服著作权法在"人格说"和"激励说"之间摇摆不定的状态，形成著作权法内部一以贯之的价值体系，赋予著作权法体系以灵魂。

本书主要是基于符号学、信息学、系统论等学科的研究成果，建构一个科学的作品概念，引入要素分析和功能分析方法，并在此基础上探究著作权法上的其他概念，理清著作权同商标权、专利权等知识产权之间的关系。[1] 同时，以"激励说"为著作权法唯一的立法目的，摆脱二元论的尴尬，明确署名权、完整权等所谓著作人格权的立法目的不在于保护作者的人格，并以此重塑著作权的内容体系。

二是民法化路径。就是通过民法的基本原理解构著作权法的各种冗余的特殊性，将著作权还原为一种普通的民事权利，至少包括以下几个方面：

首先，对著作权的性质进行定性。著作权作为一种纯粹的财产权，在侵害著作权时，一般不涉及精神损害赔偿问题。在侵犯著作权案件中，如果涉及精神损害赔偿问题，其前提就是被告的行为同时侵犯了著作权人的人格权，给著作权人带来精神上的损害。

其次，对著作人格权的性质重新进行定位，并非一种民法上的人格权，其目的既在于维护社会文化发展利益等公益要求，也在于促进著作财产权的

---

[1] 关于著作权、商标权、专利权三者之间的关系，可参看王坤：《知识产权法学方法论》，华中科技大学出版社2016年版。

运用和实现，是一种辅助性的权能。

再次，复制权、发行权、信息网络传播权、改编权等所谓著作财产权实际上都是著作权的具体权能，因而不存在侵犯复制权、发行权等问题，只有以擅自复制、发行、信息网络传播、改编等方式侵犯著作权的问题。

再次，不存在著作权人转让复制权等问题，如同所有权人不能向他人转让抵押权、质权等用益物权。只有著作权人为他人设立复制权、发行权等著作用益权，如同所有权人为他人设立用益物权情形。其性质为原始取得，并非继受取得。著作用益权是对著作权的限制，一旦这种限制不存在，著作权将回归圆满状态。

最后，对著作权权利穷竭理论进行解构，不存在合法著作物进入流通领域后著作权穷竭问题，著作权依旧存在，只不过针对著作物的流通限制被解除。同理，其他类型的知识产权，如商标权、专利权，也不存在穷竭问题。

总之，本书整个研究思路可以归结为一句话：通过科学化、民法化实现著作权法的体系化。

三、本书的基本框架

本书主要针对著作权法学理论的缺陷，综合运用符号学、信息学和系统论，从建构科学的作品概念出发，同时基于民法基本原理，针对著作权法上几个方面的重要问题进行专题研究。通过科学化和民法化双轮驱动，以此来建构著作权法理论和制度体系，实现著作权法的体系化。全书主要分为六章：

第一章主要研究著作权法的产生和发展的规律，阐述著作权行政特许制度和现代著作权制度之间的差异，重点论述著作权立法保护的两大理论基础，并以此探究不同模式著作权制度之间差异的根源。另外，本章还集中研究《大清著作权律》的立法模式及历史影响。

第二章主要研究著作权法上最为核心的概念——作品。本章分析了传统的作品概念存在的各种缺陷，综合利用符号学、信息学和系统论，建构了科学的作品概念。本章探讨了作品的各种分类，特别是对表演作品、电影作品、合作作品、单位作品、软件作品等著作权对象进行了专门的研究。在科学建构作品概念基础上，论述了作品独创性的层次及其对作品可版权性的影响。本章最后一节以北大方正和广州宝洁"飘柔"倩体字案件为分析对象，对作品、独创性等概念进行实证分析。

第三章主要研究著作权的内容。包括：对著作权概念进行科学界定；论述著作权两种性质的权能——著作用益权能、著作辅助权能；论述邻接权制度，特别是提出一种新的人格符号财产权制度；提出建构著作权用益权制度的可能性和必要性，认为这是著作权人对他人设定的、类似于用益物权的一种权利，需要完善相应的著作权用益权登记和公示制度。此外，本章还分析了著作权的时间限制、法域限制以及著作权权利穷竭等方面问题。

第四章论述著作权保护问题。本章主要是论述了作品功能和作品要素与著作权保护范围之间的关系。认为从功能分析角度上看，著作权法仅仅保障作品的精神功能得以实现。从要素分析角度上看，存量知识以及增量知识中的公共知识均不属于著作权法的保护范围。现行的思想表达二分法和公共知识分析方法均难以有效地确定著作权保护的范围。最后一节对以色列耶路撒冷法院判决的、著名的死海古卷案件进行实证分析。

第五章主要研究反剽窃制度问题。认为劳动说、人格说、激励说和文化发展利益说是人们规制剽窃行为的几种可能的理论依据。这些理论依据各有所长，各具其短。不同的理论依据对于剽窃概念、剽窃种类以及剽窃行为侵权责任构成要件、承担方式等具有重大的影响。相比较而言，文化发展利益说更能切合剽窃行为的本质，更有助于惩治学术不端行为，应当成为反剽窃的主要理论依据。在文化发展利益说的基础上，本章对剽窃行为的对象、种类、本质以及法律定性，剽窃行为的法律责任以及例外情形等，进行集中论述。

第六章为著作权立法论。本章主要是依据前五章的研究成果，提出一个《著作权法立法（草案）》及立法说明。该草案一方面对作品、著作权、邻接权等传统的著作权法概念进行了全新的阐释；另一方面又对知识、著作用益权能、著作辅助权能、人格符号财产权、存量要素、增量要素等新创的概念进行界定。在具体制度方面，也依据本书确立的理论体系和研究，进行细化设计。

第一章 著作权产生论

第一节 著作权制度的萌芽

一、古代西方对署名和作品完整性的保护

古希腊、罗马时期，一般人都不以创作为业，极少是为了温饱而执笔，创作的目的或是为了追逐名望，或是为了作为世人导师。作者为了宣扬自己的思想观点，往往并不反对他人复制其作品。同时，也是由于印刷技术的落后，再加上图书市场的狭小，盗版行为不仅在技术上存在困难，而且也缺少经济意义。只是对那些剽窃作品的人，作者往往口诛笔伐指摘一番。比如，古罗马讽刺诗人马休尔视其著作如子女，凡剽窃其著作者，则喻为绑架者，时人亦多厌恶剽窃行为，但当时的法律并无保护著作权的规定。[1]

欧洲中世纪是文化黑暗时期，当时的著作都源于寺院，内容大半是关于宗教方面，僧侣（教士）身兼著作人与缮写两重身份。一般著作几乎都是集体创作，无法确定作者。其他著作也大部分具有政治性质，撰写目的就在于广为流传，志在唤起宗教、政治改革意识，并不介意著作的商业价值，对于作品的署名和完整性反而更为关注。[2]

---

[1] 参见施文高：《比较著作权法制》，台湾三民书局1993年版，第3页。
[2] 参见施文高：《比较著作权法制》，台湾三民书局1993年版，第3页。

二、我国封建社会对出版商利益的行政保护

在中国，宋代以前，发生多起假冒他人署名的剽窃事例。刘义庆在《世说新语·文学》中说，文学家向秀为"竹林七贤"之一，少好老庄之学，撰有《庄子隐解》一书，发明庄子奇趣，深得《庄子》神髓，时人以为"庄周不死矣"！但秀死子幼，"义遂零落"。郭象见秀注不传于世，"遂窃以为己注"。刘希夷是初唐一位小有名气的诗人，经苦吟得句"年年岁岁花相似，岁岁年年人不同"。他的舅舅，初唐时期著名诗人宋之问想占为己有，刘希夷不肯，两人争执起来，宋之问居然用装土的袋子将刘希夷压死，被称作"因诗杀人"，成为文学史上一段著名的公案。但在宋朝之前，尚无证据表明存在着严重的盗版现象。

到了宋朝，出版业空前繁荣，主要原因有两个：第一，统治者基于"王者虽以武功克定，终需用文德致治"的思想认识，"兴文教，抑武事"，形成了"以文化成天下"的基本国策。在这种国策指引下，宋代人享有空前的出版自由。明人胡应麟曾言："雕本始唐中叶，至宋盛行，荐绅士民，有力之家，但笃好则无不可致。"也就是说，只要有钱，任何人都可以出版书籍。第二，宋朝集历代印刷技术之精华，在毕昇发明活字印刷以后，大规模印刷成为可能，盗版在技术上可行，在经济上有利可图。在上述背景下，盗版现象也就随之产生。

为了防止盗版，在书籍上有类似现代版权页的记载。也有向官府提出诉状的，称"本宅见刊方舆胜览……并系本宅贡士私自编辑，积岁辛勤。今来雕版，所费浩瀚，窃恐书市嗜利之徒，辄将上件书版翻开，或换名目，或以节略舆地纪胜等书为名翻开攫夺，致本宅徒劳心力，枉费钱本，委实切害。"意思是说，出版商雇人撰稿，形成的著作权属于出版商，但其他出版商或更换版式，或更改书名，以此来出版，致使该出版商血本无归，造成了重大损失。另外，还有获得行政特许的，从国子监（国家教育行政部门）获得禁止翻版公据："维清窃维先叔刻志穷经，平生精力毕于此书，倘或其他书肆，嗜利翻版，则必窜易首尾，增损音义，非惟有辜罗贡士镂梓之意，亦重为先叔明经之玷，今状披陈——乞给据付罗贡士为照。——如有不遵约束，违戾之人——追板劈毁，右出给公据付罗贡士橄收执照应。淳祐八年"。也就是说，一个叫做罗贡士（贡士是参加全国范围科举考试［会试］及格后获得的资

格）的人出版了维清叔叔（已经去世）的一本书，为了防止其他出版商（书肆）盗版，维清请求教育主管部门为罗贡士出具执照。盗版者要受到"追板劈毁"的处罚。由此可见，在宋朝已经有了申请保护制度，保护的理由在于维护作品的完整性，真实的目的在于制止他人盗版，保护的手段在于获得政府的出版许可。

总体来看，上述对出版商利益的行政保护是零星记载的，在整个宋朝以及宋以后的各个封建王朝中并没有由此形成系统的、保护出版商利益的行政特许制度。

三、西方出版行政特许制度

著作权制度是随着印刷术的采用而出现的。随着活字印刷术传入欧洲，大规模的印刷成为可能，推动了图书市场得以形成，这就使得图书出版有利可图，直接诱发盗版行为。但当时正处于文艺复兴时期，欧洲出版界以古典作品的出版为重点，几乎看不到当世作者的作品。对古典作品的发现、整理、排版需要付出很大的成本，但盗版又是轻而易举的事情。在这种情况下，出版商需要得到政府的保护，排除他人出版特定作品的机会，以保证其投资收益。对于政府而言，也需要控制出版行为来控制思想的传播。上述两个方面的需要直接催生了出版特许权制度。这一制度始见于十五世纪的威尼斯，出版商为了垄断某些图书的印刷和销售市场，防止同行竞争，往往将书稿提前送给政府审查，以获得一定期限内的特许权。在英国，女王于1662年颁布了第一个许可证法，正式建立了行政特许权制度。

行政特许权制度是著作权制度的前身，著作权的一些理念和制度从行政特许权制度中孕育出来。同著作权制度相比较，行政特许权制度具有以下一系列特点：

第一，行政特许权属于一种行政特权，是皇室或政府行政许可的产物。在行政特许制度下，是否授予出版许可？出版许可的具体内容？出版许可的有效期限？这些都是不确定的，往往因人、因时、因地而异，需要考量各种因素，包括一些偶然的因素。比如，特许权存续期间差别很大，一般为7年，皇家认为有必要，得予延长。而著作权是一种民事权利，不需要特别的行政裁量，其内容、期限等均为法定，无法进行裁量。

第二，行政特许权的主体是出版商，偶尔也有作者，但事实上作者往往缺少出版能力，因而无法独享此项特权，特权之最终受惠人仍为出版商。行政特许制度的一个重要目的就在于维护出版商的利益，通过对出版商利益的保护促进图书市场的繁荣。作者主要是享有习惯法上的自然权利，包括出版决定权、出售原稿给书商之权等，作者的权益主要是通过习惯、契约等方式得到保护。而著作权则以作者利益保护为核心，通过对作者利益的保护促进科技文化的发展。

第三，行政特许制度的一个重要的功能在于思想控制，通过图书审查禁止不合统治者口味的图书出版。而现代著作权制度一般不具有这样的功能，非法的图书只要其具有独创性，仍然具有著作权。只不过国家另行制定出版物管理方面的法律，通过这些法律制止非法图书的出版。也就是说，著作权法一般不具有思想控制的功能。所以，从法理上讲，非法作品也具有著作权，但在行政特许时期，非法作品不会获得特许出版的机会。

第二节 现代著作权制度的产生

一、现代著作权法产生的标志

现代著作权制度的标志有三个：

第一，以作者权益保障为核心，而不是以出版商利益为核心。这就解决了著作权法上的两个重大问题：首先，著作权来源于作者的创作行为，而不是行政机关的特许；其次，著作权的对象是作品，作者是著作权的原始主体，也是出版商获得专有出版权的源泉。

第二，权利内容、期限等法定化、标准化，没有任何行政自由裁量的空间。这是著作权成为一种民事权利，而不是行政特权的重要标志。而在行政特许制度下，行政机关对于权利的内容和期限往往根据具体情况给予不同的授权。

第三，不再具有思想控制功能，一概承认作品，不管是合法作品，还是非法作品，都具有著作权，不因内容的妥当性否定他人的民事权利。思想控制任务交由专门的出版法律进行规范，从而将出版流通问题和民事权利问题区别开来。

1709年，英国颁布《安娜女王法令》，该法的原名是《为鼓励知识创作而授予作者及购买者就其印刷成册的图书在一定时期内之权利的法》，这里的购买者指从作者手中购买版权的出版商，版权期限是自法律公布之日起21年，作者享有出版该书的专有权利。著作人或任何有权之人，均得依法申请登记。由此，英国法上的行政特许制走入了历史。《安娜女王法令》的功绩就在于废除了检察制和特许制，进而确立了著作权法制的雏形。后来，英国、美国、法国、德国等国家分别制定了著作权法，由于立法指导思想以及法律传统上的差异，形成了两套不同的著作权法律制度体系：其中，大陆法系国家著作权法形成了德国模式和法国模式，统称为"大陆模式"，英美法系国家著作权法形成了"英美模式"。

二、"大陆模式""英美模式"的差异

这两种制度模式存在着以下一系列差异：

第一，立法指导思想不同。大陆模式以保护自然人作者的人格及财产权益为最高目的，在此基础上形成了著作权法律制度。而英美模式的立法目的在于调整自然人作者、出版商及其他相关主体之间的利益关系，在此基础上形成的版权制度并不以保护某种主体利益为最高目的。

第二，主体范围不同。大陆模式侧重以自然人为著作权主体，对法人成为著作权主体存在着较多的歧视和限制。而英美模式对于自然人、法人为作者则并无偏见，在承认广播电视组织、录制者、电影制片者等投资者以及其他各种企业法人成为作者从而享有完整的著作权方面几乎没有限制。

第三，著作权权能不同。大陆模式中，著作权权能中包括发表权、署名权、完整权等所谓著作人格权，而英美模式著作权中一般没有这些著作人格权。

第四，有无邻接权制度不同。由于不承认表演行为、录音录像制品等为著作权对象，大陆模式设立了邻接权制度。而英美模式由于对作品独创性要求不高，在承认法人为著作权主体问题上也无障碍，因此没有设立邻接权制度。

第五，对作品独创性的要求不同。大陆模式对作品独创性要求比较高，德国著作权法要求作品具有一定的创作高度，法国法要求作品反映作者个性。英美模式对作品独创性要求比较低，只要作品是独自完成的就具有独创性。

尽管存在着上述差异，但两大模式的著作权制度也在相互吸引、相互融

合。大陆模式基于现实的需要，不得不突破人格说的逻辑，更多地承认法人为作者；不断降低独创性要求，承认更多的作品具有著作权。而英美模式也在极为有限的范围内承认署名权、完整权，也在提高独创性标准。特别是两大模式的多数国家都加入了《伯尔尼公约》《世界版权公约》，从而为著作权法律制度的趋同提供了坚实的基础。不过，两大模式的差异仍将在很长的一段时间内存在。法律的生命在于经验，也在于逻辑。如果某种法律不能满足经验生活的需要，就需要突破旧的逻辑，提炼出新的理论逻辑，创新法律，从而赋予法律以新的生命。在两种模式的拔河比赛中，基于经验生活的需要，大陆模式将更多地突破人格说的限制，向英美模式靠拢。

第三节　现代著作权制度产生的理论基础

从历史发展上看，行政特许制度体现了政府控制思想的目的，同时也赤裸裸地保护了出版商的利益。因而在这个阶段，既没有著作权的概念，也就根本谈不上著作权保护的正当性基础。在十七、十八世纪之交，自然法理论甚嚣尘上，人权意识觉醒，著作人权利渐获肯定，其理论依据就是精神所有权说。精神所有权说模仿物权理论，认为作品是作者的精神产物，作者对作品具有所有权，正如制造人对其劳力所制造出来的有体物享有所有权一样。在中世纪的欧洲，有一个故事说明精神所有权说的本质。哥伦布（非发现新大陆的哥伦布）在拜候其宗师费楠之际，伺机抄录其诗集，费楠追索未果，遂诉请特尔模国王协助索回抄本。哥伦布则力辩抄录之目的在于传播信仰。后来，国王判决："母牛之所有权及于小牛之所有权，对书本之所有权，当然及于其抄本。"从物权法的视角上看，物的孳息归属于所有权人，以此而论，复制本相当于原本的孳息，复制本的所有权也归属于著作权人。

总的来看，精神所有权说具有历史合理性，但没有考虑到作品和有体物之间的差异，仿照物权建立著作权制度，认为复制本是原本的孳息，这种推论是机智的，甚至在当时也是必要的。但精神所有权说在理论上无疑是粗糙的。当前，在各国著作权中，在著作权立法基础方面，发挥决定性作用的是人格说和激励说，这两种学说决定了各国著作权制度的具体架构和模式差异。

一、大陆模式产生的理论基础——人格说

人格说主要从康德、黑格尔时代开始,康德在1785年发表了"论假冒书籍的非正义性"一文,认为作品是作者个人禀赋的实现,作者权利是内在的人格权利。黑格尔认为,作品体现作者的意志,是内在精神的外化。1793年,费希特发表了"复印的非法性:推理与说教"一文,把作品称为"思想的形式"。法国著名作家布封认为"风格即人",在我国,人们常说"什么样的人写出什么样的文章"。

在中国传统道德观念中,品行不正,就不可能创作出端庄的作品,如汉代大文豪扬雄就认为,"言为心声,书为心画"。经典书法理论家认为人品与书品有必然的联系,人品决定书品。王羲之说"夫书者,玄妙之伎也。若非通人志士,学无及之"(《书论》)。唐代柳公权说"心正则笔正"。项穆又说"人正则书正"(《书法雅言》)。由明入清的重要书法理论家兼大书法家傅山更是明确主张"作字先作人,人奇字亦古"(《作字示儿孙》)。

在中国文学史上,人们更是把作品和作者的人格紧密地结合在一起。比如,屈原被称为中国第一个伟大的爱国诗人,就是因为其坚贞不屈的人格,至死不渝的爱国精神,在漫漫修远路上不停地上下求索。他的这种人格体现在《离骚》,使之能够垂范千古。杜甫被人们称为"诗圣",就是因为其崇高的人格体现在其诗篇中,比如,"穷年忧黎元,叹息肠内热""致君尧舜上,再使风俗淳""朱门酒肉臭,路有冻死骨"。没有这样一种忧国忧民的人格特征,杜甫决然写不出如此震撼人心的诗句来。

正是基于作品和人格关系的认识,对于为什么要保护著作权这一问题,只是因为作品是人格的体现,而人格是法律所保护的对象。受人格说的影响,形成了两种著作权法律制度模式:

第一种是德国模式。德国模式比较彻底地贯彻人格说,这种制度模式有以下几个特点:首先,对于著作权的定性,著作权既非纯粹的财产权,也不是纯粹的人格权,而是一种复合性的权利,包含着各种与人格有关的权能和与财产相关的使用权能;其次,对著作权主体,由于自然人才具有人格,因而自然人才是最主要的著作权主体,而法人或其他组织只是在特殊情况下才被拟制为著作权主体;最后,著作权不能转让,只能授权他人行使,也就是说,只能够许可使用。

第二种是法国模式。这种制度模式的特点在于：首先，著作权包括著作财产权和著作人格权两个部分，人格说的影响主要体现在著作人格权制度上，著作人格权不能转让，并且可以无限期存在；其次，不排斥少量法人或非法人组织能够具有著作权，但这种作品的署名权归参与创作的自然人所有；最后，作品应当体现作者的个性，不能体现作者个性的作品就欠缺独创性，无法获得著作权。

显然，德国著作权制度模式的特点在于确认著作权是一种包含各种权能的复合性权利，复制权、发行权等均为权能，因而不能单独转让，只能够授权他人行使，更符合民事权利与权能关系的原理。缺点在于比较僵化，如果彻底地坚持人格说，那么著作权既不能转让，也不能继承，法人也不能成为著作权主体。这些制度安排不利于处理各相关主体之间的利益关系，从而不利于经济和文化发展。德国模式少有追随者，相较于德国模式，法国模式相对灵活一些，承认著作财产权可以转让，因而在大陆法系国家中从者甚众。

二、英美模式产生的理论基础——激励说

激励说是解释著作权、商标权、专利权等权利正当性的知识产权理论之一。激励说认为，知识产权的目的是要通过激励创造来促进学习、创新和知识等，激励说的核心观念就是实现社会总福利的最大化。该说在知识产权正当性理论中最为盛行，获得了普遍的推行，在许多立法中可以见到。世界历史上第一部版权法《安娜女王法令》的立法目的就在于"授予作者、出版商专有复制权利，以鼓励创作"。最典型的莫过于美国《1787年宪法》。该法明确规定："国会有权力通过赋予作者和发明人在有限时期内对于其作品和发现享有排他性权利的方式来促进科学和实用艺术的进步。"世界贸易组织《与贸易有关的知识产权协议》（Trips协议）甚至也采纳了这一路线。它在第七条指出："知识产权的保护与权利行使，目的应在于促进技术的革新、技术的转让与技术的传播，以有利于社会及经济福利的方式去促进技术知识的生产者与使用者互利，并促进权利与义务的平衡。""促进科学和实用艺术的进步""有利于社会及经济福利"，这些用语显然是基于激励说的阐述。

从激励说的视角上看，一方面，通过著作权的授予能够产生一定的经济激励作用，从而促进更多的作品涌现出来。这就要求强化著作权的保护，扩大著作权的保护范围。另一方面，人们也看到，对著作权的保护实际上赋予

了著作权人一定范围内的垄断权，阻碍了作品的流通，提高了他人创作的成本，从而减少了社会福利。保护范围越大，保护力度越强，其对社会福利的损害越大。这就要求对著作权授予和保护进行一定的限制。比如，确立独创性标准，制定合理使用、法定许可等免责条件，承认著作权法上的公共领域，等等。

英美法系国家著作权法以激励说作为立法基础，在此基础上形成的英美模式具有以下几个显著特点：第一，注重保护作品创作和传播过程中的投资者利益，自然人可以成为作者，制片者、录音录像制作者、广播电视组织、出版机构等作品投资者、传播者同样可以成为著作权人；第二，并不关注作品是否体现人格，著作权是一种纯粹的财产权，因而著作权可以转让、继承，不存在法律上的障碍；第三，对独创性要求不高，只要作者独立完成作品，付出了脑力、体力、财力、物力，即能够产生著作权。说到底，激励说就是一种作品投资者利益保护说，保护的目的在于促进文化繁荣、科技进步。

三、两种理论之比较

人格说的立论基础存在着一定的缺陷。当代学者钱钟书指出，人格与文风不是一回事，不能一味地以文观人，因为文也可以饰伪，生活中既有言行一致、文如其人的现象，也有言不符行、文不符人的情况。因此，作品能否体现作者的人格，并不总是确定的。更何况，人格说基础上形成的著作人格权理论往往同民法的基本原理相冲突，比如，著作人格权永久存续就与民事权利理论背道而驰。一些具体的制度安排也不适于处理各种利益关系。如电影作品的著作权归属就大成问题。法国《著作权法》第14条就将电影剧本作者、改编者、解说词作者、专门为作品谱写的配有或未配有歌词的乐曲作者、导演等推定为电影作品的合作作者。由此形成了错综复杂的利益关系，不利于电影作品的使用，不利于促进经济文化的发展。

相对于人格说而言，著作权法最为合理的立法理论就是激励说。为了达到社会福利的最大化，促进科技文化的进步，激励说贯穿整个著作权制度：首先，在著作权授予环节，设立了作品独创性标准，对于缺少独创性的作品，并不授予著作权。同时，对于时事报道、官方文件等并不授予著作权，以促进信息流通。其次，在作品的使用环节上，设置了合理使用、法定许可等制度，允许社会公众未经许可对他人具有著作权的作品进行使用。最后，在著作权保护环节上，采用了思想表达二分法、公共领域等方面理论，确定了著作权的法域性、时间性标准，从而有效地缩小了著作权的保护范围。正如波斯纳所言："版权保护越少，作者、作曲家或其他创作者就越可能借用先前的作品而不会侵犯版权，并因此，创造一部新作品的费用就越低。"[1]这样，在作品授权、使用、维权等三个环节上，均是基于激励说的考量，最大限度地减少著作权授予行为对社会福利的损害，最大程度地促进科技文化的发展。

各国著作权法也多在事实上以激励说作为立法的理论基础，其典型体现就是把促进科技文化发展当作是首要的立法目的。比如，我国《著作权法》第1条规定："为保护文学、艺术和科学作品作者的著作权，以及与著作权有关的权益，鼓励有益于社会主义精神文明、物质文明建设的作品的创作和传播，促进社会主义文化和科学事业的发展与繁荣，根据宪法制定本法。"显然，这也是体现了激励说的思想。人格说主要残存于著作人格权制度中。

第四节 《大清著作权律》及其历史影响

20世纪初，清政府预备立宪，并委任沈家本、伍廷芳为修订法律大臣，引进资产阶级的法律体系与原则，制订了一系列的专门法律，《大清著作权律》便是其中之一。1910年，清政府颁布中国历史上第一部著作权法——《大清著作权律》，《大清著作权律》分为"通例、权利期限、呈报义务、权利限制、附则"5章，共55条。对于版权的概念、作品的范围、作者的权利、取得版权的程序、版权的期限和版权的限制等问题，均作了相应的规定。

长久以来，我国学界对该法的研究不多。既有的研究成果呈现两个特点：第一，主要基于法史学的立场，对这部法律的主要内容进行介绍，研究其产生背景、政治历史意义及其缺陷，[2]很少有学者从纯著作权法角度进行深入

---

[1] [美]威廉·M.兰德斯、理查德·A.波斯纳：《版权法的经济分析》，转载于[美]唐纳德·A.威特曼编：《法律经济学文献精选》，苏力等译，法律出版社2006年版，第137页。

[2] 参见李雨峰："枪口下的法律：近代中国版权法的产生"，载《北大法律评论》2004年第6卷第1辑；李宗辉："夹缝中的法律移植与传统创造：《大清著作权律》述评"，载《西南政法大学学报》2010年第5期；语和："我国历史上的第一部著作权法：《大清著作权律》简论"，载《历史教学》1995年第6期；陈福初："《大清著作权律》的立法背景及历史意义"，载《江汉大学学报（社会科学版）》2008年第1期；张小莉："《大清著作权律》述论"，载《学术研究》2005年第9期；李明山："《大清著作权律》是'没来得及实施'的法律吗"，载《中国出版》1998年第4期；沈仁干："我国第一部版权法——《大清著作权律》简说"，载《出版工作》1985年第2期，等等。

分析。[1]第二，多数人认为《大清著作权律》仅具历史意义，而缺少现实价值。

本节主要分为四个部分：第一部分主要从著作权法角度上研究《大清著作权律》的立法模式，认为《大清著作权律》完全采用了英美法系的著作权立法模式，大陆法系著作权制度的影响甚微，大陆法系的影响可能仅仅存在于"著作权"这一概念上；第二部分集中论述《大清著作权律》采用英美模式的几个原因；第三部分论述《大清著作权律》的历史影响；最后一部分论述《大清著作权律》的现实价值。[2]

一、《大清著作权律》采用英美模式的集中体现

第一，在立法目的上，采激励说而非人格说。对于《大清著作权律》的立法目的，清政府宣示："照得文明之进步惟恃智识之交通，学术昌明端赖法律之保护。近世欧洲各国，其文艺、美术之能日新月异者，良由定有专律，以资维持。我国载籍素称宏富，技艺亦甚精良，惟往往有殚毕生心力著成品物发行未久，翻制已多，是著作者尚未偿劳，而剽窃者反已获利，殊非所以奖励学术之道"[3]从此宣示中可以明确地看出，著作权法的立法目的在于促进文艺繁荣、学术昌盛。为达此目的，需要保护作者的财产利益，赋予作者以著作权，与保护作者人格没有关系。

第二，在著作权框架上，没有设置著作人格权制度。《大清著作权律》第1条明确规定，著作权就是对著作物有着重制利益之权，没有规定署名权、完整权、发表权等著作人格权。另外，《大清著作权律》第5条规定："著作权归著作者终身有之；又著作者身故，得由其承继人继续至三十年。"第6条规定："数人共同之著作，其著作权归数人共同终身有之，又死后得由各承继人继续至三十年。"第21条规定："将著作权转售抵押者，原主与接受之人，应连名到该管衙门呈报。"从这些规定中可以看出，著作权作为一种纯粹的财产权，在转让、抵押、继承方面没有受到著作人格权的限制。

---

[1] 据笔者所知，纯粹从著作权法角度上对该法进行分析的文章，只有韦之先生的《《大清著作权律》关键词辨析》一文，载《电子知识产权》2010年第11期。

[2] 本节参见王坤："《大清著作权律》立法模式"，载《中国出版》2014年第12期。

[3] 丁进军："清末修订著作权律史料选载"，载《历史档案》1989年第4期。

第三，在著作权主体方面，对法人、非法人组织没有歧视。在著作权主体问题上，《大清著作权律》第8条规定，官署、学堂、公司、局所、寺院、会所等法人、非法人组织均得成为作者。第26条规定，出资聘人所成之著作，其著作权归出资者有之。显然，在《大清著作权律》上，法人、非法人组织均可以成为著作权主体，没有任何限制。

第四，实行著作权登记取得制度。著作权登记取得制度起源于英国，英国《安娜女王法令》作为第一部版权法颁布后，明文提出了"登记"的要求。《安娜女王法令》重点保护的是复制发行权，著作权登记制度的出现主要是为了有效防止他人对作品的擅自复制。美国版权法也要求进行版权登记，但版权登记不是取得版权的条件，只是作为提起侵犯版权诉讼的前提。《大清著作权律》第11条规定，凡著作权均以注册日为起算年限。也就是说，不注册就没有著作权，这一点也是深受英美模式的影响。应当说，著作权的登记取得制度也有一些优点，比如实行登记取得，可以明确、有效地证明著作权人的身份，减少著作权权属之争，有利于著作权纠纷的处理，有利于保护著作权人的合法权益。

二、《大清著作权律》采用英美模式的原因

首先，在立法动因上，《大清著作权律》的产生主要是受美英日等国的压力产生。1902年至1903年，美英日三国提出了中国应从速立法保护三国产品在华知识产权的强烈要求。这次谈判，在很大程度上推动了清王朝的著作权立法和著作权制度的建立。

其次，《大清著作权律》主要是学习日本著作权立法。将近91%的条文直接从日本著作权法移植，其余少部分条文则是由于国情的差异而没有吸纳。而当时的日本著作权法主要也是师从英国著作权法，比如，其中并没有著作人格权方面的规定，而这一点恰恰是英美模式和大陆模式的根本区别之所在。

再次，《大清著作权律》产生的重要动因是保护出版界的利益，而不是作者利益。鸦片战争后，现代印刷术传入中国，极大地促进了中国新式出版业的发展，新式出版发行机构如雨后春笋般涌现。商务印书馆等出版机构做了大量的版权保护工作，为中国近代版权立法铺路垫石。1904年，官方出版机构北洋官报局公然翻印了文明书局的《中国历史》等四种图书，引发了诉讼纠纷，可以说，正是这场盗版纠纷揭开了《大清著作权律》制定的序曲。

再次,《大清著作权律》深受英美版权理论的影响。在大清著作权律制定之前,引进了几部重要的理论著作,第一部理论著作《版权考》早于《大清著作权律》7年发行,该书全面介绍英国和美国的版权法理念和制度。1904年,美国传教士林乐知撰写了《版权之关系》,传播英美模式的版权知识。而大陆模式的著作权理论对《大清著作权律》的制定基本没有影响。

最后,我国有着对出版商利益进行保护的长久传统。从中国宋代,尽管没有著作权理念,但政府对出版商利益有着各种行政保护措施。在清末,对出版商行政保护的事例越来越多。正是有着对出版商利益进行行政保护的悠久传统,我国第一部著作权法才能毫无困难地采用英美模式。

三、《大清著作权律》的历史影响

不可否认,《大清著作权律》也存在着很多缺陷:首先,实行著作权登记取得制度,以登记作为获得著作权的前提条件,不利于著作权保护,同时也有借助著作权注册实行思想控制之嫌。[1]也就是说,对于不符合统治者口味的作品,不赋予相应的著作权。[2]其次,把著作权界定为重制之权,过于简单,没有规定著作权的其他权能;再次,作品范围过窄,仅仅规定了文艺、图划、帖本、照片、雕刻、模型等作品类型;再次,条文过于简略,很多制度没有规定。比如,对于作品独创性、合理使用、法定许可等制度均未作规定;最后,侵犯著作权的行为往往承担刑事责任,削弱了《大清著作权律》作为私法的纯正性,等等。[3]

尽管《大清著作权律》具有上述众多缺陷,但总体来看,《大清著作权律》采用英美模式,立足于激励说,克服了大陆法系著作权制度的僵化缺陷,立论彻底,语言洗练,结构精致,切合我国版权保护的历史传统,因而为后来相关立法所效仿。1915年,民国政府颁布《著作权法》,大部分抄自《大清著作权律》,但也有一些创新之规定。比如,第26条规定:"著作权之转让及抵押,非经登记,不得与第三人对抗"。另外,在本法中,较多地使用"假冒"一词,但对"假冒"没有给予界定。结合其他条款的规定,"假冒"应

---

[1] 姚秀兰:"论中国近代著作权立法",载《深圳大学学报》2005年第4期。
[2] 参见薛宁:"辛亥革命时期中国著作权法的发展",载《知识产权》2012年第1期。
[3] 李宗辉:"夹缝中的法律移植与传统创造——《大清著作权律》述评",载《西南政法大学学报》2010年第5期。

为"剽窃"之意。第 29 条规定："假托他人姓名，发行自己之著作，以假冒论"，其实就是以剽窃论。

1928 年，国民党政府颁布《著作权法》。大部分抄自前两部立法，也有不同之处。比如，第 17 条规定："出资聘人所成之著作物，其著作权归出资人有之，但当事人间有特约者，从其特约"。第 26 条规定，冒用他人姓名发行自己之著作物者，以侵害他人著作权论。第 22 条规定，显违党义的著作不得注册。这样的规定具有明显的思想控制痕迹，是一大倒退。

新中国成立后，废除了国民党的《六法全书》，包括《著作权法》在内。但没有及时地颁布新的《著作权法》，只有一些零星的政策规定，强调保护版权，保护作者的经济利益。1984 年，文化部颁布《图书、期刊版权保护试行条例》，这个条例是 1990 年《著作权法》的前身和蓝本，也是新中国第一部相对完整的著作权立法。尽管立法的层次不高，仅为部门规章，但规定了各项著作权、著作权存续期限以及合理使用制度、法定许可制度，等等，详细地列举了各种侵犯著作权的行为，为 1990 年《著作权法》的制定积累了经验。另外，条例第 14 条第 1 款规定，为了国家利益，文化部可将某些作品的版权收归国有并延长其有效期限。这个规定具有浓烈的计划体制色彩，在后来的著作权立法中被摒弃。

1986 年，广播电影电视部颁布《录音录像出版物版权保护暂行条例》，该条例有两点可堪重视：第一，赋予音像出版物以版权，而不是邻接权，保护期限为 25 年；第二，对于已经公开发表的作品，音像出版单位可以不经著作权人许可，但须注明作品名称和作者姓名，并支付报酬，从而确立了法定许可制度。

1990 年，我国颁布了《著作权法》。这部法律深受两大法系著作权制度的影响，大陆模式（主要是法国模式）的影响突出表现为：设置了著作人格权、著作财产权二元制度，前者不能转让，永久存续，后者可以转让，在一定期限内存续，设置了与著作权并列的邻接权制度，等等。英美模式影响突出表现为：更多地承认法人成为作者，在立法目的上以促进科学文化事业发展为目的，等等。可以说，在整体制度架构上，我国著作权法倾向于大陆模式，但在制度的灵魂以及一些具体规定方面，则倾向于英美模式。这是一部以大陆模式为骨架，以英美模式为灵肉的立法。总体上看，我国既没有彻底摒弃人格说而采纳英美法系的立法模式，也没有不顾现实的需要彻底信奉人格说而采纳德国模式。

四、大清著作权律的现实价值

第一，保护作品署名、完整性方面的规定更为科学。根据大陆法系著作权理论，作品是人格的反映，由此形成的著作人格权属于一种特殊的人格权，这种著作人格权制度与民法人格权理论直接冲突，破坏了人格权制度的统一性。《大清著作权律》第34条规定："接受他人著作时，不得就原著加以割裂、改窜及变匿姓名或更换名目发行，但经原主允许者，不在此限。"第35规定："对于他人著作权期限已满之著作，不得加以割裂、改窜及变匿姓名或更换名目发行。"这两条规定的意义在于：否定了著作人格权的存在，没有规定作者具有署名权、发表权、完整权等权利。但作品的署名和完整性"不惟著作人私益，仰兼社会公益。"主要涉及社会大众和后人完整、有效地吸取文化知识问题，关系到文化发展利益。所以，《大清著作权律》要求社会公众承担一种禁止性义务，必须正确地署名和保持作品的原状。在作者死后，这种禁止性义务继续存在，违反者依然需要承担一定的法律责任。无疑，这样的制度安排避开了著作人格权制度与民法人格权理论的冲突，更加符合大陆法系民法的理论逻辑，同时也有助于处理一些侵犯古人"署名权"的案例。

比如，美国大学学会出版公司出版的已畅销近百年的《少男少女丛书》，剽窃了蒲松龄两篇作品。该丛书第三卷《童话故事卷》中的 The Wonderful Pear Tree（《奇妙的梨树》）无论从故事还是人物、主要情节和细节，与蒲松龄的《种梨》几乎完全相同。另一篇是 The Maid in the Mirror（《镜中少女》）不像前者那样完整剽窃，而是从《凤仙》中挖出一段重要情节，独立成篇。连人物名字也未改，男名"Lu（刘）"，女名"Feng Hsien（凤仙）"。作者署名都是 Frances Carpenter。从著作人格权角度上看，美国人的行为侵犯了蒲松龄的署名权。但问题在于：蒲松龄对这两部作品还具有署名权吗？从法理上讲，蒲松龄早已去世几百年了，其署名权自然是不存在的。但尽管不存在侵犯蒲松龄署名权问题，他人仍然有着对前人作品进行正确署名的义务。这样，根据《大清著作权律》第35条之规定，行政机关可以对这种剽窃古人作品的行为进行处罚，课以罚金。

第二，规范"反向剽窃"行为。剽窃行为最为常见的形态是将他人的作品据为己有，让人误以为是自己创作的结果。比如，在他人作品上将自己署为合作者。再比如，未经合作者许可，将与他人合作创作的作品当作自己单独创作的作品发表，等等。还有一种情形，人们通常不将之视为剽窃，也不认为是侵犯著作权。这就是作者自愿或主动地在自己的作品上署别人的名字，或是将他人署为唯一的作者，或是署为合作者之一。如 1993 年 10 月，一幅署名吴冠中题为《毛泽东炮打司令部》的国画在香港被拍卖。孰料，著名现代画大师吴冠中却郑重其事地声明这是一幅伪作。在该案中，被署名者由于没有进行创作，没有著作权，因而不存在侵犯著作权问题。其实，在自己作品上假冒他人姓名和剽窃他人作品的社会效果是一致的，都破坏了署名规则，扰乱了思想文化的发展脉络，损害文化发展利益。如果把剽窃他人作品的行为称作"正向剽窃"，那么，主动让他人"剽窃"的行为就是一种"反向剽窃"，作者本人就是剽窃者。当前，反向剽窃已经成为学术不端的主要表现形式之一，同样需要被纳入到著作权法的规制范围。

《大清著作权律》第 36 条规定："不得假托他人姓名发行己之著作；但用别号者不在此限"。第 42 条规定："违背三十四条及三十六条规定者，科以二十元以上二百元以下之罚金。"值得注意的是：在《大清著作权律》中，"发行"一词共使用了 24 次，其含义并非转移著作物所有权的意思，而是"发表"的意思。也就是说，不得假托他人姓名发表作品。按照《大清著作权律》的规定，假冒吴冠中署名行为应当受到著作权法的规制，被处以高额罚款。

根据我国现行《著作权法》第 48 条第 8 项的规定，制作、出售假冒他人署名的作品，应当承担民事责任，情节严重的可能受到行政处罚，构成犯罪的依法追究刑事责任。此处的"制作"可以有两种解释：一是创作。比如，在吴冠中案件，作者制作了涉案画作，在上面署名吴冠中。二是复制。即复制了假冒他人署名的作品。在《大清著作权律》中，只有假托他人姓名去发表作品，产生混淆的社会后果，才损害公益，才应受行政处罚。两者相比较，我国现行立法的相关规定忽视了"发表"对于处罚假冒他人署名行为的重要性，而且，法律条文也存在着含混不清之处，有可能将"剽窃"和"复制"混同起来。显然，《大清著作权律》的规定更为科学一些。

第三，规定著作权"失权制度"。在著作权公共领域中，存在着各种不受著作权法保护的作品和作品要素，对这些作品、要素的利用不构成对他人著作权的侵犯。《大清著作权律》第 32 条以列举方式对进入公共领域的作品进行了列举，这些作品包括：①著作权年限已满者；②著作者身故后别无承继人者；③著作久经通行者；④愿将著作任人翻印者。在这四种情形中，第二种情形规定著作权无人继承时归属公共领域，著作权不复存在。这种制度安排比将著作权收归国有更具合理性，更有助于促进科技文化艺术的繁荣；第三种情形实际上是指著作未经许可广为发行，但作者没有采取保护措施的，也被视为进入公共领域，作者失去著作权。这一规定颇具创意，特别是在当前的网络时代，网络上存在着海量的无名作品，包括文字作品、视听作品、图片等。这些作品通过各种方式被大量转载，在较长时间内也无人主张权利。对于这些作品，最佳的处理方式是认定其进入公共领域，作者失去著作权，人人不可据为己有，人人可以自由使用。

五、结语

值此著作权法修改之际，首先可以考虑结束在大陆模式和英美模式之间的摇摆状态，摈弃人格说，废除著作人格权制度，参照《大清著作权律》的立法样式，禁止他人混淆作品署名，破坏作品的完整性。[1] 其次，对法人成为著作权主体不应有任何歧视和限制。比如，在影视作品上，否定导演、编剧等自然人对作品的署名权，承认制片者（法人）对作品具有完整的著作权。最后，还可以借鉴《大清著作权律》上的"著作权失权"等制度，完善我国现行著作权法，使之更适应信息化时代的要求。另外，我国现行著作权法的一个重大缺陷就是：否认非法作品具有著作权，无异于赋予著作权法以思想控制功能，将作品是否具有著作权这一纯粹私法问题同出版行政管理混淆起来，造成作品著作权状态的不稳定。

---

〔1〕 具体可参见王坤："著作人格权制度的反思与重构"，载《法律科学》2010年第6期。

第二章 著作权对象论

第一节 作品概念

作品是著作权法中最为核心的概念，著作权法中的其他一切概念都是直接或间接地建立在作品概念上。对作品概念的界定需要注意以下两点：第一，内涵清楚、外延明确，符合科学定义的一般要求，促进著作权法理论和制度的科学化。如果不能做到这一点，就很难从作品概念中推导出著作权法上的其他概念和制度，这就很难形成一个科学的著作权理论体系；第二，界定作品概念时需要考虑其与商标、发明等其他知识产权对象之间的关系。既需要寻找它们之间的共同之处，也需要厘清它们之间的本质区别。只有这样，才能够有效地促进知识产权法体系化建设。[1]

一、传统的作品概念

传统上认为作品是一种智力成果。比如，世界知识产权组织专家委员会将作品视为"智力创造成果"的同义词。根据我国《著作权法实施条例》第2条规定，作品"指文学、艺术和科学领域内具有独创性并能以某种有形形式复制的智力成果"。这个概念的积极意义在于：首先，确定著作权法意义上的作品都必须是人类创造的成果。自然界很多奇特的景观，如黄山雾松，其鬼斧神工并不亚于任何伟大的画家和雕塑家，但却不是著作权法上的作品。

---

[1] 参见王坤："作品概念的科学建构及其在著作权法上的意义"，载《知识产权》2010年第6期。

如果人们对黄山雾松进行文字描述，或摄影，或绘画，由此形成的文字作品、摄影作品、画作，均是人工智力成果。其次，须以某种有形形式表现出来，可以被复制。也就是说，作品不能仅仅存在于人的头脑中，不能是人脑中的思想或想法，必须能够为人们所感知。俗话说，胸有成竹，但胸中的"成竹"本身不是作品，自然生长的竹子也不是作品，只有画在纸上的竹子才是以某种有形的形式表现出来的，可以被复制，才可能是作品。[1]现行作品定义存在着以下几个重大的缺陷：

第一，以"智力成果"作为作品的上位概念，并不妥当。智力成果本身并非一个科学概念，而是日常生活中的常识性概念。内涵外延并没有严格的界定，属于那种一说就明白，一追问就糊涂的概念。比如，作品固然属于智力成果，但是人工培育的一片竹林、做一个蛋炒饭，这些都属于"智力成果"，既需要花费脑力，也需要花费体力。作品、竹林、蛋炒饭都是智力成果，当然，它们也都是体力成果。无疑，将作品界定为一种智力成果，无从把握它们的内在构成要素和质的规定性，以此作为作品的上位概念，很难进一步地分析著作权法中的其他概念。

第二，将"智力成果"视为作品的上位概念，就很难同时适用于商标和发明，人们无法同时界定商标和发明各是一种怎样的智力成果，它们与作品之间的本质差异是什么。毕竟，同一幅武松打虎的画作，既可以成为作品，也可能用作商标。同一份技术方案书，既可以是作品，也可以是发明。这样的概念界定势必不利于知识产权法体系化建设。

第三，将作品局限于文学、艺术和科学领域，比较直观，但涵盖的范围太窄。比如，菜单、地图等提供实用信息的作品就不属于文学、艺术或科学领域，各种软件也都不属于上述领域，各种宗教著作，如宣扬神学的著作不在科学领域中，也不属于上述作品概念。

第四，无法有效地解释著作权法上的其他概念和制度。比如，以作品独创性为例。在知识产权法上，只要在对作品的理解仍然停留在"智力成果"的层面上，就难以对作品独创性作出科学的解释。众所周知，"智力成果"本身就是个极不确定的思辨性概念，要界定"智力成果"的独创性更是一件难上加难的事情。因此，在独创性问题上，要么是经验性的界定，只要作品是

---

[1] 参见刘春田："知识财产权解析"，载《中国社会科学》2003年第4期。

作者独立创作的,并非从其他作品复制而来,即具有独创性;要么是玄学性的思辨,以是否显示作者的个性或创作高度作为判断标准。而"个性""创造高度"等概念并不比"独创性"更易于理解,实际上是什么也没有解释。可以说,只要对作品概念没有一个科学的界定,人们对作品的独创性之理解就只能在经验描述和玄学思辨两个极端之间摇摆。

第五,在司法实践方面造成诸多困难。概念是司法推理的有价值的工具,[1]非科学的概念有害于司法推理的进程。由于法学概念上存在的缺陷,使得知识产权司法实践也产生了极大的模糊性和随意性。比如:在审理侵犯著作权案件时,人们通常会使用思想表达二分法,认为著作权保护表达,不保护思想,而专利权则保护思想,不保护表达。为了防止社会公众不受限制地利用思想,必须获得专利权。但什么是思想,什么是表达,从来都是一笔糊涂账。人们也搞不清楚究竟是作品中包括思想和表达两个部分,还是认为作品就是一种表达,而思想则存在于人的脑海之中。法院往往将需要保护的东西称为表达,将不需要保护的东西称为思想。这样,本来作为确定著作权保护范围起点的思想表达二分法,却往往成为确定著作权保护范围的终点,赋予了法官过大的司法裁量权,无法有效地指导司法实践。说到底,根本原因在于思想和表达并非科学概念,人们无法对其内涵外延进行实质性的界定。

二、作品概念科学界定的理论基础

本书综合采用了符号学、信息学和系统论,对作品概念进行科学界定。[2]下文予以简要介绍:

1. 符号学

现代符号学主要由瑞士语言学家索绪尔和美国哲学家皮尔斯建立的。索绪尔认为,符号是"能指"和"所指"之间的二元关系,"能指"是语言符

---

〔1〕[美]E.博登海默:《法理学:法律哲学与法律方法》,邓正来译,中国政法大学出版社2004年版,第504页。

〔2〕"以前的学者每喜夸张和注重各门学问的独立性,这种态度,对于各门学问,都有莫大的损害,但现代思想的趋势,却不再注重各门学问间的差别,而在阐明它们相互的关系。对于这一点,席治维克言之甚善:在可能的范围内,彻底了解某种学问和别种科学的关系,明了其理论的那一部分是应该仰给于别种科学,或者是它能贡献于别种科学——是对于任何一种科学之研究,都有补益的。"[美]迦纳:《政治科学与政府·绪论、国家论》,孙寒冰译,东方出版社2014年版,第40~41页。

号的"音响形象","所指"是符号所表达的概念,也就是符号的意义。[1]他把符号比作一张纸,思想概念是纸的正面,声音是纸的反面,它们永远处于一个不可分离的统一体中,他认为这是语言符号两个最为重要的特征。索绪尔关于符号二元关系理论,很快得到学术界的公认,彻底澄清了千百年来人们对于"符号"一词的混乱解释。

皮尔斯提出了符号的三元关系理论,认为符号是"符号形体""符号对象""符号解释"三者之间的三元关系。符号形体是"某种对某人来说在某一个方面或以某种能力代表某种事物的东西";符号对象就是符号形体所代表的"某一事物";符号解释也称为解释项,即符号使用者对符号形体所传达的意义。在皮尔斯看来,正是这种三元关系决定了符号过程的本质。如商店招牌是符号,招牌上的文字或图案是符号形体,它所代表的商店是符号对象,文字和图案所传递的意义就是符号解释。[2]

索绪尔和皮尔斯关于符号"二元关系"和"三元关系"的学说,奠定了现代符号学的坚实的理论基础。本书主要采用"二元关系"学说,认为符号是符号形式和符号意义的统一体,或者说是"能指"和"所指"的统一体。

2. 信息学

当前,信息基本上可以划分为两种:一是客观信息。客观信息是客观事物的属性或关系,既不是物质,也不是能量。二是主观信息,也称为人文信息或精神信息,是对客观信息的认识和反映。主观信息分为感知信息和再生信息两种。其中,感知信息相当于马克思主义认识论中的感性认识,是客观信息作用于人之感官后所产生的一种主观信息,是人在感知阶段所获得的信息。[3]再生信息是主观信息的高级阶段,是人的思维对感知信息进行分析加工后创造的新信息。思维有两种:一种是抽象思维;另一种是形象思维。[4]"思维的本质就在于信息的主观创造。"[5]也就是说,通过符号的介入,人脑

---

[1] 参见[瑞士]费尔迪南·德·索绪尔:《普通语言学教程》,高名凯译,商务印书馆1980年版,第102页。

[2] 参见黄华新、陈宗明主编:《符号学导论》,河南人民出版社2004年版,第3页。

[3] 关于感觉信息和知觉信息的加工过程,可以参见梁宁建:《当代认知心理学》,上海教育出版社2003年版,第51~64页。

[4] 参见邬煜、李琦:《哲学信息论导论》,陕西人民出版社1987年版,第87~94页。

[5] 邬煜、李琦:《哲学信息论导论》,陕西人民出版社1987年版,第85页。

对感知信息进行加工、改造，[1]产生以语言、文字、公式、图表等为表征的人文信息，形成新的信息，也就是再生信息。这种再生信息也被称为"文化信息"，与自然信息（客观信息）相对应。[2]再生信息根据其存在方式，可以分为两种：一种是存在于人脑中的再生信息；另一种是以符号方式客观地表现于外部的再生信息，也就是符号信息。

符号信息可以再划分为抽象信息和形象信息。[3]其中，抽象信息是抽象思维的产物，是一种以概念、命题等方式存在的信息。形象信息是形象思维的产物。形象信息也被称为概象信息，包括类概象和幻概象两类，类概象是对诸多同类认识对象共同本质特征的形象的抽取和概括，如对猫、狗、山、水等类形象的建构；幻概象则是对不同类认识对象不同特征的硬性组合的形象构造，如妖魔鬼怪、八戒、孙猴子形象的建构。[4]

3. 系统论

系统一词，来源于古希腊语，是由部分构成整体的意思。系统思想源远流长，但作为一门科学的系统论，人们公认是美籍奥地利人、理论生物学家 L. V. 贝塔朗菲（L. Von. Bertalanffy）创立的。他在 1932 年发表"抗体系统论"，提出了系统论的思想。通常把系统定义为：由若干要素以一定结构形式联结构成的具有某种功能的有机整体。在这个定义中包括了系统、要素、结构、功能四个概念，表明了要素与要素、要素与系统、系统与环境三方面的关系。

4. 符号学、信息学和系统论三种学说的融合

信息学和符号学可以进行融合，这种融合的基础就在于：符号意义是一种信息，也就是以符号方式存在的信息。[5]而符号信息则是人们对符号意义进

---

[1] 从认识心理学的角度上看认知过程的理论，分为两种：其一是信息加工学说，把人看作是信息加工系统，认知就是信息加工；其二是联结主义学说。参见邵志芳：《认知心理学——理论、实验和应用》，上海教育出版社 2006 年版，第 19~22 页。本书采纳信息加工学说。

[2] 参见黎鸣：《恢复哲学的尊严信息哲学论》，中国社会出版社 2005 年版，第 17~19 页。

[3] 在信息论美学中，抽象信息被称为"语义信息"，而形象信息被称为"审美信息"。参见亚伯拉罕·莫尔斯：《信息论方法》，姜庆国译，载〔法〕米盖尔·杜夫海纳主编：《美学文艺学方法论》，朱立元等编译，中国文联出版公司 1992 年版，第 158~159 页。

[4] 参见邬焜：《信息认识论》，中国社会科学出版社 2002 年版，第 67 页。

[5] 参见胡妙胜：《戏剧演出符号学导论》，中国戏剧出版社 1989 年版，第 4 页。

行解读的结果,是符号组合中所蕴涵的信息,是对客观信息的主观反映。[1]有时候,符号使用者和解读者对于符号意义的理解往往是不一致的,经常会出现误解、少解、多解等现象,但这不影响符号意义成为一种信息。[2]从系统论的角度上看,符号组合不能是符号元素的胡乱排列,是一个包含软硬两种要素在内的有机系统。"世界上,一切系统都是由软硬要素并通过中介环节而组成的。"[3]其中,硬体要素就是各种符号元素的外在组合,软体要素则是符号组合中蕴含的各种信息,包括思想情感信息、情节信息、形象信息以及各种实用信息等,中介则为各种语法规则以及其他符号组合规则。[4]正因为符号组合具有系统性,才能够产生各种各样的作用和功能。

三、本书所界定的作品概念

本书的理论支点是:综合运用符号学、信息学和系统论,建构一个仅仅适合于知识产权法的知识概念。以此作为作品、商标、发明等知识产权对象的上位概念。所谓知识产权法上的知识,就是具备各种功能的符号组合,也是一个有机的系统,具有符合形式和符号信息两个层次上的各种要素以及不同的系统功能。其中,商标就是具有实用销售功能的知识,发明则是一种具有实用技术功能的知识,作品就是一种具有精神功能的知识,这个概念可以从以下几个层次上进行理解:

首先,作品是一种知识。这样的界定有两个方面的好处:第一,将作品同人脑中的思想意识区分开。这里所谓的知识,仅仅适用于知识产权法,就是一种符号组合,由各种符号元素构成。包括作品、商标和发明等知识产权对象都是各种知识。从这个角度上看,作品都是有形的、可复制的,这就把作品跟人脑中的思想意识区分开来;第二,将作品同自然事物区分开。知识

---

[1] "信息是指用符号传送的报道,报道的内容是接收符号者预先不知道的。"戴元光、邵培仁、龚炜编著:《传播学原理与应用》,兰州大学出版社1988年版,第45页。"信息是信息源所发生的各科信号和消息经过传递被人们所感知、接收、认识所理解的内容的统称。"周鸿铎主编:《信息资源开发利用策略》,中国发展出版社2000年版,第12页。

[2] 参见黄华新、陈宗明主编:《符号学导论》,河南人民出版社2004年版,第138页。

[3] 任恢忠:《物质·意识·场——非生命世界、生命世界、人类世界存在的哲学沉思》,学林出版社1995年版,第62页。

[4] 比如,在系统论上,就可以把文本界定为"见诸于某种载体承载意义的系统化和正式化的符号聚合体"。参见吴彤:《系统分析与哲学思维方式》,云南人民出版社2005年版,第121页。

都是人工的智力成果，并非自然界的客观存在物，离开了人的智力创造，便没有任何知识。

其次，作品是一种具有精神功能的知识。这是作品同商标、发明等其他知识产权对象之间的根本区别之所在。商标、发明同样是知识，它们同作品之间的根本区别就在于功能的不同。商标和发明具有的是实用功能，而作品具有的是精神功能。精神功能主要包括启蒙明智和怡情愉悦两个方面，代表着主体从符号中获得信息指导或者审美享受，这是作品对人的精神所具有的意义，体现为主体精神状态的改善。这样，同一幅画作，当其用作人们欣赏对象的时候，就是作品。当其放置在商品上促进商品销售的时候，就是商标。同一份技术方案书，当人们从中获得技术信息的时候，就是作品。当人们用来解决实际技术问题的时候，就是发明。因此，作品、商标、发明等都是知识，都是具有不同功能的知识。这样的界定能够厘清三者之间的辩证关系，有助于促进知识产权法体系化建设。

最后，从系统论的角度上看，作品须构成一个有机的系统，由各种符号元素和要素构成。比如，文字作品由各种文字符号构成，绘画作品由线条、色彩构成，书法作品由线条、墨色等构成。任何作品，一概不能例外。但作品并非符号元素的胡乱排列，同其他知识相比较，必须具有系统性，是一个包含软硬两种要素在内的多层次的内在体系。其中，硬体要素就是各种符号元素的外在组合，软体要素则是符号组合中蕴含的各种信息，包括思想情感信息、情节信息、形象信息以及各种实用信息，等等。[1]不同种类的作品有着不同种类的系统要素。比如，符形组合、体裁、结构等为各种作品中都具备的系统要素，艺术形象是文艺作品中特有的要素，而情节则为叙事作品中特有的要素，思想观点为科学作品中的要素，等等。因此，任何一部作品都不是抽象的智力成果，不是一个混沌的不可划分的整体，而是由各种要素有机结合而形成的系统。

从来源上看，这些要素可以分为两种：一种是存量要素；另一种是增量要素。存量要素是移入到作品中的既存的知识要素。既包括物体形象、民俗形象以及司空见惯的符号组合，如作为中华民族象征的龙的形象，各种动物的真实形象，各种成语、歇后语等固定之组合，以及"风格、文体千篇一律

---

[1] 参见吴彤：《系统分析与哲学思维方式》，云南人民出版社2005年版，第121页。

的老套、例行公事的东西、节奏、和弦"[1]，也包括那些最为抽象的、前人提出的以及社会上业已存在的思想观点、情感倾向等，还包括各种既存的民俗风情、故事情节、新闻素材、艺术形象等。

比如，以京剧的程式而论。京剧是中国的"国粹"，已有200年历史。在京剧中，唱、念、做、打是京剧表演的四种艺术手法，也是京剧表演四项基本功。"唱"指演唱，"念"指具有音乐性的念白，二者相辅相成，构成歌舞化的京剧表演艺术两大要素之一的"歌"；"做"指舞蹈化的形体动作，"打"指武打和翻跌的技艺，二者结合构成歌舞化京剧表演艺术两大要素之一的"舞"。戏曲演员从小就从这四个方面进行训练，虽然有的演员擅长唱功（唱功老生），有的行当以做功（花旦）为主，有的以武打为主（武净）。但是要求每一个演员必须有过硬的唱、念、做、打四种基本功，才能充分发挥作为歌舞剧的戏曲艺术表演的功能。更好地表现和刻画戏中的各种人物。对于京剧作品而言，这四种艺术手法都是存量要素。

除了上述存量要素以外，作品中还具有各种增量要素。增量要素是作者在作品中增添的知识要素，既可能表现为符号元素之独特组合和结构安排，如绘画布局、色彩调和、韵律结合、文字排序等，也可能包括新颖的情节、戏剧剧情、意境、意象等，还可能包括新思想、新观点、新风格、新信息以及著作人自己塑造的前所未有的艺术形象。这些增量要素反映著作人的愿望、意志、情感、技巧和创造能力，蕴涵着著作人的个人特征，构成作品之原质。[2]

比如，在老版电视剧《三国演义》里，刘关张桃园结义的背景是黄巾起义，新《三国》刻意把黄巾起义虚化，把结义的目的改成了剿除董卓。"三英战吕布"是三国故事的一个永恒经典。老版中，关张二将战吕布未能取胜，刘备加入战局后，吕布才落败逃走。与老版不同，新《三国》对这个经典进行了改编，张飞先战吕布，不敌。关羽加入后局势逆转，险斩吕布于马下。刘备见了拍马上去，为吕布挡住厉害的杀招，反倒救了吕布一命。另外，新版第二集中，曹操刺杀董卓不成，当即出逃，回过味来的董卓大怒，立即派吕布血洗曹府。以上这些情节都是新版《三国演义》中的增量要素。总的来

---

[1] [德] M. 雷炳德：《著作权法》，张恩民译，法律出版社2005年版，第119页。
[2] 施文高：《比较著作权法制》，台湾三民书局1993年版，第614页。

看，旧版电视剧《三国演义》在故事情节、人物对话等方面更加忠实于原著，而新版在情节、人物对话等方面具有更多的创新，这些创新部分即为新版电视剧中的增量要素。

对作品概念进行上述界定，一方面可以厘清作品同商标、发明等概念之间的辩证关系，促使知识产权法体系化建设；另一方面，可以分析作品的构成要素及其与外部文化环境之间的源流关系，考察著作权成立和保护的一般规律，分析著作权法上的其他概念和制度，促进著作权法内部的体系化。

第二节 作品独创性

独创性是著作权制度的核心概念之一，但对于作品独创性的理解，各国的做法不同。大体上可以区分为两种：一是英美国家的独创性标准，着重于考察作品创作的过程，而以独立创作作为判断作品独创性的标准，"额头流汗"是这一标准的形象体现；二是大陆法系国家的独创性标准。比如，德法等国从作品出发，考量作品本身是否具有独创性。比如，德国深受黑格尔和康德理论的影响，认为作品应当具有一定的创作高度。我国著作权法也没有明确独创性概念的内涵，"独创性概念的不确定导致了版权司法在确认版权作品和判定版权侵权上存在着盲目性和任意性的问题。"[1]学界有认为应当采用英国模式，认为一件作品的完成应是该作者自己的选择、取舍、安排、设计、综合的结果，既不是依已有的形式复制而来，也不是依既定的程式或程序推演而来。[2]也有学者提倡大陆法系的观点，要求作品要富有个性。[3]还有学者建议采取美国的标准，认为独创性包含有两层含义，即独立创作和创造性。[4]本章主要分为以下几个部分：第一节论述英美国家的独创性标准；第二节论述大陆法系国家的独创性标准；第三节论述作品独创性的本质；第四节论述作品独创性的层次及其对作品可版权性的意义。

---

[1] 参见金渝林："论作品的独创性"，载《法学研究》1995年第4期。

[2] 参见刘春田：《知识产权法》，中国人民大学出版社2002年版，第48页。

[3] 参见冯晓青、冯晔："试论著作权法中作品独创性的界定"，载《华东政法学院学报》1999年第5期。

[4] 参见韦之：《知识产权论》，知识产权出版社2002年版，第4页。

一、英美国家的独创性标准

独创性的英文表述为"originality"。英国早期的版权法，从 1709 年的《安娜女王法令》到 1842 年的《版权法》，都没有关于独创性的规定。在司法实践中，英国法院一直以"额头流汗"（Sweat of the Brow）原则来判断作品是否享有版权，要求作者必须有一定的"技巧、判断或劳动"，或"选择、判断和经验"，或"劳动、技巧和资金"等方面的投入。1900 年，在 Walter v. Lane 一案中，法院才首次在判决中提出独创性概念，并进行讨论。英国 1911 年修改的版权法第一次确立了对独创性的要求。1916 年，Peterson 法官认为，版权法并不要求作品必须是创造的或新颖的，而只是要求作品必须不是从其他作品复制而来，也即作品必须是独立创作的。不过，英国司法判例中在判断作品是否受版权保护的时候，在适用独创性标准时仍然继续使用传统的"额头流汗"原则。"额头流汗"原则和独立完成原则逐渐地融合在一起。现代英国版权制度中的独创性标准包含两方面的内容：独立完成和足够的创作投入。

1903 年，美国法院在 Bleistin 案中首次对独创性作出了规定，只要一件作品是作者独立完成的，它就具有独创性。同时，法官遵循英国法上的"额头流汗"这一古老原则，把作者技巧、劳动、判断等投入作为衡量作品是否受保护的标准。直到 20 世纪 90 年代之前，美国成文法和判例法上的作品独创性标准与英国法基本一致。1991 年发生的 Feist v. Rual（Feist Publications v. Rural Tele-phone Serviee）案是美国版权法上具有里程碑意义的案件。负责审理该案的联邦高等法院法官首次在判决中推翻了传统的"额头流汗"原则，在裁定 Rual 公司对其出版的电话号码簿不享有版权时，法官运用了新的独创性判断标准，即"仅仅是投入劳动并不能使作品具备独创性，而要求这种投入必须具备最低限度的创造性（modicum of creativity）。"Feist 案所确立的把一定的创造性要求引入独创性标准内涵的判例原则，对以后的法院判决产生了深远的影响。自此，美国的独创性标准要高于英国，受版权保护的作品不仅必须是作者独立完成，而且须具备最低限度的创造性（modicum of creativity）。

总体而论，英美版权法对于独创性标准的理解受到传统的"重商主义"观念的影响，目的在于通过刺激人们对创作的投资来促进新作品的产生和传播，作品独创性的要求比较低。以至于作者胡编乱造的任意涂鸦，都有可能成为著作权法上的作品，殊为不妥。从理论体系的角度上看，英美的做法基本上放弃了对作品本身独创性的判断，只是着重于考量作品创作过程中的一些外部因素，仍然流于经验的描述，不能形成科学的理论。

二、大陆法系国家的独创性标准

与普通法系尤其是英国的版权制度不同，大陆法系的独创性标准一开始就比较严格，主要原因在于大陆法系的著作权法是以人格论为哲学基础，认为作品是作者人格的体现，保护作品等于保护作者的人格。在这种情况下，作品能否具有著作权，端视其是否体现作者的人格。法国认为作品应当表现或显示作者的个性，[1]法国最高法院对此的解释为"表现在作者所创作作品上的反映作者个性的标记。"应当说，个性标准产生于19世纪，当时，雕塑、绘画和写作是一种时尚。这些种类的作品易于表达作者内心情感的波动，体现人类思想中情感性、主观性以及非理性的一面，一定程度上能够从这些方面将不同作家的作品区分开来。不过，对于其他种类的作品，比如数据库、地图、百科全书等，就无法再使用传统的个性标准。另外，作品和个性之间并不总是存在着始终一致的对应关系。北宋末期的大奸臣蔡京是著名的书法家。元陶家仪《书史会要》曾引当时评论者的话说："其字严而不拘，逸而不外规矩，正书如冠剑大人，议于庙堂之上；行书如贵胄公子，意气赫奕，光彩射人；大字冠绝占今，鲜有俦匹。"甚能反映蔡京当时在书法艺术上的地位。连狂傲如米芾都曾经表示，自己的书法不如蔡京。但从蔡京书法中能够看出蔡京具有何种个性，并因此使其作品具有独创性？

德国著作权理论和实务一般认为，独创性应包括如下特征：①必须有产生作品的创造性劳动；②作品应体现人的智力，思想或感情内容必须通过作品传达出来；③作品应体现创作者的个性，打上作者个性智力的烙印；④作品应具有一定的创作高度，它是著作权保护的下限。因此，德国著作权法上的独创性标准不仅包含有反映作者个性和创造性的内容，而且要求作品必须是作者思想感情的体现并达到一定的创作高度。显然，德国法关于独创性的判断标准不仅高于普通法系，也高于同一法系的法国法。其认为作品应具有

---

[1] See Elizabeth F. Judge & Daniel Gervais, "of silos and constellations: comparing notions of originality in copyright law", *27 Cardozo Arts & Ent. L. J. P*, 2009, p. 380.

一定的创作高度,这从法理上讲没有错,但失之抽象,流于玄学思辨,没有给人们提供比较具体的判断标准。

三、作品独创性的本质

从系统论的视角上看,作品要具备一定的精神功能,就不能是符号元素的胡乱堆砌,只能是一个有机的系统,包括符号形式和符号信息两个层次的要素。从来源上看,这些要素可以分为两种:一种是存量要素;另一种是增量要素。存量要素是移入到作品中的既存的知识要素。除了上述存量要素以外,作品中还具有各种增量要素。增量要素是作者在作品中增添的知识要素。从作品创作过程来看,任何创作都需要利用一定的存量要素,也就是说,都必须使用特定符号系统中的符号元素,需要利用既存的体裁样式,借鉴他人的艺术风格,吸取他人的思想观点,参考以前作品中的情节、结构或论证逻辑,甚至直接利用前人作品中的艺术形象。这一切不是剽窃,而是创作的本质之所在。[1]在吸收消化存量要素的基础上,作者结合自身的感受和生活体验,针对实际问题,借助抽象化和形象化等手段,运用一定的创作技巧,在作品中或是形成自己的思想观点,或是形成了崭新的论证逻辑,或是表达了独特的艺术底蕴,或是提炼了新的情节结构,或是塑造了新的艺术形象和意境,甚至形成了自己独特的艺术风格,这些知识要素形成作品中的增量要素。因此,从表面上看,创作是一个作者投入"才能、劳动或判断"的过程,实际上是作品形成增量要素的过程。仅仅投入了"才能、劳动或判断"尚不足以认定作品具有独创性,从而享有著作权。[2]

基于存量要素和增量要素的区分,独创性其实就是要求在作品中形成新的符号组合形式、新的艺术形象、新的结构布局、新思想、新观点、新情节、新信息,或是形成独特的艺术底蕴。如果一个作品没有任何增量要素,仅仅是各种存量要素的组合或者重构,就不是一件新作品,那么就没有任何独创性可言。因此,作品独创性的本质就是要具有一定的增量要素,就是要形成前所未有的新作品。在专利法中,新颖性要求发明必须是新的、以前没有申

---

[1] See Jessica Litman, "The Public Domain", *Emory Law Journal*, 1990, p. 967.
[2] See Interlego A. G. v. Tyco Indus. Inc., U. K. R. P. C. P, 1988, p. 371.

请过专利、描述过或以其他方式为人们所预期过的。[1]如果新作品意味着新颖性的话，我们也可以说，作品的独创性首先要求作品具有新颖性。人们往往认为独创性不同于新颖性，[2]或是认为著作权并不把新颖作为受到保护的必要条件。[3]试想，如果一个作品从符形组合到符号信息没有任何新颖性，本身就不是一件独立的新作品，只是对旧作的复制，自然没有任何独创性可言。[4]当然，这里的新颖性并非仅仅指作品思想观点、艺术形象等要素，也包括作品的外层符号组合方式、结构等要素。

四、作品独创性的源泉

人格主观要素是作品独创性的源泉。在人格的诸多主观要素中，对作品有着重要影响的主要有以下四种：情感、气质、品格和识度。其中，情感形成作品的情趣，情趣是审美主体对审美对象的能动的创造性情感反映在作品中的体现，如豪放、沉郁、悲壮、率直、明快、含蓄、典雅、温婉、尖锐等；气质是人的一种生理心理素质，作者的气质构成作品审美个性的基础，它虽然不能决定作品的思想内容、情感性质和伦理道德倾向，却可以促使作者趋向于一定的审美趣味和艺术追求；品格是作者道德情操、思想作风和生活态度的总和，表现为作品的格调美。歌德说："在艺术和诗里，人格确实就是一切。"又说，作家有雄伟的人格，才能写出"雄伟的风格"。[5]郭沫若也说："诗——不仅是诗——是人格的体现。人格比较圆满的人才能成为真正的诗

---

[1] See Richard A. Mann et al, "Starting from Scratch: A Lawyer's Guide to Representing a Start-Up Company", *56 Ark. L. Rev. 2004*, p.785. ("The novelty requirement means that the invention must be new and not previously patented, described, or otherwise anticipated.")

[2] See Richard Bronaugh & Peter Barton & Abraham Drassinower, "A Rights-Based View of the Idea/Expression Dichotomy in Copyright Law", *16 Can. J. L & Juris. 2003*, p.12.

[3] [西]德利娅·利普希克：《著作权和邻接权》，中国对外翻译出版公司2000年版，第43页。

[4] See Burton Ong, "originality from copying: fitting recreative works into the copyright universe", *2. I. P. Q*, 2010, p.65, 174. (In this context, the originality criterion approximates to the "novelty" standard used in patent law, where the author of the derivative work has to show that he has added something that was not already found in prior art). See also Alfred Bell & Co. v. Catalda Fine Arts, 191 F. 2d 99, 104 – 05, 90 U. S. P. Q. 153 (2d Cir. 1951). (in the case, novelty has a limited use in determinations of originality).

[5] [德]爱克曼辑录：《歌德谈话录》，朱光潜译，安徽教育出版社2006年版，第229页。

人。"[1]歌德和郭沫若此处所谓的"人格"其实就是指作者的品格。识度是各种作品中共通的要素。在非文艺作品中,识度主要表现为作者的思想观点,体现作者的认识水平,反映了作者人格主观要素中的理性成分,构成作品最重要的组成部分。在文艺作品中,识度表现为作品的主题思想,反映作者的思想认识的深度和广度。

在四种人格主观要素中,情感、气质和品格等要素一般较为显著地体现在文艺作品中,特别是诗歌、散文等体裁的作品中。在非文艺作品,如在论文、论著以及科普作品中,作者的情感、气质、品格等人格要素一般比较隐晦,不太容易看出。识度则恰恰相反,在非文艺作品中往往直接体现出来。但文艺作品的主题思想一般不是直接宣示出来,而是蕴藏在一系列的情节或艺术形象之中,具有不确定性。鲁迅先生说一部《红楼梦》,"单是命意,就因读者的眼光而有种种:经学家看见《易》,道学家看见淫,才子看见缠绵,革命家看见排满,流言家看见宫闱秘事。"就是说,文艺作品中的思想观点往往见仁见智,从不同的视角能够得出不同的解读结果。

尽管存在着上述各种差异,对于任何一种类型的作品而言,作者的人格主观要素对于体裁的选择、题材的偏好、色调的配合、艺术形象的塑造、结构布局的安排、思想观点的提炼,乃至于符号元素的组织等,都起到了决定性的作用。作品之间之所以存在着这样那样的区别,主要原因也在于人格主观要素方面的差异,既包括不同作者之间的差异,也包括同一作者不同时期的差异。可以说,一部作品之所以具有独创性,并不是自然形成的,而是来源于作者的情操、品德、识度和气质,来源于作者独特的人格主观因素。

五、独创性的层次及其对作品可版权性的意义

上文论及独创性的本质在于作品具有一定的增量要素,但并非任何具有增量要素的作品都具有独创性,从而能够获得著作权。否则的话,就会出现这样一种荒谬的局面:在他人的作品上改动了一个字,就产生了增量要素,就产生了新的作品,"一字师"就能够获得了著作权。这就需要对增量要素的层次分析研究,只有具备一定层次上的增量要素,作品才可能获得著作权。因此,作品独创性本身也具有一定的层次,不同层次的独创性对于作品可版

---

[1] 郭沫若:"读诗三札",载《文艺论集》,人民文学出版社1978年版,第205页。

权性具有不同的意义。现行著作权制度的一个重要缺陷就是仅仅将独创性当作是一个作品可版权性的门槛,没有对作品独创性的层次进行必要的区分。[1]

作品独创性层次分析依赖于对作品的层次进行必要的划分。当代一些艺术理论家认为作品应当分为三个层次,如法国现象学美学的代表人物杜夫海纳认为艺术作品分为感性、主题和表现三层:感性指艺术作品的物质媒介和艺术语言;主题就是由物质质料和艺术质料构成的再现形象;表现,使得艺术作品的意义具有多重性,不可穷尽性,是艺术作品最本质的东西。[2]另外,现代文学理论也有把文学作品分为语言结构层、艺术形象层和哲学意味层,或者是分为语言层、形象层和意蕴层。[3]

文艺理论家林兴宅认为:"一个优秀的文学作品,我们可以把它抽象为三个审美的层次。第一个层次是文字、韵律、节奏、结构等形式因素唤起的艺术形象——第二个是艺术形象所反映的社会历史内容以及作品对它的主观评价——第三个层次是作品的具体内容隐含的某种哲理的、心理的规律性,这是一种深藏不露的意蕴——总之,优秀文艺作品所揭示的人类生活的深刻的哲理和心理规律,通过典型特征这一具体的感性形式,而使作品具有象征性,所以我们就把他叫做'象征意蕴'。这是文学作品的深层结构。能够长期流传、脍炙人口的文学作品,必然具有某种超时空的象征意蕴。这是优秀文学作品超越国界、传世不移的最内在的秘密。"[4]显然,从象征主义理论视角上看,象征意蕴是作品中最深层次的要素,作品表层的审美要素是艺术形象,中层审美要素是思想观点。

借鉴上述文艺理论上对作品层次的划分,在著作权法上,我们可以把作品中的要素分为三个层次:表层、中层和深层。其中,表层为作品的外观,也就是符号形式层次。中层和深层都是符号信息层次,中层为作品的框架,包括作品的情节、结构、形象等要素;深层为作品的灵魂,包括思想观点、意蕴等要素。作品中的增量要素随之也可以分为三种:表层增量要素、中层

---

[1] Gideon Parchomovsky 和 Alex Stein 将作品的独创性分为三个层次:高度独创性、一般独创性、细微独创性或无独创性,不过,没有指出划分的具体标准。See Gideon Parchomovsky & Alex Stein, "originality", *95 Va. L. Rev. 2009*, p. 1525.

[2] 参见彭吉象:《艺术学概论》,北京大学出版社2006年版,第328页。

[3] 参见赵炎秋、毛宣国主编:《文学理论教程》,岳麓书社2000年版,第108页。

[4] 转引自周思源:《红楼梦创作方法论》,文化艺术出版社2005年版,第90页。

增量要素和深层增量要素，在此基础上形成了表层独创性、中层独创性和深层独创性，它们对于作品的可版权性具有不同的意义。

1. 表层独创性及其对作品可版权性的意义

作品表层就是指构成作品的各种符形之组合，也就是指作品的外观。科学作品和事实作品的表层是各种符号形式之组合，不过这些符号形式一般不具有审美价值，通常为各种文字符号和形式语言符号。艺术作品的表层是由文字、声音、线条、色彩、画面等艺术语言形式所构成的整体，这些艺术语言形式是创造艺术形象的手段，有的本身就具有审美价值。[1]比如，书法家可以通过笔法和墨法控制的线条的运动和力度，让人们感受到线条的"表情"。[2]表层独创性要求作品具有新颖的符号组合方式，这种新颖的组合方式使得该作品从外观上不同于任何现有作品。如果不具有这种新颖性，就说明该作品仅仅是现有作品简单的复制、抄袭或模拟，就没有新作品的存在，根本就没有任何独创性可言。比如，衍生作品（derivative work）如果与原作过于接近，无法与原作有效地区别开来，就缺少独创性，不能受到著作权法的保护。[3]

表层独创性是一种最基本的独创性，是构成判断作品可版权性的第一步，但仅仅到这一步仍然是不够的。有时候存在着这样的情况，某一种作品尽管有着不同于任何现有作品的符号组合方式，但纯粹为符号元素的胡乱堆积，是任意涂鸦的产物。既不表露任何有价值的信息，也没有任何值得一提的思想观点，更没有艺术作品所应当具有的形象或意蕴。在这种情况下，就不会产生一定的精神功能。作品是一种具有精神功能的符号组合。如果不能具有相应的精神功能，即使其具有表层独创性，也不能构成著作权法意义上的作品，自然也就难以认定其享有著作权。"著作权的首要目标不在于奖励作者的劳动，而是促进科学和艺术的发展"[4]。因此，仅仅具有表层的增量要素还是远远不够的，必须超越作品的表层独创性，进入作品中层考量其独创性。

---

[1] 参见彭吉象：《艺术学概论》，北京大学出版社2006年版，第320页。

[2] 参见邱振中：《书法的形态与阐释》，中国人民大学出版社2005年版，第3页。

[3] See Howard B. Abrams, "originality and creativity in copyright law", *SPG Law & Contemp. Probs*, 1992, p.41.

[4] See paul goldstein, *copyright, patent, trademark and related state doctrines*, Foundation Press, 2002, p.610.

我国《著作权法》曾经将对绘画的临摹视为复制的一种方式,但在修正后的《著作权法》中已经将之删除。原因在于绘画作品需要创作者具有运用线条和色彩的独特的表现能力,因而不生所谓抄袭问题,临摹不应当被视为复制的一种,即使临摹作品与原画之间差别很小,可以乱真,也应当视为临摹者的独立的作品。临摹毕竟需要临摹者具有独特的表达的能力,临摹作品与原画之间也不可能完全相同。同时,对绘画的临摹也不同于对文字作品的抄袭,后者可以达到完全相同的程度。这些是将临摹作品视为创作的主要理由。其实,这是不对的。对于临摹作品,敦煌国立艺术研究所的第一任所长常书鸿先生曾针对敦煌作品临摹指出:"敦煌艺术的临摹工作,是保护文物的一项手段,也是分析研究古代艺术发展演变的重要实践。"〔1〕"临摹工作者通过临摹,不但要掌握壁画艺术的技法、用色、用笔,建筑物和山水的布局,而且还要熟悉摹本的主题内容。"〔2〕"临摹是研究工作的基础,也是研究所的基本工作,艺术的发展不能离开传统,临摹就是通过艺术实践,深刻地学习和体会艺术的传统。对于临摹者,临摹的过程就是研究和锻炼的过程,是发扬和发展传统的准备和手段。对于散处在全国的美术工作者,临摹就是他们学习艺术遗产、推陈出新的依据。因此,有计划有重点的临摹必须坚持下去。"〔3〕从这些论述中可以看出,临摹固然需要高超的艺术才能,但临摹本身不是创作,缺少表层独创性,临摹的最重要的目的在于保存文物。

2. 中层独创性及其对作品可版权性的意义

中层为作品的框架或作品的主体部分,是表现、支撑或论证作品灵魂或精神的主要手段和依据。不同种类作品的中层是不同的。一般来说,作品的中层就是作品中无形的结构以及围绕着作品结构而展开的决定作品有无价值的核心要素,如艺术形象、情节、分论点、论据,等等。具体而言,在小说、戏剧等作品中,结构、环境、情节、剧情、人物形象等要素构成作品的中层,而以人物形象为中心;在绘画、雕塑、书法、摄影、建筑等静态形状著作中,中层则为作品的结构布局以及艺术形象本身;在科学作品中,中层为作品的论证逻辑,包括作品的结构以及各种分论点和论据;在事实作品中,中层为

---

〔1〕 常书鸿:《九十春秋——敦煌五十年》,浙江大学出版社1994年版,第148页。
〔2〕 敦煌研究院编:《常书鸿文集》,甘肃民族出版社2004年版,第491页。
〔3〕 常书鸿:《九十春秋——敦煌五十年》,浙江大学出版社1994年版,139页。

叙事顺序，也就是作品各个部分之间的结构安排、编排次序。

中层独创性就是要考量作品是否具有新颖的结构，是否具有前所未有的情节、意境、意象、分论点、论据、艺术形象，是否形成独特的艺术风格。这个层次上的增量要素，在艺术作品中直接决定着作品有无艺术价值；在科学作品中决定着作品有无思想价值；在事实作品中决定着作品有无信息价值。一般情况下，如果作品具有中层独创性，就说明作品具有一定的艺术价值、思想价值或信息价值，能够发挥一定的精神功能。这样，在作品具有表层独创性，不与其他现有作品雷同情况下，再具有一定的精神功能，就能促进文化繁荣和科技进步，符合著作权法的立法目的，因而完全有理由获得版权的保护。在 Bleistein v. Donaldson Lithographing Co 案件中，美国法官霍姆斯指出，由仅仅受过法律训练的法官来判断作品的价值是件危险的事情。[1]一定意义上讲，确实如此。不过，鉴于作品是符号组合这一事实，为了防止任何符号元素之组合皆能够成为作品，必然需要对作品的价值或功能之有无作一个最基本的判断。英国版权法直接规定不以艺术质量作为作品可版权性的判断标准，[2]应当理解为不以艺术质量之高低作为衡量标准，而并非艺术质量之有无。没有任何艺术质量的符号组合不具有精神功能，根本就不是艺术作品，自然不可能成为著作权之对象。至于由法官来判断作品艺术价值之有无是否合适这一问题，应当看到，法官在审理其他类型案件的时候，同样需要获得其他专业知识，或者获得专业判断的支持，因此才有了建立"专家参审制"[3]的必要性。法官仅仅受到法律训练的事实并不能排除法院对作品价值之有无等方面专业问题进行必要的判断。更为重要的是，著作权制度的立法目的在于促进文化繁荣，一个没有任何精神价值的符号组合不能实现著作权制度的立法目的。因此，作品价值或功能之有无在判断作品可版权性时就显得至关重要。这样，中层的增量要素之有无，或者说，作品的中层独创性就自然而然地成为判断作品可版权性的根本标准和关键步骤。

《一个馒头引发的血案》是中国大陆自由职业者胡戈创作的一部网络短

---

[1] See Amy B. Cohen, "Copyright Law and the Myth of Objectivity: the Idea-Expression Dichotomy and the Inevitability of Artistic Value Judgments", *Ind. L. J. 1990*, p. 189.

[2] UK Copyright, Designs and Patents Act 1988 s. 4 (1) (a) provides that artistic works, including photographs, are protected as copyright works "irrespective of artistic quality".

[3] 汤维建：《民事诉讼法全面修改专题研究》，北京大学出版社 2008 年版，第 163 页。

片,其内容重新剪辑了电影《无极》和中国中央电视台社会与法频道《中国法治报道》栏目。对白经过重新改编,只有20分钟长,无厘头的对白,滑稽的视频片段分接,搞笑另类的穿插广告。在网络上,《一个馒头引发的血案》的下载率甚至远远高于《无极》本身。对此,有法律专家认为,《馒头》在《无极》的原有作品上进行了修改,属于一种侵权行为。这种行为侵犯了作品的完整权,而作品的完整权是著作权的内容之一。其实,胡戈只是利用了《无极》的镜头,这些镜头构成了电影《无极》的符号元素。在此基础上,通过巧妙的编排,形成了新的作品,具有独立的审美功能,产生了中层独创性。

传说慈禧太后曾请一书法家为她的扇子题唐朝王之涣的诗《凉州词》,由于疏忽,书法家忘写了"间"字。慈禧大怒,要杀他。那位书法家急中生智,连忙解释道:"老佛爷息怒,这是照王之涣的诗意填的一首词。"并当场断句,读给慈禧听:"黄河远上,白云一片,孤城万仞山。羌笛何须怨?杨柳春风,不度玉门关。"从著作权法的角度上看,后面更改后的词没有新的意境和思想,但具有新颖的符号组合方式、韵律、体裁,而这些就是作品中的增量要素,同样能使得新作具有独创性。相对于王之涣的诗而言,改写后的词构成原作的演绎作品。

3. 深层独创性及其对作品可版权性的意义

深层指作品所要表达的以及作品所具有的深层次的意义取向。对于科学作品而言,深层主要是表达了一定的思想观点;对于事实作品而言,深层就是作品所提供的特定信息;在艺术作品中,深层表现为作品的意蕴。黑格尔说:"意蕴总是比直接显现的形象更为深远的一种东西。艺术作品应该具有意蕴。"[1]一般而言,科学作品和事实作品深层所反映的思想观点或信息具有可确定性。但艺术作品的意蕴常常体现为一种哲理、诗情或神韵,往往是只可意会,不可言传,需要欣赏者反复领会、细心感悟,具有多义性、模糊性和朦胧性。尽管如此,它却是艺术作品具有不朽的艺术魅力的根本原因之所在。[2]

深层独创性要求作品具有创造性的思想观点、新颖的信息或独特的艺术

---

[1] [德]黑格尔:《美学(第1卷)》,朱光潜译,商务印书馆1979年版,第25页。
[2] 参见彭吉象:《艺术学概论》,北京大学出版社2006年版,第327页。

意蕴，因此，深层独创性最终决定了作品艺术价值、思想价值和信息价值的高低。如果不具有深层独创性，作品的价值就是有限的，就不能给人以前所未有的艺术享受、深刻的理性指导或全新的信息导航。实际上，在整个知识世界中，具有深层独创性的作品居于少数，并非任何作品都具备深层独创性。

深层独创性难以作为作品可版权性的要件，原因主要有两个：首先，对于作品价值的高低，往往不容易形成共识；其次，如果以深层独创性为可版权性的要件，势必将大部分作品排除在外，无法促进科技文化的繁荣。对于作品的可版权性而言，主要应当考量有无新作品的存在以及新作品价值的有无，但深层独创性仍然可以作为一个非必要的考量因素。也就是说，如果科学作品能够具有创造性的思想观点，或是艺术作品具有深厚的艺术底蕴，或是事实作品提供了新信息，从"举轻以明重"的当然解释角度上，[1]可以很容易地判断其具有独创性，能够得到著作权的保护。

比如，某学者撰写了很多论文，有一天，他根据发表时间将之进行汇编出版。这些论文具有新观点、新材料，具有深层独创性，能够获得著作权。但是论文集则由于仅仅是现有论文的简单汇编，论文集的知识都是现存的各种知识，不具有独创性。因此，作者对论文集没有著作权，除非其在论文集的编排上具有某种创新，产生中层独创性。或者在整理成集时，对论文进行了较多的修正和处理，形成了新思想、新观点，从而具有深层独创性。

第三节 作品分类

一、作品元素、作品要素、作品整体

从要素分析角度上看，从微观到宏观，可以把作品分为三个层次进行认识：

微观层次：指符号元素，包括单个的字、词、线条、色彩等，不同类型的作品所使用的符号元素可能存在差异。符号元素如同构成作品大厦的砖石。

中观层次：指作品要素，要素是作品中相对独立、能够发挥特定功能的组成部分，比如，人物形象、道具、艺术风格、底蕴、情节、思想观点，不同体裁的作品具有不同的要素。作品要素如同作品大厦的各个房间。

---

[1] 参见杨仁寿：《法学方法论》，中国政法大学出版社1999年版，第231页。

宏观层次：就是作品整体。就是指符号元素组成的，包含各种要素的作品整体。作品如同大厦本身。

三者区分的意义在于：第一，有助于判断作品著作权是否成立。仅仅是新颖的符号组合还不足以产生独创性，必须具有一定数量、质量的作品要素；第二，有助于确定著作权法的保护范围。作品元素不属于著作权法保护的范围，部分作品要素属于著作权法保护范围。至于作品本身，只是由于部分作品要素属于保护范围，整体作品才能够成为著作权法的对象。

二、艺术作品、科学作品、事实作品

艺术作品通过各种艺术语言塑造艺术形象反映生活，是形象思维的产物，其作用在于给人以艺术的享受和感染。但凡各种诗歌、绘画、雕塑、戏剧、小说、散文、电影等均属于艺术作品。

科学作品通过各种论点、论据形成的论证逻辑表达特定思想观点，是抽象思维的产物，其作用在于给人以理性的启迪。

事实作品则主要是通过一定的结构方式编排组合而成的提供实用信息的作品，如地图、通讯录、旅游指南等，主要作用在于给人们提供实用的信息指导。不管是哪一种类型的作品，都具有相应的精神功能。

分类意义在于：艺术作品、科学作品、事实作品的构成要素、结构等均不同，在考量其独创性和保护范围的时候，需要逐一进行分析。当然，上述三种分类并没有穷尽作品的范围。

三、单功能作品、多功能作品

通常只具有精神功能的作品称为单功能作品。比如，艺术作品常常只具有精神功能，不具有实用功能，我们很难说李白的诗歌具有多少实用功能，能够解决生产生活中的具体问题。再比如，金庸武侠小说中的各种武功招数没有实用功能，人们无法根据《射雕英雄传》的描述学会降龙十八掌，也不能根据《笑傲江湖》学会"葵花宝典"上的武功。威猛无比的降龙十八掌，轻盈飘逸的玉女素心剑，大理段家的六脉神剑，杀人无形。这部分知识仅仅具有精神功能。"金庸写武功的最大优势就在于他一定不会武功，他的武功其实是文功——文人想象的武功，中读不中练。如果有人想要从金庸小说中学

习修炼武功的方法,那肯定会自寻烦恼,大失所望。"[1]《红楼梦》中的菜谱听上去很有文化意味,真是要做出来,可能就很难吃,不能真正地作为菜谱使用,没有实用功能。

多功能作品同时具有多种不同的功能。比如,当人们在阅读《本草纲目》时,从中获得各种信息,由此使得主体的知识状态获得改善,此为该书的精神功能。当人们用书中的药方配制中药医治好病症时,此为该书的实用功能。一份地图,作为行路的指南,发挥的是其实用功能,但是作为学习对象的地图仅仅发挥其精神功能。菜谱本身具有精神功能,但人们据此炒菜,就体现了菜谱的实用功能。一般人在阅读《三国演义》的时候,主要是获得一定的审美享受和关于那个时代的信息,体现了该书的精神功能;但明末后金政权将其作为兵书使用的时候,其发挥的无疑就是一种实用功能。现在很多人将其用作商战策略,也是发挥其实用功能,计算机软件也是一样具有两种功能:一种是精神功能,表现为计算机软件的文档、程序的阅读价值;另一种是实用技术功能,表现为软件直接或间接地对硬件的驱动和控制。这两种功能在计算机软件中有机结合在一起。

分类意义在于:作品是一种具有精神功能的知识,当他人利用作品的实用功能的时候,并不侵犯著作权。除非其利用方式落入了著作权的权能范围中,比如,软件具有实用功能,但软件在计算机上的任何利用都首先需要下载,下载本身是个复制行为,因而侵犯了软件著作权。

四、普通载体作品、临时载体作品、数字化作品

普通载体作品指以纸张、磁带、胶卷等传统方式承载的作品。特点有二:一是作品的传播需要载体的移转;二是原件和复印件在质量上往往存在着一定差异。

临时载体作品指以声音、体态等载体方式存在的作品。在录制技术发展之前,这种载体转瞬即逝,无法保存下来。

数字化作品是以二进制数字编码形式存在的各种作品。数字化作品是数字化技术发展的产物,所谓数字化技术就是借助计算机技术把文字、数码、图形、图像、声音等符号组合替换为二进制的数字编码,然后再进行整合、

---

[1] 严家炎:《金庸小说论稿》,北京大学出版社1999年版,第47页。

存储、传输，并且在必要的时候把这些数字化了的信息转换成原来的符号组合的技术。随着数字化技术的出现，文字、美术、摄影、音乐、视频、动画、电影电视等作品都可以借助计算机技术进行存储，都可以借助数字化技术进行传输，都可以借助数字技术实现原有形式与数字形式的自由转换。

数字化作品分为两类：一类是文字、美术、摄影、音响、动画、电影电视等传统作品的数字化形式，一类是从其被创作之时就是用二进制数字编码形式表达的计算机软件、数据库和多媒体作品等新型数字化作品。数字化作品有几个显著的特点：一是存储于软盘或计算机硬盘上，只能通过计算机进行阅读，硬盘是数字化作品的载体；二是传播时不仅速度非常快，而且脱离载体；三是可以无限量复制，而且复制件和原件的质量一致，没有区别。[1]

区分意义：第一，主要是对作品范围和著作权权能会有一定的影响。哪些作品能够成为著作权对象？著作权的权能有哪些？都跟作品的载体存在一定的联系。在印刷技术时代，临时载体作品不可能成为著作权对象。在录制技术发展之后，临时载体作品才成为著作权的对象，比如，口述作品。另外，在数字化作品出现后，产生了新的权能，这就是信息网络传播权，这在以前是不可想象的。第二，对于普通载体作品而言，读者使用作品往往需要购买作品复制品。但在信息网络时代，对于数字化作品而言，基本上不需要购买作品复制品，只需要获得内容访问许可或下载许可，并不需要购买作品的载体。

五、静态作品、动态作品

根据符号感知方式的不同，将著作权对象的作品分为静态作品和动态作品。其中，静态作品指通过文字、线条、形体、色彩等符号元素的空间排列组合形成的符号组合。静态作品既包括二维的作品，如文字作品、乐谱、绘画等，也包括三维的作品，如雕塑、建筑、模型等。

动态作品指通过语言、节奏、旋律等人为的或机械的声音、体态等符号元素在时间上的排列组合而形成的作品，这种作品纯粹诉诸人的听觉和视觉。包括三种：第一种是仅仅通过听觉可以感知的作品，如相声、音乐、口述作

---

〔1〕 2000年的时候，全世界的数据只有1/4为数字数据，其余的3/4的数据存储于普通载体上；2007年，世界上有7%的数据存储在报纸、图书、图片上，其他部分以数字化方式存储。参见［英］维克托·迈尔·舍恩伯格、肯尼思·库克耶：《大数据时代》，盛杨燕、周涛译，浙江人民出版社2013年版，第12页。

品等均属之；第二种是仅仅通过视觉感知的作品，如舞蹈；第三种是通过视听觉共同感知的作品，如音乐剧、电影、杂技，等等。基于现代符号学的视角，通过声音、动作进行的表演行为也是一种符号行为，同文字符号、语言符号等构成的作品并无二致。在动态作品中，"能指是演员本人的身体，是语调、表情、手势、姿态、动作的集合，所指则是虚构世界的人物，即角色"[1]。

区分意义在于：第一，著作权对象一开始都是静态作品。在科技不发达的时代，动态作品无法保存下来，转瞬即逝，并不被视为作品。只是在科技发展以后，能够对动态作品进行保存、传播、改编之后，电影、音乐、戏剧、舞蹈、相声等才可能成为著作权对象；第二，动态作品和静态作品之间存在着密切的关系，动态作品往往是静态作品的演绎作品，或者说，是对静态作品进行表演后形成的新作品。比如，音乐与乐谱，舞蹈与舞谱，戏剧与剧本；第三，动态作品和静态作品的区分为表演者成为作者、表演者权成为著作权而非邻接权奠定了理论基础。这在下文有进一步的论述。

六、版权作品、可版权作品、非版权作品

版权作品指已经获得著作权的作品，或者说是在著作权保护期中的作品。是否为版权作品，本身是相对的。由于各国著作权制度对于保护期限的规定存在着差异，在中国超过保护期限的作品可能在其他国家可能仍然具有著作权。

可版权作品指本来可以获得版权保护，但法律基于公共利益考量不将其视为著作权对象的作品。比如，我国《著作权法》第5条规定的时事新闻、法律法规，国家机关的决议、决定、命令和其他具有立法、行政、司法性质的文件，及其官方正式译文等，均属之。

非版权作品指已经过了著作权保护期限的作品，也包括权利人放弃著作权或无权利人的作品。比如，自然人作者死亡无人继承著作权的，或是法人解散后无权利继受人的。

三者区分的意义既在于衡量作品有无著作权，也在于衡量作品是否应当具有著作权。

下面谈谈推荐性标准的著作权问题。根据强制性程度的差异，将标准划

---

[1] 胡妙胜：《戏剧演出符号学导论》，中国戏剧出版社1989年版，第37页。在符号学上，"能指"是符号形式，而"所指"则为符号信息，也即符号意义。

分为强制性标准和推荐性标准。是否具有著作权，视其是否具有法规性质。其中，强制性标准作为一种技术法规。[1]而推荐性标准不具有法规属性，属于技术文件，不具有强制执行的功能。1999年11月22日，最高人民法院知识产权审判庭在给北京市高级人民法院《关于中国标准出版社与中国劳动出版社著作权侵权纠纷案的答复（［1998］知他字第6号函）》中认为："推荐性国家标准，属于自愿采用的技术性规范，不具有法规性质。由于推荐性标准在制定过程中需要付出创造性劳动，具有创造性智力成果的属性，如果符合作品的其他条件，应当确认属于著作权法保护的范围。对这类标准，应当依据著作权法的相关规定予以保护。"

以上论述的重大缺陷在于：只是着眼于标准是否具有法规性质，从而确定其是否具有著作权，而没有进一步深入研究法规为什么不具有著作权。其实，法律法规自然不具有著作权，其中的原因不在于法律法规具有强制性，而是由于它们都为一种公共产品。但除了各种法律、法规、规章之外，所有的官方文件都应当属于公共产品，都不应当具有著作权。在我国，批准发布国家标准的组织是国标委和国家部委，本身就是行政机关，行使着各种行政公权力，属于官方机构，由它们颁布的各种标准，包括推荐性标准和强制性标准，自然就都属于官方文件。另外，由行业协会和地方政府颁布的标准，也都应当是官方文件，从而都属于公共产品。ISO、IEC等非政府组织制定的标准之所以受到著作权的保护，是因为这些非政府组织并非公权力机构，它们制定的标准并非官方文件。另外，企业是非公权力机构，其自主制定的标准自然就具有著作权。

总之，强制性标准之所以不具有著作权，并不是因为其具有强制性，而是由于它作为一种技术法规，很容易地被人们理解为一种公共产品，从而不具有著作权。而推荐性标准不具有强制性，并不具有法规性质，在著作权问题上，就容易产生争议。其实，推荐性标准是否具有著作权，关键看其是否为一种官方文件。作为官方文件，推荐性标准同强制性标准一样，也具有公共产品的属性，因而也不应当具有著作权。

---

[1] 当然，在这一点上，也存在着不同的观点，如有观点，认为技术标准不是技术法规。参见朱宏亮、张君："从标准与技术法规的关联区别谈我国技术法规体系的建设"，载《标准科学》2010年第3期。

七、侵权作品和非法作品

侵权作品侵犯了他人的著作权、肖像权或其他民事权利。比如，狗仔队偷拍形成的摄影作品。未经原作者的许可，擅自翻译、改变他人的作品，由此形成的改编作品。这些都是侵权作品。侵权作品同样具有著作权，其原因有三：第一，作品是否侵权，往往处于一种变动的状态中。如果否定其著作权，往往使得作品的著作权状况处于不稳定的状态。比如，狗仔队偷拍某明星照片，侵犯了他人的肖像权，狗仔队对该摄影作品是否具有著作权？如果因为其为侵权作品，而不承认其具有著作权。万一哪一天，该明星认可了狗仔队的偷拍行为，是否需要再承认其著作权？第二，从著作权法的角度上看，授予这两种作品以著作权，不影响其是否侵权的判断。对于侵权作品，被侵权人可要求其承担侵权赔偿责任，也可以要求其停止侵害，销毁出版物，等等。侵权责任的承担与否同侵权作品是否具有著作权属于不同的法律问题，不应当混为一谈。第三，万一第三人擅自复制、发行侵权作品，如果否定侵权作品具有著作权的话，就无法从侵犯著作权角度上要求第三人停止侵权，这就让第三人钻了法律的空子，获得不应有的利益。比如，擅自将一部外文作品翻译为中文，侵犯了他人的著作权。如果否定其著作权，其他人出版中文译本的，如何进行追究和救济，这些都将成为问题。还不如承认侵权作品也具有著作权，给予作者是否制约侵权作品传播的权利。

非法作品违反了国家法律法规的强制性规定，或者与国家占统治地位的意识形态格格不入。比如，在中国撰写的反党反社会主义的作品，或者是在宗教统治的国家出版无神论著作的，都是非法作品。根据我国《著作权法》第4条的规定："著作权人行使著作权，不得违反宪法和法律，不得损害公共利益。国家对作品的出版、传播依法进行监督管理。"而我国《出版管理条例》第25条规定："任何出版物不得含有下列内容：（一）反对宪法确定的基本原则的；（二）危害国家统一、主权和领土完整的；（三）泄露国家秘密、危害国家安全或者损害国家荣誉和利益的；（四）煽动民族仇恨、民族歧视，破坏民族团结，或者侵害民族风俗、习惯的；（五）宣扬邪教、迷信的；（六）扰乱社会秩序，破坏社会稳定的；（七）宣扬淫秽、赌博、暴力或者教唆犯罪的；（八）侮辱或者诽谤他人，侵害他人合法权益的；（九）危害社会公德或者民族优秀文化传统的；（十）有法律、行政法规和国家规定禁止的其他内容的。"

显然，依据我国现有立法的规定，上述非法作品均不具有著作权。其实，非法与否不影响作品是否具有著作权。主要原因有三：

第一，是合法作品还是非法作品，往往处于一种不确定的状态中。如果否定其著作权，则使得作品的著作权状况处于不稳定的状态。比如，在20世纪80年代，在中国大陆撰写的一本鼓吹市场经济的著作是非法的，但到了20世纪90年代邓小平同志南巡之后，就可能成为合法的了。那么，到底有无著作权？从何时起算，就处于不确定状态。因此，对于非法著作，阻止其出版即可，否定其著作权则大可不必。

第二，从著作权法的角度上看，授予这两种作品以著作权，不影响其合法与否的判断。对于非法作品，国家行政机关可以阻止其出版发行，也可以要求非法出版者承担相应的行政责任。但否定其著作权明显不符合著作权法理。

第三，给予非法作品著作权，有助于控制非法作品的传播。如非法作品无著作权，作者自然无法阻止他人进行盗版，这样反而会使得非法作品易于流通。反之，如果承认非法作品具有著作权的话，作者就可以阻止他人的盗版行为，反而有助于控制非法作品的流通，更能实现思想控制的目的。

八、职务作品与委托作品

职务作品指自然人为完成法人或者其他组织工作任务所创作的作品。职务作品的著作权主体包括两种：一是归自然人所有，但其著作权受单位限制。比如，我国《著作权法》第16条第1款规定："公民为完成法人或者其他组织工作任务所创作的作品是职务作品，除本条第二款的规定以外，著作权由作者享有，但法人或者其他组织有权在其业务范围内优先使用。作品完成两年内，未经单位同意，作者不得许可第三人以与单位使用的相同方式使用该作品"；二是自然人所在单位。根据我国《著作权法》第16条第2款第1项的规定，主要是利用法人或者其他组织的物质技术条件创作，并由法人或者其他组织承担责任的工程设计图、产品设计图、地图、计算机软件等职务作品，作者享有署名权，著作权的其他权利由法人或者其他组织享有，法人或者其他组织可以给予作者奖励。

我国现行法律在职务作品著作权主体问题上存在着几个缺陷：第一，缺少弹性，没有规定自然人和所在单位可以通过协议方式约定著作权的归属；

第二，在著作权归单位所有的情形中，署名权作为著作权的权能之一，自然也属于单位所有。自然人在作品上的署名没有著作权法上的意义，自然人并非作者；第三，应当将公民改为自然人，公民指具有中国国籍的自然人，而随着我国对外经济文化交往的发展，在华的外国自然人对职务作品也应当同中国公民一样享有著作权。第四，在职务作品归属于个人情况下，单位享有优先使用权。问题在于：此种优先权是否可以对抗善意第三人，这一点在法律上没有作明确规定。本书认为，单位优先权是一种法定优先权，可以对抗善意第三人。但第三人和作者之间的许可合同不因此而无效，仍然是有效力的，只不过不能对抗单位而已。

委托作品著作权主体由委托人和受托人通过合同约定。合同未作明确约定或者没有订立合同的，受托人是著作权主体。委托作品著作权主体的归属比较灵活，但在著作权归属于委托人的情况下，应当特别规定，署名权仍然属于受托人，这一点在文学、艺术和科学领域中特别重要，直接涉及文化科学的健康发展，关系到社会公共利益。比如，代写论文现象比比皆是。依据委托作品的规定，著作权可以属于委托人所有，这就在著作权法层面上为找人代写论文从而获得论文著作权铺平了道路。而在工程设计图、产品设计图、地图、计算机软件等具有实用功能的作品中，署名权的归属一般不影响公共利益。因此，在文学、科学、艺术领域中，可以委托他人进行创作，也可以获得著作权，但署名权除外。至于完整权部分，受托人可以授权委托人对作品进行修正。但委托人不得利用委托作品为自己获得学术上或文艺上的好评。

九、时事新闻和新闻作品

所谓"时事新闻"，按照《著作权法实施条例》第 5 条的解释，是指"通过报纸、期刊、广播电台、电视台等媒体报道的单纯事实消息"。所谓的单纯事实消息，一般理解为仅由五个 W 新闻要素（when，who，where，what，why）组成的简单事实报道。比如，"美国肯尼迪总统于 1963 年在德克萨斯州遇刺身亡"这则消息就不是作品。时事新闻不被认为是著作权法上的作品，理由有两个：第一，时事新闻的表达方式是有限的，甚至是唯一的；第二，为了促进信息流通的需要；第三，过于简单、微小，自然不构成作品。

新闻作品。现代社会中对时事新闻进行单纯的文字报道是为数极少的，不过报刊、电台在报道新闻时通常采取此一种形式。一般而言，报道新闻都涉及调查报告、新闻评论、特写等；报刊中还有新闻图片；电视新闻更是图文并茂，影像制作与新闻信息高度结合，这些都构成了新闻作品。总的来看，凡是符合作品特征的，具有评论性、描述性内容的新闻，如通讯、调查报告、特写、电视新闻特辑等都是非时事新闻，属新闻作品。比如，某电视台对"9·11事件"中飞机撞击世贸大厦进行了直击现场报道，播放在电视台的新闻节目中，其中有整个过程的实况录像，有主持人对事件的报道，有主持人的评述，有其他人的议论，还有相关的其他介绍。构成了一辑特殊新闻直击报道。在这里，实况录像不是"时事新闻"，主持人说的话不是"时事新闻"，其他的评述，议论同样也不是"时事新闻"。

关于时事新闻和新闻作品的关系，时事新闻其实包含于新闻作品之中，是新闻作品中关于时间、事件、任务等信息的简单叙述，而新闻作品则包含了更多的评论性、描述性的部分。比如，关于"9·11事件"，只有这句话才是时事新闻，"2001年9月11日，两架由恐怖分子劫持的飞机在相隔不到10分钟内依次撞击了位于美国纽约市曼哈顿区的世贸大厦。"其他新闻单位对此一信息的披露并不构成侵犯著作权，相反若是私自将整套节目剪接过来为己所用则是构成侵权，侵犯新闻作品著作权。

宋代大文学家欧阳修，有一天和几个年轻人在一起，刚好看到一匹奔马把一条躺在路旁的黄狗给踏死了。欧阳修要求年轻人将刚才的情景写出来。一个年轻人写道："劣马正飞奔，黄犬卧通途。马从犬身践，犬死在通衢。"欧阳修看了摇摇头，觉得太啰唆。另一个年轻人思索了一会儿写道："有犬卧通衢，逸马踏而过之。"欧阳修听后笑道："像你们这样修史，一万卷也写不完。"那三人于是连忙请教："那你如何说呢？"欧阳修稍加思索写下六个字："逸马毙犬于道。"从新闻报道的角度上看，欧阳修写的算是时事新闻。如果有人详细地描述逸马从何处逃逸，牲畜圈里还是人手中的缰绳？马如何杀犬，踏杀还是踢杀？道况如何，是大道还是小路，路边还是路中央？写出来的东西就是新闻作品。不过，上面故事中的这首诗是作品，尽管不是新闻作品。

第四节　演绎作品

一、原作品和演绎作品

演绎作品是指直接以另一作品为基础创作的作品。演绎行为通常包括改编、翻译、注释等。比如，翻译作品是从一种语言到另外一种语言，或者将一本小说改编为剧本，或者是在剧本的基础上拍摄影视作品。上述行为是比较典型的演绎行为。

原作品是与演绎作品相对应的概念，指作为演绎和续写基础的作品。英文小说翻译为中文，英文小说是原作品。中文小说被改变为剧本，中文小说为原作品。剧本拍摄为中文影视作品，剧本为原作品。中文影视作品由外文配音的，中文影视作品为原作品。

演绎作品尽管和原作品之间在核心要素上须相同或等同，但也必须有着根本的区别，演绎作品需要具有独立的作品形态，并以此区别于原作品。一般来说，原作品和演绎作品之间在外部的符号形式上存在差异，比如翻译作品和原作品。也可能是体裁不同，比如剧本和小说，或是剧本与影视作品。但原作品和演绎作品之间存在着密切的联系，演绎作品和原作品在作品的核心要素上必须是相同或等同的。当然，这些核心要素是什么需考虑作品的种类。在文艺作品中，情节、艺术形象等为核心要素。而在科学作品中，思想观点、论证逻辑、层次结构等为核心要素。从要素相同角度上看，演绎作品的范围非常广泛，甚至挑战人们的常识。比如，作品类型没有发生变化，在后小说作品仅仅利用了在前小说作品中的人物形象、人物关系，是不是属于演绎作品，像高鹗创作的红楼梦续集是否为曹雪芹创作的红楼梦之演绎作品？《鬼吹灯》第二部是否为《鬼吹灯》第一部的演绎作品？从演绎角度上看，似乎是可以成立的。

由此也可以区分各种作品之间的血缘关系。第一种，母子关系。就是原作品和演绎作品之间的关系，比如，原版小说和翻译小说，小说和剧本，剧本和电视剧等。子作品中蕴含着母作品中的主要的、核心的要素，比如论点、情节、艺术形象等"表达"。第二种，父子关系。对以前作品的借鉴，比如，《泰囧》借鉴了《人在囧途》中的创意。父作品中提供创意如同父亲提供精子，相当于思想表达二分法中的"思想"。第三种，母胎关系。一个作品蕴含着其他作品，也就是说，一个作品是另外一个作品的组成部分，比如，在电视剧中，片头和片尾的歌曲和整部电视剧的关系。第四种，兄弟关系。原作品演绎后形成的各种演绎作品之间的关系。或者同一台晚会中的各个电视节目，或者是同一部小说演绎出来的不同的剧本和电视剧。

二、从文字到实物,是否属于一种演绎作品

这个认识具有一定的挑战性。换个思路:从文字到绘画。比如,根据小说,创作连环画,这个应当属于一种改编。再根据绘画制作实物,这是一种复制,从二维到三维。由此,实物也就成为文字的改编作品。在这个过程中,确定能够成为改编作品的关键就在于:文字描述要足够具体,能够和实物形象特征一一对应起来。否则的话,很难认定是改编作品。请看下面两幅图:

在上图中，文字描述部分过于抽象，侧重于整体意境的塑造，图画和诗词之间没有一一对应的关系，因而不存在改编关系，只是借鉴诗词的意境进行绘画创作而已，因而，不同的人画出来的东西也差别很大。因此，图画部分并非文字的改编作品。

三、衍生作品和衍生产品之间的区别

在著作权法上，还有衍生作品、衍生产品的区别。所谓衍生作品，其实就是演绎作品，是和原著作品相对应的概念。而衍生产品则是复制作品中的要素形成的，比如，对电影中的道具进行复制，从二维到三维。再比如，利用电影中的人物角色制作雕塑，等等。衍生作品和衍生产品最大的区别就在于：后者没有独创性，可能只是有一个维度上的变化。

衍生作品和衍生产品区别的最大意义就在于：

第一，衍生作品著作权的行使要受到著作权游戏规则的制约，需要受到原著著作权人的同意，否则的话，按照现行著作权法的说法，侵犯的是原著的改编权。而对于衍生产品，侵犯的是复制权。

第二，如果原著作品也是从其他作品演绎而来的话，那么在后的衍生作品著作权的行使不仅需要得到其上位著作权人的同意，还需要获得更上位的著作权人的同意。对于衍生产品而言，则不需要获得更上位著作权人的同意。比如，电影著作权人在获得摄制权后，可以制造电影道具出售，不需要再经过小说、剧本著作权人的同意；而如果创作电影海报，电影海报是在电影的基础上改编成的美术作品，是电影的衍生作品，可以在宣传电影目的范围内使用，一旦超过这个范围，就可能需要经过小说、剧本著作权人的同意。

四、演绎作品著作权的行使规则

原著和演绎作品的区分意义在于：演绎作品具有独立的著作权，不管这种演绎行为是否经过了原作者的同意。不过，未经原作品著作权人的许可，不得以复制、发行、表演等方式使用演绎作品，否则就是侵犯了原作品的著作权。因此，在未经原作品著作权人同意的情况下，演绎作品著作权存在，但实际上无法行使。

比如，居住在A国的我国公民甲创作一部英文小说，乙经许可将该小说

翻译成中文小说，丙经许可将该翻译的中文小说改编成电影文学剧本，并向丁杂志社投稿。那么，丁杂志社如要使用丙的作品，是否应当分别征得甲、乙的同意？在这个事例中，乙经甲的许可将英文小说翻译成中文，翻译行为本身是个人行为，不需要经过甲的同意。乙如不经甲的同意，乙对该翻译作品仍然具有著作权，不过不能行使翻译作品的著作权，也就是说，不能出版、发行、改编等。一旦经过甲的许可，乙行使翻译作品著作权的行为就不属侵权。在这种情况下，乙自然可以许可丙对中文小说进行改编。丙不仅对改编的电影文学剧本具有著作权，而且其权利行使也不属于侵犯甲、乙的著作权。综上，在甲、乙分别许可的情况下，丁杂志社的使用行为不需要分别征得甲和乙的同意。在这个事例中，最为关键的一点就是：所谓演绎许可，绝不仅仅就是许可他人进行翻译、改编，关键就在于许可他人能够行使对演绎作品的著作权。否则的话，这种许可将毫无意义，也将增加交易成本。比如，丁杂志社需要逐一地取得甲和乙的同意。

五、再演绎作品的行使规则

在演绎作品基础上形成的作品可以称为"再演绎作品"，其著作权的行使不仅要受到演绎作品著作权的制约，还需要受到原作品著作权的制约。如果不是再演绎，而是针对演绎作品的复制、发行、信息网络传播等行为，只要考量演绎作品著作权的行使是否获得了原作品著作权人的同意。如果未经同意，则复制发行行为同时侵犯演绎作品著作权和原作品著作权。再演绎作品著作权的行使，应当获得演绎作品、原作品著作权人的许可。

比如，剧本是小说的演绎作品，在剧本基础上形成影视作品，影视作品为再演绎作品，剧本为演绎作品。拍摄电影不仅要获得剧本著作权人的许可，而且还要获得原著小说著作权人的许可。

第五节 表演作品

2012年6月26日，由世界知识产权组织（WIPO）主办，新闻出版总署（国家版权局）、北京市人民政府承办的保护音像表演外交会议正式签署了《视听表演北京条约》。根据《视听表演北京条约》第2条规定，表演者系指演员、歌唱家、音乐家、舞蹈家以及对文学或艺术作品或民间文学艺术表达进行表演、歌唱、演说、朗诵、演奏、表现或以其他方式进行表演的其他人员。但该条约仍然是将表演者视为作者以外的一种权利主体，实际上就是大陆法系国家著作权法所规定的邻接权主体。在学界，对于表演者一直存在着多种不同的看法，如认为表演者是作品作者的合作者，表演者是原作的改编者，表演者是作品的传播者，等等。[1]由此形成的表演者权或是一项独立的著作权，或是邻接权，或是人身权，或是劳动权，等等。主流观点认为表演者享有的是邻接权。支持表演者权是邻接权的一般基于以下几点：第一，表演并没有产生新作品，表演者是作者和社会公众之间的桥梁；第二，表演不需要具有独创性，作品需要具有独创性；第三，对表演行为可以进行模仿而不会侵犯其权利。[2]

从本书确立的作品概念出发，表演是一项独立的作品。理由有以下几点：

第一，表演行为本身就是一种符号。在没有原作品存在的情况下，表演者则是以声音、动作、表情等为符号元素创作了一部新作品。如果存在着原作品的话，表演作品构成原作品的改编作品。在表演作品中，一方面有着来自原作的知识，比如，台词；另一方面，表演者的表情、动作、声音相较于原作品而言，是一种新型的符号元素。表演行为是在原作品的基础上，利用了原作品中的要素，但改变了原作的符号元素以及符号组合方式，产生了不同于原作的艺术效果，因而相当于原作的改编作品。"从哲学的观点看，表演者对作品进行的表演与演绎作品的作者的演绎行为（如改编、翻译）之间没有什么差别。"[3]台湾学者施文高先生曾对表演者只享有邻接权观点提出强烈质疑："盖同样一首歌曲，因表演人之不同，感受也不同；同样一个剧本，因角色演技的差异而产生悬殊票房，是则不论声音或动作表演，其创意并不亚于

---

[1] 参见［西］德利娅·利普希克：《著作权与邻接权》，中国对外翻译出版公司2000年版，第282~283页。

[2] 参见［西］德利娅·利普希克：《著作权与邻接权》，中国对外翻译出版公司2000年版，第285~286页。

[3] 李永明："论表演者权利的法律保护"，载《浙江大学学报（人文社会科学版）》2002年第4期。不过，在这篇文章中，一方面，作者认为表演是对原作品的改编，是一种创造性劳动；另一方面，又认为表演者对作品的表演仅仅是赋予了表演者人格特征的一种作品的使用方式，既不是独立于作品的创作，也不是在作品基础上的再创作。因此，法律不能赋予表演者享有与作品创作者一样的权利。其实，这是互相矛盾的，既然承认表演为创造性劳动，又不承认其为创作，那么，表演到底是什么？很难理解。

其他衍生著作。准此,何独表演声音、动作之表演人,不得享有著作权?"[1]

第二,将表演者权视为邻接权,是一种作品传播者权,这个观点建立在表演行为具有原作品的情形,但是很多的表演行为并不存在着原作品。比如,杂技演员、马戏团演员、魔术演员等。对于这部分表演者,《罗马公约》第9条规定:"任何缔约国均可根据国内法律和规章,将本公约提供的保护扩大到不表演文学或艺术作品的艺人。"法国著作权法、日本著作权法将表演马戏、杂技、魔术等表演非作品的人列入表演者范围,巴西著作权法甚至把体育比赛运动员也列入表演者范围。

第三,表演是否需要独创性问题。凡作品成为著作权对象,必须具有独创性。而表演则不一定具有独创性,比如,机械地朗诵原作品,这种表演仍然是一种符号行为,但不具有独创性,自然就不能成为著作权之对象。在这种情况下,这种表演如同其他没有独创性的作品一样,不具有著作权。[2]

第四,就表演者权的实际规定上来看,也是一种著作权,而不是作品传播者权。我国《著作权法》第38条规定了表演者的署名权、完整权以及复制、发行、转播等各种权能。其实就表演者享有的权利而言,除了缺少发表权以外,其他权利与普通著作权并无多大的区别,实质上就是著作权。将表演者所享有的权利视为邻接权,而不是著作权,无疑是名实不符的。

《视听表演北京条约》规定了表演者的精神权利包括署名权、完整权。明确上述精神权利不依赖于表演者的经济权利,甚至在这些权利转让之后,表演者仍然具有署名权和完整权。精神权利的存续期间在表演者死亡后应继续保留,至少到其经济权利期满为止。还规定了表演者的经济权利,包括复制权、发行权、广播和向公众传播的权利、出租权等。由此可知,《视听表演北京条约》规定表演者对现场表演和录制品上的表演都具有相应的权利,规定表演者具有精神权利、经济权利,规定表演者权的保护期限同著作权完全一致。从《视听表演北京条约》的这些规定来看,表演者权根本上就是一种著作权。其实,如果承认表演为创作,表演者为作者,表演者权为著作权,那么,不管是现场表演,还是在录制品上的机械表演,都受到著作权的制约,我们通过现行《著作权法》就足以保护表演者的权益了,也许我们就不用制

---

[1] 施文高:《比较著作权法制》,台湾三民书局1993年版,第293页。
[2] 在这种情况下,可以通过合同法、劳动法,或通过民法人格权制度保护表演者的权益。

定保护表演者权益的《罗马公约》和《视听表演北京条约》了。

第五，表演者既包括个人，也包括单位。比如，电影作品的表演者就是制片者，制片者享有表演者的著作权。单个演员并非著作权法意义上的表演者，哪怕是主要演员，也仅仅是表演者中的一个因素而已。在《视听表演北京条约》通过后，有认为电影演员也是视听作品的表演者，从而享有表演者权，这是不对的。如果承认单个演员都是表演者，那么，一部电影可能涉及成千上万的人，都为表演者的话，按照现行著作权法的规定，大家都享有表演者权，这种表演者权又是一种邻接权的话，整部电影又何来著作权？这些单个演员邻接权的总和又如何形成著作权？所以，将电影作品中的单个演员认定为表演者，势必造成法律关系的庞杂和混乱。

结合以上几个方面的分析来看，有着原著的情况下，表演行为为原著的演绎，表演作品构成原著的演绎作品。只要表演行为具有独创性，表演者就是作者，表演行为构成作品，表演者权就是一种著作权。至于表演者为什么不是作者，表演人为什么不享有著作权？主要是由于历史原因：其一，表演人早期社会地位较低，十七、十八世纪正当著作权法制形成时期，当时法律视演艺人或卖唱者为"流浪者"。亚当·斯密将"演艺人、小丑、演奏人、歌剧名伶、喜剧舞蹈人"等归为"无生产力人口"；其二，当时由于复制技术的不发达，将表演当作是一种创作没有实际意义。亚当·斯密说："演艺人的工作成果，几乎在生产之同时消灭。"不过，上述两种因素在当今社会中已不复存在。[1]

以赵本山的小品表演为例。在赵本山表演的一系列小品中，《卖拐》三部曲和《昨天今天明天》等十分搞笑的作品的作者是何庆魁，《火炬手》作者为徐正超。小品首先是一种语言艺术，观看赵本山的小品，我们常常为人物精彩的台词而鼓掌。那些精彩的台词，无论是语音、词汇构成还是词的搭配上常常显得一反常规，令我们耳目一新，产生意想不到的喜剧效果。比如，在《策划》里仿"走自己的路让别人去说吧"，造"下自己的蛋让别人去说吧。"仿波导手机广告"波导手机，手机中的战斗机"，造"下蛋的公鸡，公鸡中的战斗机"，以及由"丢不丢人"到"丢不丢鸡"，由"文艺界"到"鸡界"再到"家禽界"。在《我想有个家》中由"既来之，则安之"到"请坐

---

[1] 上述分析参见施文高：《比较著作权法制》，台湾三民书局1993年版，第294~295页。

之",等等。这样的例子,在赵本山的小品中举不胜举。问题是:如果不是赵本山来表演这些小品,而是随便由其他人来表演,还有这样的艺术效果吗?答案是否定的。"赵本山的舞台表演就特别生活化,特别富有生活气息。看他的表演,就仿佛置身于生活现场,想起生活,想起自己身边的人和事,甚至想起自己本身。譬如,他在《昨天今天明天》中扮演的黑土大叔,在《老拜年》中扮演的老艺人,在《如此竞争》中扮演的卖报瞎子,在《小草》中扮演的老太婆,在《老蔫完婚》中扮演的老蔫,在《牛大叔提干》中扮演的牛大叔,在《三鞭子》中扮演的三鞭子大叔,等等。赵本山演谁像谁,从舞台着装化妆到一举一动,从神态表情到内心世界,无不准确地再现典型环境中的典型人物,使人如临其境、如闻其声、如见其人。"[1]

由此可见,赵本山的表演本身就具有极高的独创性,一举一动、一颦一笑、一衣一帽,往往事先都有着特别的设计和考量。在表演过程中,根据剧情制造悬念、着力渲染、适时反转,让观众笑声不断,这种表演行为本身就是创作,是一种动态作品。如果换其他人来表演,其效果可能就味同嚼蜡,至少给观众的感受就可能大不一样,不容易有着赵本山小品这样的艺术效果。我们常说:"有一千个读者就有一千个哈姆雷特"。从表演角度上看,有一千个表演者就有一千个哈姆雷特。

不过,在影视作品中,演员并非表演者。无疑,演员是电影艺术形象的主要体现者,故而从编剧到导演的一切艺术构思,最终都可能要落实在演员的表演上。中国现代戏剧大师洪深说:"挑选演员是导演构思的一个组成部分,演员选对了,戏就完成了一半。"[2]在电影作品中,演员的表演也具有自身的独立性和创造性,可能成为整部电影的亮点,成为电影票房的有利保证。[3]特别是电影明星,在电影作品中发挥的作用更大。但说到底,演员在电影作品中还是导演指挥下的创作材料,是导演意图中的一个活道具。李·R. 波布克认为:"电影艺术是牢固地安放在一个方形的底座上的,可以说是高耸在一个四边形——电影剧本、导演、摄影和剪辑的基础之上。艺术上最成功的

---

[1] 吴杏德:"论赵本山喜剧小品表演的审美特征",载《十堰职业技术学院学报》2002年第3期。

[2] 转引自陈旭光:《电影艺术讲稿》,新世界出版社2002年版,第92页。

[3] 参见陈旭光:《电影艺术讲稿》,新世界出版社2002年版,第92页。

影片是这四个基本元素都同样有力的影片。"[1]这些均说明，不论从其实际发挥的作用上，还是从制度运作的成本上看，演员都不应当成为著作权法意义上的表演者。

第六节 电影作品

电影作品是视听作品的一种。视听作品指摄制在一定载体上，由一系列有伴音或无伴音的画面组成，并且借助适当的装置放映、播放的作品。视听作品大体上可以分为三大类：一是自然人扮演的电影；二是绘画拍摄而成的卡通片；三是纪录片。视听作品的构成元素是单张摄影照片以及声音，借助一定的装置将摄影照片和声音有机地组合在一起，依照一定的顺序播放。声音包括人们的对话、配音、曲调以及自然界的各种声响等。视听作品中相对独立的构成单位是镜头，镜头是指摄影机自开机到停机之间连续不停地一次性拍摄下来并显现在银幕上的片段，镜头由画面构成，画面是出现在银幕上的瞬间性的形象，是视听作品中最小的符号元素。同其他作品一样，视听作品中蕴涵着艺术形象、剧情、情感、思想观点等要素。

视听作品中最为常见的是电影作品。电影的创作明显地不同于文学写作、绘画、歌唱等活动，它是一个以导演为中心的庞大的集体的协同创作。除了导演之外，还有摄影师、美工师、服装师、道具师、化妆师、灯光照明师、场记、演员等。导演在剧本的确定、演员的选择、场景的挑选以及后期的剪辑等工作中都起到了中心的作用。

怎样识别谁是真正的电影作品著作权人？电影作品唯一的著作权人就是投资人，也就是制片者。电影制片者可以是持有《摄制电影片许可证》的电影制片单位，在署名上可以体现为出品单位、联合出品单位、摄制单位和联合摄制单位。在电影作品上，有时候还同时存在着出品单位、联合出品单位、联合摄制单位的署名，这就给著作权人的认定带来一定困难。如《唐山大地震》，在电影片头显示，唐山广播电视传媒有限公司、中国电影集团公司、华谊兄弟传媒股份有限公司出品，上海电影（集团）有限公司、浙江影视（集团）有限公司、寰亚电影有限公司、英皇影业有限公司联合出品；在电影片

---

[1] [美] 李·R. 波布克：《电影的元素》，中国电影出版社1986年版。转引自陈旭光：《电影艺术讲稿》，新世界出版社2002年版，第89页。

尾显示，唐山广播电视传媒有限公司、中国电影集团公司制片分公司、华谊兄弟传媒股份有限公司、上海电影（集团）有限公司、浙江影视（集团）有限公司、寰亚电影有限公司、英皇影业有限公司联合摄制。在电影片尾显示，本片著作权由唐山广播电视传媒有限公司、华谊兄弟传媒股份有限公司、Media Asia Films (BVI) Ltd. 享有。如果有著作权人明确标示的，推定其为著作权人。另外，还可以推定《摄制电影片许可证》上载明的电影制片单位为著作权人。

导演是电影艺术创造的中心，有人说，导演是用镜头为笔进行创作，导演是电影作品的作者。[1]不过，在实际生活中，人们谁也不会把作者视为电影的著作权人。从人格说的角度上看，电影不仅包含了导演的创造，体现导演的个性和人格特质，同样也体现剧本作者、演员、摄影师等人的个性和人格特质，他们都应当是合作作者。如此一来，这么多的作者，不仅不利于保护制片者（投资人）的利益，而且在著作权的行使、转让等方面都会带来重大的困难。

对于电影作品的著作权分配，我国现行《著作权法》第15条第1款规定："电影作品和以类似摄制电影的方法创作的作品的著作权由制片者享有，但编剧、导演、摄影、作词、作曲等作者享有署名权，并有权按照与制片者签订的合同获得报酬。"该规定的核心是将电影作品视为一种合作作品，认为电影作品是由编剧、导演、摄影、作词、作曲等作者创作完成的，编剧、导演、摄影、作词、作曲等作者是电影作品的合作作者。不过，在权利分配上，规定电影作品的著作权由作为投资者的制片者享有，但同时规定编剧、导演、摄影、作词、作曲等作者享有署名权，即电影作品的作者享有电影作品著作权中的署名权。这个规定的怪异之处体现在几个方面：

第一，既然默认制片者能够对作品享有包括完整权在内的其他各项著作权权能，但为什么不能享有署名权？这在逻辑上是讲不过去的。

第二，电影作品是整体合作的产物，除了导演、编剧、作词、作曲、摄影等人以外，主体还是演员。除了演员以外，其他的化妆师、音响师、场务等都对作品的形成具有贡献，都参与了电影作品的创作。他们这些人为什么没有署名权，在法理上是讲不过去的。

---

[1] 参见陈旭光：《电影艺术讲稿》，新世界出版社2002年版，第109、110页。

第三，如果导演、编剧、作词、作曲、摄影等都具有署名权，这种情况对于这些主体而言，并非就是好事。比如，在电视剧侵权的时候，导演、编剧、作词、作曲、摄影等都是侵权人，都要惹上官司，不是什么好事情。

实际上，电影作品并非合作作品，而是由制片者享有著作权的单位作品，包括署名权在内的各种权能均归属于单位所有。不过，这里的制片者是投资人，不同于电影作品上的制片人。通常认为电影制片人，又称制片主任，指在电影拍摄期间，摄制组的行政领导者与组织者。

对于导演、演员、摄影师等主体而言，其在电影作品上的署名同化妆师、道具师、场务工作人员等在作品上的署名一样，作用仅仅是标明其参与了该电影作品的创作。只不过，导演发挥的作用要大一些，大家都要听从导演的指挥。因此，导演、摄影师、演员、音响师等在电影作品上署名没有著作权法上的意义。即使电影作品涉及剽窃，导演、演员、音响师等主体也不承担侵权责任。

至于编剧、作词、作曲，他们在电影作品上的署名，仅仅是标明他们的作品是属于电影作品的原作或有机组成部分。他们在作品上的署名犹如论文中引用他人作品时所添加的注释一样，被引用者也不因此就成为论文作品著作权人。所以，编剧、作词、作曲者不享有电影作品的署名权。如果在电影作品上没有编剧、作词、作曲者等主体的署名，制片者则因为混淆了剧本、词曲作品的出处，侵犯了编剧、作词、作曲者等主体对各自作品的著作权，但这些主体对电影作品本身没有任何著作权。

第七节 软件作品

软件［中国（内地）大陆及香港用语，台湾称作软体，英文：Software］是一系列按照特定顺序组织的计算机数据和指令的集合。一般来讲软件被划分为系统软件、应用软件和介于这两者之间的中间软件。软件并不只是包括可以在计算机（这里的计算机是指广义的计算机）上运行的电脑程序，与这些电脑程序相关的文档一般也被认为是软件的一部分。软件的知识产权保护路径主要有三种：一是专利权保护模式，主要针对算法、设计思想；二是商业秘密保护模式，针对算法、源代码、文档、目标代码；三是著作权保护模式，主要是针对软件的源代码和文档，保护要求比较低，不需要提出申请。

一、软件何以成为一种作品

软件是一系列按照特定顺序组织的计算机数据和指令的集合。从形成过程上看，软件可以分为四个层次：第一层次，算法。算法是对解题方案的准确而完整的描述，是一系列解决问题的清晰指令；第二层次，源代码。源代码是在算法的基础上用计算机语言编写而成，源代码的最终目的是将人类可读的文本翻译成为计算机可以执行的二进制指令；第三层次，目标代码。目标代码指计算机科学中编译器或汇编器处理源代码后所生成的代码，它一般由机器代码或接近于机器语言的代码组成；第四层次，可执行代码。也就是将目标代码连接后形成的可执行文件，也是二进制的。

从作品的角度上看，软件由三个部分有机组成：一是源代码。用计算机语言编写，但依然能够为人们所阅读和理解，相当于舞蹈脚本或简谱，在源代码层次上符合版权法对于作品的要求。二是目标代码。目标代码可以阅读，但是没有特定的信息功能，主要是一组组指导机器运行的指令，具有实用技术功能，实现一定的技术效果。三是功能性描述和辅助文档。前者是对代码通过功能描述性语句进行说明，说明的方式包括文字、图解等，按照自然语言的语法逻辑进行书写，并不能控制计算机硬件的运行。后者主要是一些便于掌握软件的使用方法而附属的资料，其目的是便于用户的掌握和使用。

显然，在源代码层次上，以文本表现的软件能够被阅读，具有一定的信息功能，程序员可以读懂用特定规则编写的代码。功能性描述和辅助文档也都同样也能够被阅读，具有信息价值。目标代码以及在此基础上形成的计算机指令，尽管可以阅读，但仅仅是一大堆由 0 和 1 构成的数字组合，无法从中获得有意义的信息，但可以将之还原为可以阅读的源代码。目标代码类似于一个密码文本，可以通过解密方式还原为人们可以正常阅读的文本。说到底，还是属于一种作品，只不过是以二进制方式（密码）存在的作品。因此，软件首先是一种由各种符号构成的知识，这一点同商标、发明等知识产权对象一样；其次，软件同样具有精神功能，人们可以直接或间接地从软件中获得一定的信息，这一点同文字作品、音乐作品、影视作品等一样。

软件作为一种作品，同工程设计图、产品设计图不一样的地方在于：在实现这两种图纸的实用技术功能的时候，不需要对图纸本身进行复制。而要利用软件，不管是临时利用，还是长久利用，都必须经历一个下载的过程，这个下载过程本身就是复制。因此，通过著作权制度禁止他人下载软件，就能够阻止他人利用软件，实现软件的实用技术功能。

二、软件著作权保护和软件专利权保护之间的关系

计算机软件除了是一种作品以外，主要还是一种技术方案，体现设计人员的设计思路，是人们求解问题的代码化描述，具有实用技术功能。而且，软件是以技术功能为主，以精神功能为辅。从这个角度上看，软件同地图、工程图等作品完全一样，具有精神功能和实用技术功能。因此，软件作为一种作品，具有精神功能，可以成为著作权的对象。软件作为一种技术方案，具有实用技术功能，可以成为专利权的对象。作为著作权对象，其他人不得以复制、发行、改编等方式擅自利用软件，但是软件的精髓是算法，算法相当于科学作品中的思想观点，代表着用系统的方法描述解决问题的策略机制。在著作权法层面上，无法禁止他人利用算法编制出另外的一套程序。而专利权制度则可以禁止他人擅自利用软件中的算法，阻止他人在特定算法基础上形成的所有可能的编码形式。

计算机软件在20世纪60年代出现，美国刚开始采用专利法进行规制。1972年，菲律宾率先将软件列为著作权的对象，美国在1976年、1980年两次修改著作权法，确认计算机软件适用著作权法。世贸组织《与贸易有关的知识产权协议》和《世界知识产权组织版权条约》都规定将计算机软件列为著作权的对象。我国《著作权法》直接将计算机软件作为作品的一个类型加以保护，《计算机软件保护条例》也是根据著作权法来制订的，可见在我国，计算机软件适用著作权法保护。在2006年之前，我国基本上不批准软件专利，而必须软件与硬件结合后才能申请专利。后来，软件本身已经被允许单独申请专利，而不再要求必须与硬件结合，但软件专利的撰写要求比较高。根据审查标准的要求，软件专利可以写成产品专利，也可以写成方法专利。但要成为专利权对象，必须符合新颖性、实用性和创造性。事实上，只有少部分或极少部分的软件能够符合发明专利的这三个条件。目前，可以得到专利保护的软件主要包括（但不限于）以下几种：①工业控制软件，如控制机械设备动作；②改进计算机内部性能的软件，如某软件可以提高计算机的虚拟内存；③外部技术数据处理的软件，如数码相机图像处理软件。

三、软件作品在著作权法上的分类

从授权角度上看,软件的用户必须在同意所使用软件的许可证的情况下才能够合法地使用软件。依据许可方式的不同,大致可将软件区分为几类,这些软件之间有的存在着重叠交叉:

(1)专属软件:此类授权通常不允许用户随意地复制、研究、修改或散布该软件。传统的商业软件公司会采用此类授权,例如微软的 Windows 和办公软件。

(2)自由软件:此类授权正好与专属软件相反,赋予用户复制、研究、修改和散布该软件的权利,并提供源代码供用户自由使用,仅给予些许的其它限制。以 Linux、Firefox 和 OpenOffice 可作为此类软件的代表。

(3)共享软件:通常可免费取得并使用其试用版,但在功能或使用期间上受到限制。开发者会鼓励用户付费以取得功能完整的商业版本。

(4)免费软件:可免费取得和转载,但并不提供源代码,也无法修改。

(5)公共软件:原作者已放弃权利,著作权过期,或作者已经不可考究的软件,使用上无任何限制。

(6)开源软件(英语:Open source software,英文缩写:OSS,中文也称于放源代码软件):是一种源代码可以任意获取的计算机软件。

四、软件作品的登记

软件作为一种作品,著作权自作品形成之日自动获得,这一点自无疑问。不过,我国 1991 年颁布的《计算机软件保护条例》第 24 条第 1 款规定:"向软件登记管理机构办理软件著作权的登记,是根据本条例提出软件权利纠纷行政处理或者诉讼的前提。"无异于规定软件著作权的产生须以登记为前提。2002 年施行的《计算机软件保护条例》第 5 条第 1 款规定计算机软件不论是否发表,均具有著作权。自此,软件著作权自动取得,不需要以登记为前提。登记的法律意义在于初步推定登记人为软件著作权人,这种推定可以举证推翻。

计算机软件著作权登记以自愿为原则,不影响著作权的获得和行使。不过,登记的优势还是很明显,这就是通过登记使得社会相关公众了解软件的研发状况,避免重复研制,同时,也便于研发技术的交流和学习,促进整个社会软件研发技术的进步。同时，在经过登记之后，人们可以推定软件作品的权属状况，便于案件的处理。

软件著作权登记同专利登记不一样。软件著作权登记时公开的内容往往是不全面的，公开多少内容也是由软件著作权人自己决定的，并没有强制性的要求。事实上，为了防止他人利用软件中的算法，很多核心内容往往是不公开的。而专利公开的范围则是强制性的，须以同领域中普通技术人员能够实现为准。

五、案例分析

辅助文档对于判断软件著作权归属具有重要意义。原告苏州试验仪器总厂于1989年起开发、生产、销售KD-3正弦振动控制仪，享有KD-3正弦振动控制仪的软件著作权。被告吴某等曾于1983年5月起在原告处任职，后于1996年8月擅自从原告处离职设立被告苏州某公司。原告于2006年10月30日从被告上海某公司购得由被告苏州某公司生产的SVC-1型正弦振动控制仪，发现该控制仪使用的软件侵犯了原告的计算机软件著作权。原告遂向上海市第二中级人民法院提起诉讼，诉请判令三被告承担相关民事责任。三被告共同辩称，苏州某公司使用的软件系自行开发获得，并提交了相应的源程序，请求驳回原告的全部诉请。

法院经委托鉴定，结论为：苏州某公司生产的SVC-1型正弦振动控制仪上使用的控制软件与原告的KD-3正弦振动控制仪软件构成实质性相似。法院审理认为，苏州某公司虽称其使用的软件系自行开发获得，并提交了相关源程序，但其未能提交开发该软件时所形成的相应文档。鉴于原告的软件在先发表，吴某等曾在原告处任职，且苏州某公司也未能证明所使用的软件来源于公有领域，故判定苏州某公司使用的SVC-1正弦振动控制仪软件侵犯了原告享有的KD-3正弦振动控制仪软件的复制权和发行权，判令其赔偿原告经济损失人民币30万元。

第八节 合作作品

合作作品是两个或两个以上自然人或单位共同创作的作品。这里需要明确两点：第一，自然人或单位都可以成为合作作者；第二，合作作者必须都参加创作,这就是说,必须对合作作品有着实质性的贡献。仅仅提出创作的要求、任务、主题、素材,或者是提出一般性的修改意见的人,都不能成为合作作者。至于为创作提供物质条件、资金条件的人更加不能成为合作作者。

在合作作者是否需要具有共同的创作意图问题上存在着不同的观点。美国版权法明确要求具备创作合意,美国《版权法》第101条规定:"'合作作品'是两位或更多作者为使其各自的创作形成一个统一整体中不可分割的或相互依存的部分而共同完成的作品。"显然,"共同创作意图"和"作品的不可分割"是美国版权法强制要求的合作作品构成要件。以此而论,《红楼梦》前80回是曹雪芹写的,后40回有着不同的版本,现在通行的是高鹗写的版本。显然,曹雪芹和高鹗之间没有共同创作的意图,《红楼梦》不能成为他们的合作作品。我国著作权法对是否要具有合作意图没有予以明确地规定,但既然名为合作作品,自然有合作意图在先。

规定不需要共同创作合意的国家占大多数。比如,英国《版权法》第10条规定:"在本编中,'合作作者之作品'系指由两个或两个以上作者合作创作的作品,在该作品中,各作者的贡献无法彼此分开。"1993年通过的《俄罗斯联邦著作权和邻接权法》第10条规定:"由两个或更多人的共同创造性的劳动创作的作品,其著作权归合作作者共同享有,而不管这样的作品是否为一个不可分割的整体或者是由各个有独立意义的部分组成。"世界知识产权组织《WIPO版权法与邻接权法术语汇编(1980年版)》规定:"合作作品是指两个或两个以上的人共同创作构成。"也没有要求具备创作合意。

实际上,对于合作作品而言,只是对某一种作品的定位,说明这个作品是由两个以上的自然人或单位共同完成的,他们因此对该作品具有不同的权利义务。至于他们之间有无合作意图,这一点并不重要。强调合作意图,实际上仍然是强调作品是人格的体现,合作作品应当体现作者共同的人格,既然没有合作的意愿,何谈共同的人格。其实,作品肯定是人格的体现,不过这一点在文艺批评等相关领域中或许有其价值,但在著作权法上并无意义。同样,对于合作作品,也根本无需强调合作意图的有无。否则的话,现行的《红楼梦》就不是完整的了,就不能署名为"曹雪芹、高鹗"。

比如,"羊去石存遗踪宛在,瑞×××垂荫有年"石碑是五仙观内的一幅断联,为清代广州将军长善所书,一度被长埋于地下。2001年五仙观进行广场修葺时才被发现,但下联已经断裂成为几块,中间缺失三个字。2011年,越秀区博物馆根据该缺字断联，举办"字字珠玑话断联"征集活动。活动一经推出就得到了广大市民的踊跃参与，收到上千幅作品。经精心评选，最终选出25个优秀作品，获得特等奖的是："羊去石存遗踪宛在，瑞临福降垂荫有年"。这副对联是否属于合作作品？如果一定要追求合作意图，就不能构成合作作品。

合作作品分割后可以构成独立作品的，作者对各自创作的部分可以单独享有著作权。合作作品尽管可以分割使用，但分割后不能够形成独立的作品，自然就不产生著作权。合作作品可以分割使用的，在分割使用时不得侵犯合作作品整体的著作权。比如，不能够以个别合作者的名义在合作作品上署名，否则仍然构成侵犯他人对整部作品的著作权。

合作作品不可以分割使用的，其著作权由各合作者共同享有，通过协商一致行使；不能协商一致，又无正当理由的，任何一方不得阻止他方行使除转让权以外的其他权利，但所得收益在扣除必要的费用以后，应当合理分配给所有合作作者。

有无合作创意判断合作作品侵权时具有一定的意义。比如曹雪芹撰写的《红楼梦》前八十回没有侵犯他人著作权，但高鹗撰写的后四十回涉嫌侵权。这种情况下，由于曹雪芹和高鹗之间没有创作合意，仅仅是高鹗需要承担侵权责任，曹雪芹则不需要。反之，如果二者之间具有创作合意，他们就可能承担共同的侵权责任。

另外，可分割的合作作品和不可分割的合作作品在决定侵权责任时也具有一定的意义。可分割的合作作品，其中部分侵犯他人著作权的，作品其他部分的作者如果没有主观过错的，不需要承担经济赔偿责任。但如果是不可分割的合作作品，一旦发生侵犯他人著作权的，作品的其他合作者不能以主观上无过错为由进行抗辩。

本书认为，对于合作作品著作权受侵犯的，每个合作者都应当有权提起诉讼。在诉讼过程中，法院应当通知其他著作权人作为必要共同原告参与诉讼。如果无法通知其他作者，或者其他作者拒绝参与诉讼的。提起诉讼的作者有权获得全部赔偿，其他合作者有权就赔偿数额进行分配。但基于一事不再理原则，其他合作者不得再次提起侵权诉讼。不过，如果合作作者之间就赔偿数额产生纠纷的，自然有权提起诉讼。

第九节　单位作品

一、单位作品概念

单位作品指由单位投资、组织或承担责任的作品。在前资本主义社会，除了一些艺术表演以外，单个自然人是最主要的作者，作品也最适于反映自然人作者的个性。同时，由于经济科技发展水平的限制，除了少数情形之外，当时很少有单位（包括法人单位、非法人单位）投资、组织创作。到了资本主义社会之后，企业成为社会经济生活的主体，同自然人一样，企业通过投资行为组织创作作品。几乎所有类型的作品，都可以由企业组织、投资。除了企业以外，其他类型的单位，如政府机关，也能够组织作品的创作。

承认单位为作者存在着认识上的障碍：单位本身是法律上拟制的主体，还是由一个个自然人组成。单位本身没有手，不能写作；没有脑袋，不能思考；没有独立的人格。作品体现的人格，只能是自然人的人格，而不可能是单位的人格。从人格说的角度上看，无论何种类型的单位均不能成为作者，只能继受他人的著作权。否定单位成为作者，将会对作品的利用和移转产生巨大的交易成本。具体表现为：单位必须同参与创作的自然人一一签订著作权移转或许可使用的协议，而且作品的署名权和完整权不能移转，作品的任何一点修改需要获得自然人的特别授权，等等。

如果承认单位是作者的话，就必须突破人格说。作品是否体现人格，这一点在著作权法上并无意义。单位组织、投资作品的创作行为，并对作品承担责任，自然可以拟制为作者，享有整个著作权，包括复制权、发行权等，也包括署名权、完整权等。在权利的行使和移转等方面不需要经过参与创作的单个自然人的同意，比较自由、便捷，有助于提高作品利用的效率。同时，单位在理论上可以无限期地存续。单位作品著作权存续期限也较自然人更短，往往自作品完成之日起若干年内，而不像自然人的著作权存续期限可至其死亡后的若干年内。

二、单位作品产生方式

单位著作权的产生方式有以下三种：

第一种是单位承担责任的职务作品。比如，根据我国《著作权法》第 16 条第 2 款第 1 项的规定，对于主要是利用法人或者其他组织的物质技术条件创作，并由法人或者其他组织承担责任的工程设计图、产品设计图、地图、计算机软件等职务作品，由作者享有署名权，著作权的其他权利由法人或者其他组织享有。另外，国务院《地方志工作条例》第 15 条规定，以县级以上行政区域名称冠名的地方志书、地方综合年鉴为职务作品，其著作权由组织编纂的负责地方志工作的机构享有，参与编纂的人员享有署名权。

第二种是由单位组织或投资的作品。比如，某电影公司投资拍摄电影，电影著作权直接归属于制片者（投资商）。再比如，中央电视台组织一台晚会，晚会作为一部汇编作品，整体著作权属于中央电视台。我国现行《著作权法》第 11 条第 3 款规定，由法人或者其他组织主持，代表法人或者其他组织意志创作，并由法人或者其他组织承担责任的作品，法人或者其他组织视为作者。在此种情况下形成的作品为法人作品，也是单位作品的一种。即属于此。

第三种是基于合同约定或单位内部的规章制度规定，著作权属于单位的作品。基于私法自治，如果约定属于单位所有，除了法定类型的作品之外，其他类型的作品也可以属于单位所有。

三、单位作品著作权分配

在单位作品著作权的分配上，应当承认单位具有包括署名权在内的完整的著作权。根据我国现行《著作权法》第 16 条第 2 款的规定，对于主要是利用法人或其他组织的物质技术条件制作，并由法人或其他组织承担责任的工程设计图、产品设计图、地图、计算机软件等职务作品，或法律、行政法规规定或合同约定著作权由法人或者其他组织享有的职务作品，这些职务作品的作者享有署名权，著作权人的其他权利由法人或者其他组织享有，法人或者其他组织可以给予作者奖励。从该条规定中可以看出，部分职务作品的著作权一分为二，自然人享有署名权，而单位享有其他各项著作权。

应当承认单位享有包括署名权在内的各项著作权利。这样做具有重要的意义：第一，彻底突破人格说的制约。本来，承认单位成为著作权人，便已突破了人格说，但承认自然人具有署名权，实际上仍然是人格说残余理念的体现，说明这种突破不彻底。其实，从法理上看，单位作者的署名权也应当由该单位享有。第二，对于参与创作的自然人而言，该作品如果真的涉及侵权，比如剽窃或抄袭，如果他们具有署名权的话，自然也需要承担侵权责任，这是不利的。说到底，参与者在单位作品上的署名、参与创作的自然人在作品上的署名并非著作权意义上的署名，仅仅是表明这些自然人参与了该项工作，会对单位承担一定的责任，也可能因此而获得各种精神利益和物质利益。

在整体著作权属于单位的情况下，如何保障参与创作的自然人的权益？主要路径就在于自然人同单位之间的协议，也包括一些惯例。比如，在作品上署名，支付一定的报酬，不得歪曲、丑化自然人在作品中的形象，等等。但有必要明确：这些参与创作的自然人的权益均不属于著作权，此种署名并非著作权法意义上的署名。

第十节 字体案例分析

在北京北大方正电子有限公司（简称方正公司）诉广州宝洁（中国）有限公司案件（飘柔倩体字案件）中，一个不争的事实就是：被告所使用的字体都属于"倩体"，"飘柔"也是倩体字的组合，来自于原告制作的倩体字库。案件争议的焦点在于：诉争的"飘柔"倩体字组合是否属于美术作品。

一、现有观点的分歧

对于这个问题，存在着三种截然不同的观点：

第一种观点认为，根据著作权法的规定，作品是一种具有独创性的、能够以某种有形方式复制的智力成果。"倩体字形成了汉字的一种独特的表达形式，这种表达方式具有独创性，它正是著作权法所保护的内容。"[1]以此而论，我国现行大部分字库中的每一个字都是美术作品。

第二种观点认为，字体和字体工具不同，字体本身是美术作品，字体工具则为字帖、铅字、计算机字库等，在形成字体工具之后，字体美术作品作者和字库软件权利人对单个字的权利就此用尽。[2]

---

[1] 马东晓、董秀生："浅析字库字体单个文字字型的美术作品保护：以方正字库字体为例"，载《科技与法律》2011年第1期。

[2] 参见张玉瑞："字体、计算机字体的版权保护"，载《电子知识产权》2010年第9期；张玉瑞："论计算机字体的版权保护"，载《科技与法律》2011年第1期。

第三种观点认为，字体、字库的形成过程是制造而非创造，字体经过程式化处理，仅仅是一些标准，字库中的字因而不具有独创性，并非作品。[1]

总之，前两种观点均认为字体本身都是美术作品，其区别在于后者认为存在着一个著作权权利用尽，前者则否。第三种观点则认为，字库中的字因缺少独创性而不能成为作品。

飘柔

二、本案争议的实质

在本案中，方正公司的设计师齐立先生鉴于现存的各种字体在字的笔道中很少带有女性柔美的成分，在个人用品、化妆品、食品、家居等领域的宣传用字上缺乏表现力，开始尝试设计"倩体字"。从性质上看，倩体字是一种美术字，"美术字是一种与日常应用文字、书法艺术有别的，字形本身经过装饰，并能对所附载体环境产生美化作用的图案性文字。"[2] 美术字专为艺术的要求而设计，其特点就是图案化。[3] 倩体美术字在笔形、粗细、结构等方面进行了独特的设计，在保持了黑体、宋体庄重、严肃的基础上，又产生了一种黑体、宋体里所没有的亲切、幽雅、柔美、精致、华贵、大气、端庄的性格。经过创意和设计、字体数字化、字库产品成型等三个阶段，形成了方正公司的倩体美术字库。

显然，在本案中，"飘柔"二字属于倩体字字库具体运用的结果，是两个倩体美术字的组合。本案所诉争的不是字体的保护问题。字体是具有某种标准的字的总称或泛称，如同书法中的楷书、行书、草书等书体一样，书体本身不是作品，是具有某种风格的作品的泛称，因而从来不是著作权法保护的对象。本案所讼争的也不是倩体字库的保护问题。字库作为一种数据库，受

---

[1] 这是刘春田教授的观点。关于作品独创性，刘春田教授认为，一件作品的完成应是该作者自己的选择、取舍、安排、设计、综合的结果，既不是依已有的形式复制而来，也不是依既定的程式或程序推演而来。参见刘春田主编：《知识产权法》，中国人民大学出版社 2002 年版，第 48 页。以此而论，字库中的字都是依照既定的程序推演而来，是一种劳动，并非创造。

[2] 李明君：《中国美术字史图说》，人民美术出版社 1997 年版。

[3] 李明君：《中国美术字史图说》，人民美术出版社 1997 年版。

到相关法律的保护，擅自下载、复制字库软件构成侵权行为。本案所诉争的仅仅是方正倩体字库中"飘柔"这两个倩体美术字组合是否构成著作权法意义上的作品。

三、倩体字组缺少艺术作品的审美功能

上文将字组界定为某种字体字库中的字的组合，这种组合在什么情况下可以成为作品？这里首先就涉及著作权法上作品概念的界定。依据智力成果权说，倩体字形成了不同于以往任何一款汉字的独特的表达形式，这种表达方式既是作者独立创作的，也体现了作者的智力活动，因此具有独创性，它应当是著作权法所保护的内容。依照这种观点，我们手写的每个字都是著作权法意义上的艺术作品，每个会写字的人都是书法家。因为他（她）们写出的字，都是"独特的表达"，也都是智力成果。同理，书本上的每一个宋体字、黑体字也都是艺术作品，我们每个人都拥有数以百万计的艺术作品，都是艺术作品收藏大家。显然，这种将艺术作品泛化的认识严重地违背了人们的常识，殊不可取。

本书认为，作品是一种具有精神功能的符号组合，由符号形式和符号信息两个层次上的各种要素构成。精神功能主要包括启蒙明智和怡情愉悦两个方面，代表着主体从符号中获得信息指导或者审美享受，这是符号对人的精神所具有的意义，体现为主体精神状态的改善。

毫无疑问，"飘柔"两个倩体美术字组过于简单，难以构成独立的科学作品或事实作品。问题在于："飘柔"倩体美术字组是否属于一种艺术作品，更具体地说，能否构成美术作品，这就取决于它是否具有独立的审美功能。一般来说，美术字是以宣传、美化为目的，通过作者精心地装饰、美化，在给人以愉悦感的同时，吸引人的眼球，让人更多地注意文字的内容。而本案中，"飘柔"倩体美术字组具有一定的美感，但美感不等于独立的审美功能，"飘柔"倩体美术字组不因此而能够独立地作为审美对象。它们主要是发挥实用的信息功能，美感是其发挥实用信息功能的一种手段，方便人们进行阅读。

苏珊·朗格认为，艺术是一种"有意味的形式"[1]。倩体美术字组具有

---

[1]［美］苏珊·朗格：《情感与形式》，刘大基、傅志强、周发祥译，中国社会科学出版社1986年版，第50页。

的是一种浅层次的、一目了然的美感，缺少艺术作品所独有的"意味"，也就是作品的艺术价值、个性或底蕴，因而不具有独立的审美功能，不是美术作品。我国《著作权法实施条例》第4条第8项规定："美术作品，是指绘画、书法、雕塑等以线条、色彩或者其他方式构成的有审美意义的平面或者立体的造型艺术作品。"这里的审美意义不应当是某种"美感"，而是衡量其是否具有某种独立的审美功能，因而能否作为独立的审美对象。[1]宋体字端庄、典雅、古朴、高贵，黑体字强烈、醒目、现代、简单，[2]倩体字亲切、优雅、柔美、华丽，各自具有不同的美感，但这些均不足以使上述每一个字或字组都成为一种美术作品。

四、倩体字组合书法作品之间的差异

倩体字组同书法作品之间存在着重大的差异。书法作品具有独立的审美功能，其原因在于书法作品具有四个要素：笔法、结体、章法和墨法。笔法有方笔、圆笔、中锋、侧锋、藏锋、漏锋以及抑扬、顿挫、提按、转折等笔锋运用的各种方法，但彼此间又相互关联相互作用，在运笔的过程中产生无穷的变化。结体指单个字的布白，大体上有对称、均衡、平正、奇险、向心、离心等。章法即字幅整体的布白，尤其是字数的多少和尺幅的大小。"书法章法的基本原理就是'将众多的大小、疏密、斜正各别的字排列在一起，使之和谐自然，这就是章法布白。'"[3]"即使常见的独字书法，如'福、寿、虎、佛'，等等，我们也会把目光聚焦在整体的布白上，品位它的构图意境和美妙神韵。"[4]墨法往往能够丰富书法线条的内涵和表现力，大大充实书法形式美的内容，具有很高的审美价值。[5]书法作品体现书家的思想、感情、功力、审美等因素，字的本义（实用性）已趋于从属地位了，书法就此成为抽象的线条艺术，其点画书写、结体安排、章法布局等形式因素充分彰显为主

---

[1] 2003年5月，方正诉潍坊文星科技开发有限公司等侵犯美术作品著作权和计算机软件著作权。在该案中，法院认为，方正字库中的字型是由线条构成的具有一定审美意义的书法艺术，应当作为美术作品予以保护。应当说，这是将"审美意义"同"美感"混同起来了。

[2] 参见林家阳、张奇开：《文字与版式设计》，高等教育出版社2006年版，第24页。

[3] 钟明善：《写字与书法·序》，西北大学出版社2006年版，第155页。

[4] 吴天祥：《漫话书法审美》，西北大学出版社2009年版，第155页。

[5] 参见徐利明主编：《中国书法通论》，南京大学出版社2005年版，第7~9页。

要审美因素。书法作品由此在整体上具有独立的审美功能。比如,"2008年北京奥运会'京'字会徽的篆刻设计,就是把汉字篆书的静态和体育艺术的动态,集中体现在方寸间的布白上,展示了中国书法之美。"[1]

与书法作品相比较,倩体字组合不存在结体和章法,是倩体字库中现有字的任意组合,因此,没有结体、章法、墨法,在笔法方面也是千字一面,很少有什么区别,缺少书法作品中蕴含的"独到之表达能力(俗称书法功力)"[2],因而不可能成为独立的审美对象。说到底,倩体字组的美感不在于某种个性和意蕴,它的美是实用性的附庸,服务于字的实用性。

五、结语

本案诉争的倩体字组也不同于未经程式化处理的美术字组。美术字包括两种:一种形成了某种"体",如黑体、宋体、幼圆体等;另一种是对一些如标志、刊头、广告语、品名等单个或几个文字组合进行创造与设计。[3]后者如果在设计上高度图案化,实用性大大消退,具有独立的审美价值,主要发挥的是一种审美功能,这才有可能构成美术作品。不过,这种能够成为作品的"美术字"由于高度艺术化,往往以实用性的减弱为代价。同时,这些美术字本身无法程式化,进入字库中,形成某种字体。具体到本案,假设齐立先生设计了"飘柔"两个美术字进行艺术处理,高度图案化,能够独立成为审美对象,这就有可能成为独立的美术作品。但在进入倩体字库后,经过程式化处理,可以与其他字任意组合,千字一面,实用为主,美感为辅,因而并无美术作品的存在。

第十一节 鬼吹灯案例分析

一、《摸金校尉》和《鬼吹灯》之间是否构成演绎关系

小说《鬼吹灯》共二部八卷,作者张牧野,笔名天下霸唱。其中,《鬼吹灯(盗墓者的经历)》自2006年2月20日起在起点中文网上架发表,主要

---

[1] 吴天祥:《漫话书法审美》,西北大学出版社2009年版,第155页。
[2] 施文高:《比较著作权法制》,台湾三民书局1993年版,第759页。
[3] 参见王雪青:《字体设计与应用》,高等教育出版社2007年版,第3页。

讲述了胡八一、王胖子、Shirley 杨三个摸金校尉为解除鬼洞诅咒引发的盗墓探险故事。2006 年 3 月 25 日、4 月 24 日，《鬼吹灯》著作财产权全部转让给上海玄霆公司。

2015 年 12 月 1 日，作者张牧野的新小说《摸金校尉之九幽将军》（以下简称《摸金校尉》）中文简体图书登录全国各大书店和京东、当当、亚马逊等网络销售平台上市销售。经比对，小说《摸金校尉》完全复制使用了《鬼吹灯》主要人物形象胡八一、王胖子、Shirley 杨及盗墓的禁忌规矩和方法等情节，在此基础上编写了新的盗墓故事。

《摸金校尉》和《鬼吹灯》在人物形象、人物关系、盗墓规矩、手法、年代背景等方面相同，这两部作品之间构成一种什么样的关系？这是处理本案的关键性问题。

最高人民法院（2015）民申字第 765 号再审民事裁定书认为："至于原作品与演绎作品之间的关系，从演绎系一种在对已经存在作品进行的使用中带有独创性特征的智力创作行为这一概念来看，演绎作品应当是指那些在使用已经存在作品原有独创性表达的基础上，另外附加演绎者新的独创性表达的作品。"

什么是改编？烟台办公自动化网络工程公司与唐懋宽著作权侵权纠纷上诉案民事判决书[（2002）鲁民三终字第 9 号]中表述："但是，改编一词——实质意义为在原有作品的基础上，通过改变作品的表现形式或用途，创作出新作品。"也就是说，改编往往指改变了作品的形式或用途。

可见，演绎概念的外延比改编更广。除了改编以外，还包括翻译、注释等方式。但《著作权法》第 10 条第 1 款第 14 项规定："改编权，即改变作品，创作出具有独创性的新作品的权利。"这里的改变作品，并没有一定要改变作品的用途和形式，只要利用了原作中的基本表达，在原作品基础上形成的具有独创性的新作品的行为，都是改编行为，当然这些也都是演绎行为。

以此来进行衡量的话，《摸金校尉》利用了小说《鬼吹灯》中的主要人物形象、盗墓手法、世界观、历史背景、艺术风格等，另行编造故事情节，再形成了具有独创性的新作品。可以说，《摸金校尉》是在原著《鬼吹灯》基础上形成的新作品，构成原著《鬼吹灯》的演绎作品。

典型的改编通常包括作品体裁上的变化，比如，从小说改为剧本，从剧本拍摄为电影等。《摸金校尉》和《鬼吹灯》的不同之处在于：前者改变了故事情节和个别次要人物,但作品的形式和用途没有发生变化,是一种演绎行为,也可以说是一种非典型的改编行为。

二、摸金符吊坠是否构成原著小说的改编作品

小说《鬼吹灯》主要讲述胡八一、Shirley 杨、王胖子这三位当代摸金校尉展开的一系列盗墓故事,而根据小说设定,"摸金符"是摸金校尉的护身符,只有佩戴"摸金符"才算正宗的摸金校尉,才能进行盗墓;而摸金校尉一旦戴上就必须永不摘下,只有决定结束职业生涯的时候,才会选择摘符。因此,"摸金符"系小说中反映鬼吹灯主角人物职业特征及推动故事情节发展的最重要的道具。此外,小说还详细描述了"摸金符"的外形特征和制作手法,小说中涉及"摸金符"的佩戴及盗墓情节有89处,属于《鬼吹灯》小说中最为重要的独创性表达要素之一。

北京易科成志科技发展有限公司获得天下霸唱的授权,委托千禧之星珠宝股份有限公司设计、制作摸金符吊坠两款。

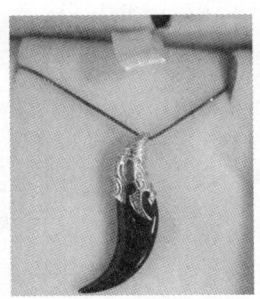
镶金款

镶银款

涉及两个著作权问题在于:第一,上述摸金符吊坠是否为作品?如果是作品的话,也只能是没有实用功能的美术作品,作为装饰品,给人以精神抚慰。第二,和原著作品之间是否形成改编关系?

吊坠和原著作品之间是否存在创作来源关系?在庭审过程中,著者主要从以下五个方面论述:一是从创作灵感上,没有鬼吹灯作品就没有涉案的摸金符吊坠;二是从作用功能上看,也是一致的,都是驱邪,带来好运;三是从制作方法来看,也是依据原著小说进行的,尽可能地按照小说中的文字描

述创作出来。但因穿山甲是国家二级重点保护动物,所以,无法按照书籍的描述制作穿山甲的爪子;四是从外形上看,和原著小说中的描述是一致的。如"符上的'摸金'两个篆字,笔划苍劲雄朴,古意昂然,是用穿山甲最锋锐的爪子制成,像黑水晶一样微微透明……爪根锁着一圈金线,通身刻着避邪的飞虎纹。"五是在被告对外文宣中,也使用原著小说中的文字,将摸金符吊坠和原著小说联系起来。

不可否认,将实物视为在文字基础上形成的新作品,并非通常意义上的改编。但其中攀附原著的动机和效果又特别明显,理应受到法律的规制。如果认定为改编有难度的话,作为一种不正当竞争,侵犯所谓商品化权,可能更易为人们所接受。

在庭审中,被告易科成志公司辩称获得天下霸唱基于小说《摸金校尉》作者身份作出的授权,在《摸金校尉》中也存在有着摸金符的描述。不过,摸金符最早出现在《鬼吹灯》原著作品中。依照本书下文确立的存量要素、增量要素区分方法,摸金符这一小说作品的道具,在《鬼吹灯》原著作品中是增量要素,在《摸金校尉》中则为存量要素,不属于后者著作权的保护范围,这个理论在本书第四章中有着详尽的论述。因此,《摸金校尉》作者的授权属于无效授权。

第三章 著作权内容论

第一节 著作权概念

一、传统著作权概念的缺陷

传统上,著作权是指作者及其他权利人对文学、艺术和科学作品享有的人身权和财产权的总称或总和。分为著作人格权与著作财产权:其中著作人格权的内涵包括了公开发表权、姓名表示权,及禁止他人以扭曲、变更方式利用著作损害著作人名誉的权利。著作财产权包括复制权、发行权、播送权、上映权、表演权、信息网络传播权、改编权、出租权等。

上述著作权概念存在着以下几个缺陷:

第一,对著作权对象的界定比较狭窄。仅仅包括文学、艺术和科学作品三种,不能涵盖其他大量的作品。这在下文作品概念界定中予以具体分析。

第二,认为著作权是著作人格权和著作财产权的总称或总和,不是一种科学的定义方式。在民法上,常常采用属加种差的概念定义方式。以此而论,著作权作为一种民事权利,其上位概念应当是一种支配权,或请求权,或形成权,而不应当是某种人身权和财产权的总称。

第三,认为著作权是人格权和财产权的总称,署名权、完整权、复制权、发行权等都是独立的著作权,而不是著作权的内容,这不符合民法中关于民事权利、权能关系的基本原理。

第四,如果认为著作权是人格权和财产权的总和,则存在着逻辑上的困境。作为一种人格权,著作权不能够进行转让;作为一种财产权,著作权应当能够转让。这是一种两难的境地。

第五，认为著作权的主体是作者及其他权利人，这里的其他权利人应当指其他著作权人，包括出版权人、信息网络传播权人等，这种界定方式不够简练、精致。

二、本书界定的著作权概念

著作权是民事主体依法对作品所具有的排他性支配权。这个概念具有以下几层含义：

第一，著作权是一种支配权。所谓支配，既包括对作品的各种利用方式，也包括对作品的处分，包括事实处分和法律处分。作为一种支配权，在性质上是一种纯粹的财产权，并非人格权。

第二，著作权是一种排他性权利。对于同一件作品，在同一法域中，只能产生一个著作权，不能产生两个以上著作权。在特定作品被授予著作权以后，就排除了他人对同一作品享有著作权的可能性。

第三，著作权是一种法定权利。哪些作品能够具有著作权？著作权的基本权能是什么？著作权的存续期间有多长？这些都需要由法律明确规定。这也表明，法律对作品著作权的保护是有限的。

第四，著作权主体是各种民事主体，包括自然人作者、单位作者。

第五，著作权对象是各种作品，当然，不限于科学、文学、艺术作品。

当然，上面提及的是狭义的著作权概念，广义上的著作权概念还包括邻接权，所谓邻接权是指与著作权相邻、相近似的一些权利。包括录音录像制作者对其制作的录音录像制品、广播组织对其播出的节目信号、出版者对其设计的版式等具有的排他性支配权。邻接权对象并非作品，但与作品有着密切的联系，或是作品的载体，如录音录像制品、节目信号；或是作品的外部存在方式，如版式。邻接权的权能也多与著作权类似，但没有署名权能和完整权能，因而属于广义的著作权范畴。

另外，从理论上讲，著作权还应当区分为著作所有权、著作用益权以及著作质权。这时，著作权就类似于物权概念，著作所有权类似于物的所有权，著作用益权类似于用益物权，而质权类似于担保物权。不过，由于知识产权评估、登记等方面的原因，著作质权一直没有发展起来。而著作用益权在现实生活中表现为各种排他性的，甚至是独占性的网络信息传播权、专有出版权、改编权等，但在登记、公示方面一直缺少相应的制度配套。本章第七节对著作用益权进行了专门的研究。从总体上看，著作用益权和质权制度还很不发达，我们所谓的著作权，实际上仍然是指著作所有权。

作品的著作权自作品成型之时产生，一般认为著作权自作品完成之时产生，作品的修改本身也是个无止境的推敲过程，何时能谓完成，其实难以定论。因此，只有作品依照其所属的体裁类型，初具一定的形态，即可认为产生著作权。比如，曹雪芹对《红楼梦》的前八十回，马克思对《资本论（第三卷）》的草稿依然具有著作权。

宋代的僧人惠洪写的《冷斋夜话》中记载，北宋时期，黄州诗人潘大临家境贫寒，擅诗。他与临州诗人谢无逸为莫逆之交。常有书信往来。某日，潘大临在家闲卧，正值秋雨淅淅，不觉诗兴大发，就提笔在粉墙上题诗。不料刚写一句"满城风雨近重阳"，就听到大门口一片喧闹，原来是官府派税吏前来催租。潘大临应付完衙役后，诗思大败，灵感没了，再也续不下来。当时的名诗人吕居仁认为这句诗"文章之妙至此极矣"。在只有这句"满城风雨近重阳"情况下，作品并没有完成，但潘大临对这句诗是否具有著作权，答案应当是肯定的。

另外，著作权只有人类才能够享有，动物不能享有著作权。比如，2014年8月，英国野生动植物摄影师戴维·斯莱特和维基网站就两张照片著作权产生了冲突。戴维·斯莱特在2011年前往印尼苏拉威西岛热带丛林拍摄黑冠猕猴时，他把照相机架设在三脚架上，设置好自拍模式。后来几只猕猴自己去摁动快门，获得那些猕猴的"自拍照"。斯莱特冲印出照片后，发现一只猕猴拍的非常好，表情有趣，于是就将照片发布到了网上。

美国"维基媒体"网站把这张照片定义为"公有",可免费下载。很快,照片在网上就开始疯传了。斯莱特发现后立即要求维基将图片撤下,并声称自己拥有这张照片的版权,如果维基要公开他的照片,就应当先付他版权费。维基发言人凯瑟琳·马赫也发表了一份声明称:"根据美国法律,版权不能归非人类所有。所以,在此事件中,尽管猕猴是照片作者,但它没有版权。在此之后,对照片进行冲印、加工、修改的人,也只对修改部分拥有版权,对照片本身不具有版权。"

三、版权概念

与著作权近似的概念是"版权",著作权过去被称为版权。版权最初的涵义是copyright,也就是复制权。此乃因过去印刷术的不普及,当时社会认为附随于著作物最重要之权利莫过于将之印刷出版之权,故有此称呼。当前,版权仍然是英美法系中的概念。与大陆法系的著作权概念相比较,版权概念侧重于权利的内容,而著作权概念则强调权利对象。这两个概念在各自的法律背景下并无优劣之分,只是适应了不同的法律传统。就我国而言,采取著作权概念更为妥当一些。主要原因有以下几点:

第一,从词义上看,版权(copyright)仅仅是一种复制权,最多再包括发行权。但现在的权能内容已经超越了复制和发行,因而版权概念远远不能涵盖权利内容,有点名不副实。中文最早使用"著作权"一词,始于中国第一部的著作权法律《大清著作权律》。清政府解释为:"有法律不称为版权律而名之曰著作权律者,盖版权多于特许,且所保护者在出版,而不及于出版物创作人;又多指书籍图画,而不是以赝刻模型等美术物,故自以著作权名之适当也。"

第二,我国属于大陆法系,在大陆法系国家中,民事权利之间的区分主要是权利对象的不同,人格权、债权、物权,莫不如此。作为知识产权的组成部分之一,著作权概念突出了权利对象,与人格权、债权、物权等概念的设计模式是一致的。

第三,版权概念容易同出版权的概念混淆。出版权是著作权人为出版者设定的一种权利,包括复制和发行两种权能。从词源上看,版权的意思是复制权,即禁止他人复制作品的权利。有时候,这两个概念容易混同起来,使得知识产权法学界以外的人士产生混淆。世界上第一部版权法英国《安娜女王法令》开始保护作者的权利，而不仅仅是出版者的权利。

当然，上述内容仅仅是对概念本身进行的分析。随着两大法系之间的相互借鉴和融合，特别是两大法系的主要国家均加入了《伯尔尼公约》，"版权"和"著作权"两个概念的内容逐步接近。我国在制定著作权法时，就使用版权概念还是著作权概念曾经发生争论，争论的结果就是在《著作权法》第57条规定："本法所称的著作权即版权"。这就是说，在我国法律上，版权和著作权是同义概念，没有任何区别。

第二节　著作用益权能

在著作权中，复制权、发行权等并非独立的著作财产权，而是著作权的权能。在这一点上，我们也可以同物权相比较，物权在整体上属于一种财产权，但我们通常并不将占有、使用、收益、处分等物权权能视为某种物质财产权。同样，著作权是一种财产权，但没有所谓的著作财产权，这是一个伪概念。作者创作了一部作品，只享有一个著作权，而不是同时享有复制权、发行权、表演权、改编权等多个著作财产权，它们只是同一著作权的不同内容（权能）而已。因此，著作财产权思维模式的根本谬误就在于混淆了权能和权利，把著作权的众多具体权能当作是独立的财产权利，在此基础上建构出与之相对应的著作人格权制度。[1]

著作用益权能也就是人们通常所谓的财产权，是著作权人对作品的各种利用权，构成各国著作权制度中最重要的内容，也是其中最具有共识的部分。主要包括以下几种权能：

---

[1] 目前，我国学界关于著作人格权方面的论述绝大多数都没有超过著作财产权思维模式，比如尹西明："反思与重构：著作人身权制度探讨——以法律本体秩序为视野"，载《河南省政法管理干部学院学报》2007年第1期；柳励和："论著作人身权的功能"，载《学术论坛》2009年第2期；李莉："论作者精神权利的双重性"，载《中国法学》2006年第3期；李明发、宋世俊："著作人身权转让质疑"，载《安徽大学学报（哲学社会科学版）》2003年第5期；何炼红、阳东辉："著作人身权合理使用制度研究"，载《法学评论》2004年第1期。总体来说，上述各种观点都没有脱离人格论的框架，其中的区别就在于如何对民法人格权理论的统一性以及现实生活需要之间进行适当的取舍，并以此来塑造著作人格权制度的特殊性。

一、发表权能

发表权能,即将作品公之于众的权能。通说将发表权认定为一种著作人格权,实际上,在摆脱著作财产权思维模式后,我们可以发现,发表就是将作品公之于众,也是一种比较典型的作品利用方式,同复制、发行、改编等行为并无不同。作品是否发表与隐私权也没有必然的关系,如果作品内容涉及个人隐私,则可能侵害隐私权。反之,则不侵害隐私权。同复制、发行等权能一样,发表权也是一种著作用益权能。[1] 当前,发表权主要是大陆法系国家著作权法承认并予以保护的一种著作人格权,《伯尔尼公约》至今未列入保护"发表权"的条款。在英美法系国家著作权法中,很多不承认"发表权",主要原因在于发表行为往往跟复制、发行、表演、改编等行为融合在一起,因而不需要设置独立的发表权。

二、复制发行及公开传播权能

复制发行权能是最早出现的,也是最基本的著作利用权,这种权利的产生是基于出版技术的发展以及图书市场的形成。所谓公开传播权能,主要是通过一定的方式让公众能够了解或者获得作品,如展览权、广播权、信息网络传播权,等等。

复制发行权能和公开传播权能的特点有以下几个:第一,这两项权能的行使都是针对作品的传播,并不改变作品的内容和形式;第二,这两项权能所针对的往往是作品整体,并非针对作品中的要素;第三,这两项权能所针对的是特定的传播方式,实际上,复制发行也是一种公开传播方式,并非针对所有的传播方式。

---

[1] 作为一种著作用益权,发表权既可以行使一次,也可以反复行使,比如对自己的作品再版;既可以自己行使,也可以授权他人去行使,还可以转让和继承。在作者死后,其未公开作品的发表由继承人或者作品手稿的持有人决定。比如,意大利《著作权法》第24条规定:"遗作的发表权属于作者的法定继承人或遗嘱继承人,但作者生前明确禁止发表或委托他人发表的除外。"法国著作权法则将此权利先授予作者指定的遗嘱执行人行使。如无遗嘱执行人,则由其继承人或遗赠人行使。我国《著作权法实施条例》第17条规定:"作者生前未发表的作品,如果作者未明确表示不发表,作者死亡后50年内,其发表权可由继承人或者受遗赠人行使,没有继承人又无人受遗赠的,由作品原件的合法所有人行使。"因此,各国关于发表权的规定体现了其著作用益权的特征。

三、改编权能

通过改变作品的形态或表现手法，形成一种新作品。包括翻译、拍摄电影、注释，等等。当然，这是一种比较狭义的理解。从广义上讲，凡是基于原作品，在利用原作品中的核心要素基础上形成的作品，都可以形成改编作品，这种行为都是改编行为，不仅仅限于作品体裁、形态上的变化。另外，根据本书确立的观点，表演是一种创作行为，表演行为的结果产生一种新的动态作品。因此，相对于原著而言，表演作品是一种在原作基础上形成的演绎作品，表演权能实际上就是一种改编权能。

总之，复制、发行、传播、改编、发表行为均为作品的利用方式，这些利用方式在受到法律规制后，成为著作权的重要权能。这些利用方式的最终效果，或者说最终目的都是促进信息的流通或者使人获得审美享受，都在于实现作品的精神功能。

四、关于取得报酬权

至于我国著作权法上规定的获得报酬权本身并非一种作品利用方式，不宜成为著作权的一种权能。当初，我国著作权制度中设置获得报酬权主要是基于很多出版社拒绝支付作者稿酬的情况，其实，这种问题完全可以通过合同法、侵权责任法制度予以解决。从法理上看，获得报酬是作者对作品进行利用或处分的自然结果，"准许使用作品意味着作者有获得报酬的权利"，[1]并不需要设立一项单独的获得报酬权。

五、关于出租权

出租权是著作权人享有的许可他人有偿使用作品或其复制品的权利。《WTO 知识产权协定》第 11 条规定：至少就计算机程序和电影作品而言，一成员应给予作者及其合法继承人准许或禁止向公众商业性出租其有版权作品的原件或复制品的权利。我国 1990 年的著作权法没有规定出租权，仅于该法的实施条例中规定出租是发行的方式之一。我国著作权法根据国际上发展的

---

[1] [西] 德利娅·利普希克：《著作权与邻接权》，中国对外翻译出版公司 2000 年版，第 134 页。

趋势，于 2001 年修改时增订了出租权。《著作权法》第 10 条第 1 款第 7 项规定："出租权，即有偿许可他人临时使用电影作品和以类似摄制电影的方法创作的作品、计算机软件的权利"，根据《计算机软件保护条例》第 8 条第 1 款第 6 项的规定，软件著作权人享有出租权，即有偿许可他人临时使用软件的权利，但是软件不是出租的主要标的的除外。

从上述规定可以看出：第一，出租权的对象仅仅是影视作品和软件，其他作品均不存在出租权；第二，这里的出租权对象包括原件和复制品。也就是说，影视作品和软件必须存在于一定物质载体上，包括光盘、软盘等，采用的是一种模拟技术。实际上，作品和作品载体之间还是存在着根本差异：作品是符号组合，是著作；而作为出租权对象的是符号组合的物质载体，是一种著作物。因此，更准确地说，出租权是著作权人享有许可他人有偿使用著作物的权利。规定出租权是为了对软件著作权人和影视作品著作权人提供特别的保护，以维护其经济利益。

从法理上看，出租权和所有权存在冲突。从所有权角度上看，著作物的所有权人可以对著作物进行占有、使用、收益、处分，出租是处分的一种具体方式，自然有权进行出租。出租权针对的是作品载体，是处分作品载体的一项权利。法律特别规定了出租权，无疑是赋予了著作权人控制作品载体进一步流通的权利，类似于专利权中的进口权，是"知识霸权"的表现。另外，所谓展览权其实同出租权一样，其所针对的也是原作的载体，本来也不应当成为著作权的一项权能。[1]

不过，随着模拟技术向数字化技术的转化，人类进入了信息化时代，人与人的交互是以 Internet 媒体为介质，软件、影视作品等脱离了载体的限制，可以直接在网上进行下载、传播，而不再需要通过各种光盘、软盘等载体进

---

[1] 从著作权权能角度上看，卡拉 OK 版权收费并不合乎著作权法理。2006 年，国家版权局公布了卡拉 OK 版权的收费标准，每间包厢 12 元/天，浙江省的标准是每间包厢 10 元/天。什么是卡拉 OK 版权使用费？为什么要收卡拉 OK 版权使用费？有认为，各娱乐场所长年播放着 MV，却从来没有向著作权人交纳任何费用。只有交纳版权使用费，才能取得合法使用歌曲的权利。实际上，播放 MV 是 KTV 经营者行使物权的体现。人家买了 vcd、dvd 光盘，有权进行播放，不需要经过任何人的授权。正如我们自己去买了一张 vcd 光盘，在家里播放，难道还需要再缴纳版权使用费吗？有人说，你这是合理使用，KTV 经营者是商业性使用。问题在于：我买碗筷在家里使用就可以不用缴使用费，饭店买碗筷还需要再向生产商再缴纳使用费吗？这是同样的道理。因此，卡拉 OK 版权收费其实没有任何著作权法上的道理，不符合著作权法理，是知识产权人对物权人的欺压，也是"知识霸权"的体现。

行转移。也就是说，软件、影视等著作（作品）依然存在，但著作物（作品载体）则很少使用，客观上使得出租权的对象大幅度减少。可以说，在实际生活中，出租权存在的意义已经不大了。

六、其他权能

我国现行《著作权法》第10条第1款第17项规定了应当由著作权人行使的其他权利。这就表明，除了著作权法上列明的各项具体权能之外，还可以通过利益衡量方式，确定著作权人的新的权能。比如，在信息网络发达之前，著作权法上并未规定信息网络传播权，只是大量出现通过网络传播作品时，先是在司法中承认信息网络传播权，再进而将其吸收进立法上，成为一种法定权能。

第一个问题：为什么要规定著作权人的其他权能，这种立法模式是否突破了所谓知识产权法定主义。"知识产权法定主义"是指知识产权的种类以及权利内容必须由法律统一确定，除立法者在法律中特别授权外，任何人不得在法律之外创设知识产权。知识产权是一种支配权、绝对权，类似于物权，知识产权的存在会影响到不特定的第三人，因而也应当采取法定主义，对权利的种类和内容进行统一的规定。问题在于：对于物权仅仅规定了占有、使用、收益、处分四种积极权能以及排除他人干涉、妨碍的消极权能。但著作权的权能显然不同，里面除了所谓著作人格权以外，主要是各种各样的使用权能，细致而具体。对于物权，使用权能足以涵盖各种各样的使用方式。世界上的物品种类千千万，每一种物品都有自己的使用方式，法律既没有必要也没有可能规定每一种物品的使用方式合法与否，反之，法律推定每一种物品都可以按照自身的性质和功能进行使用，不需要作专门的规定。

但对于著作权，不仅需要进行列举式规定，而且还需要规定一个其他权能。主要原因在于：作品本身是符号组合，具有公共产品的部分属性，作品的使用方式涉及公共利益，因而并非任何使用方式都能够被纳入到著作权的保护范围。比如，对作品进行阅读、鉴赏也是一种作品利用方式，这种利用方式通常不能上升为著作权之权能，这是对著作权权能进行具体规定的必要性。从可能性角度上看，尽管作品的种类很多，但总是有限的，任何作品总是符号之组合，因而有可能采取列举方式对其权能进行描述。问题是：随着新技术的发展，作品的利用方式和传播路径越来越多，如果不加以制约，对著作权人利益损害极巨，因而有必要设立一个其他权能，对于新的作品利用方式、传播方式进行规制，防止新技术的发展过度损害著作权人的利益。

第二个问题：如何确定著作权人的其他权能，判定的依据是什么？需要考量以下几个方面的情况：首先，是否为新的作品传播途径？如果是新的作品传播路径，一概需要纳入到规制范围，因为这种传播同复制发行以及信息网络传播之间并无本质区别；其次，如果是新的作品利用方式，就需要看利用原作品中增量要素的量和质，这在本书第四章第一节中有着较为详尽的论述；再次，衡量这种利用方式对著作权人经济利益的影响程度，有没有可能和著作权人在传播市场以及后续的改编市场上产生直接的竞争；再次，衡量此种利用方式与作品精神功能之间的关系。如果和作品精神功能无关，非在作品意义上使用，就可能不是侵犯著作权。这在本书第四章第二节中有详尽的论述；最后，衡量此种权能的确立对公共利益的影响程度，会不会极大地损害社会公众的利益。总而言之，所谓著作权的其他权能，依据本书确立的理论框架，也是需要通过作品要素分析和功能分析方法进行确定。

根据上述分析，按照设计图建造作品，是否属于著作权的其他权能？这里所说的"作品"指受著作权法保护的建筑物以及雕塑等，"设计图"指建筑、雕塑的设计图等。有观点认为，对建筑、雕塑设计图的保护不仅仅指未经许可禁止印刷、出版，还包括根据设计图建造著作权法保护的建筑物、雕塑等作品。本书认为，如果按照建筑设计图进行施工属于一种复制的话，该施工行为就属于侵犯著作权，而不需要通过著作权的其他权能方式进行规制。如果不认为是复制，这种建造行为体现的并非建筑设计图的精神功能，而是其实用技术功能，自然不应当属于著作权的其他权能。

对于所谓"延续权"或"追续权"而言，是指艺术作品作者享有的分享其作品原件转售收入的权利。比如，绘画作品的作者在其权利保护期内可以对其绘画作品的原件在以后的每一次转售中提成。因为绘画作品的作者从第一次出售以及出版中一般获益很少，有些国家考虑到绘画作者的权益，故有此规定。我国著作权法没有规定延续权，该权利是否属于著作权的其他权能？根据上文分析，其他权能通常是指新的传播方式和利用方式，而追续权既不是传播，也不是利用方面的规定，因而不能成为著作权的其他权能。

注释权则可能成为著作权的其他权能之一。所谓注释权即作者注释其作品的权利，可以自己注释，也可以授权他人注释。修改前的著作权法明文列举了注释权，修改后的著作权法没有列举。原因是，相对于作者的其他权利，此权利用途较少。需要注释才可理解其义的受著作权保护的现代作品并不是很多的，因此，修改后的著作权法没有列举此项权利。

整理权也可能成为著作权的其他权能之一。整理所指的是一种特定的情形：原作虽然有基本思想，也有表现形式，但较为粗糙，还没有形成一个条理化、系统化、符合格式要求的完整作品。整理作品一般指"对内容零散、层次不清的"有著作权的作品"进行条理化、系统化的加工"。如恩格斯整理马克思《资本论》第二卷和第三卷的手稿。整理应符合原作的思想，文字表述体现原作的风格。对一些文字要进行修改，对缺失的表述要补写，必要时还要按照原作的思想与逻辑进行发挥创作。整理权即作者整理其作品的权利。作者可以自己整理，也可以授权他人整理。

第三节 著作人格权制度的缺陷

在大陆法系国家，著作人格说（以下简称人格说）既是论证著作权正当性的理论依据之一，也是建构著作人格权制度的理论基础。传统的人格说认为，作品是作者人格的体现，因而需要保护著作权，署名权、完整权、发表权等也因此成为一种特殊的著作人格权。这种人格说没有对人格概念进行细致分析和科学界定，因而是一种"抽象人格说"。本书认为：著作权人格权制度建基于抽象人格说上，存在着严重的缺陷。所谓著作人格权实际上是著作权的权能，一种辅助性权能。其中，署名权、完整权等权利为公益性辅助权能；接触权、收回权等为私益性辅助权能。下文予以具体分析。

"抽象人格说"产生于18世纪末期的欧洲，最初由康德、黑格尔、费希特等德国古典哲学家提出。1785年，康德发表"论假冒书籍的非正义性"一文，认为作品是作者个人禀赋的实现，作者权利是内在的人格权利。黑格尔认为，作品体现作者的意志，是内在精神的外化。1793年，费希特发表了"复印的非法性：推理与说教"一文，把作品称为"思想的形式"。后来，德国法学家基尔克指出，著作财产权的源泉是著作人格权。[1]"抽象人格说"

---

[1] 参见［德］M. 雷炳德：《著作权法》，张恩民译，法律出版社2005年版，第24页。

演化出两种著作权法律制度模式：一是德国模式。该模式比较彻底地贯彻人格说，认为著作权既非纯粹的财产权，也不是纯粹的人格权，而是一种复合性的权利，著作财产权的源泉是著作人格权。二是法国模式。该模式认为著作权包括著作财产权和著作人格权两部分。其中，著作财产权可以转让、继承，同其他财产权一样，有固定的保护期限。但著作人格权是永久存在的，不能转让、继承。

"抽象人格说"的理论支点主要有三个：第一，作品是一种由"创作所流出的人格，为自我人格的一部分"[1]。第二，为了保护作者的人格，就需要保护著作权；第三，发表权、署名权、完整权等是一种特殊的人格权。这三个理论支点均有着很多缺陷：

一、混淆人格主观要素和客观要素，将作品笼统地视为人格的反映

人格由各种要素构成，这些要素包括生理要素、心理要素、道德要素、审美要素等。[2]医学、心理学、伦理学、美学等学科分别对上述人格要素进行专门研究。其中，医学研究人格的各种生理要素，心理学研究气质、性格等心理要素，[3]伦理学着重研究人的道德品质、价值等道德要素，美学着重研究人的审美要素，[4]上述人格要素中能够为人们所直接感知的为人格客观要素，如肖像、健康、生命、身体等生理要素；必须通过人的言行举止或其他方式为人们所间接感知的为人格主观要素，如情感、意志、识度、气质、品格等。

各种人格要素必然融入人的创作过程中，但融入的常常是各种主观要素。比如，作品往往集中地体现作者的气质，反映作者的识度，显示作者的情感，展露作者的品格。后人在读《前出师表》时，可以充分地感受到诸葛亮鞠躬尽瘁、死而后已的高尚情操，可以看出诸葛亮对当时三国鼎立形势的分析水平，也可以欣赏诸葛亮驾驭文字、谋篇布局的写作能力。可以说，诸葛亮的人格主观要素在这篇文章中有着集中的体现和反映。但是，诸葛亮的肖像、健康状况等人格客观要素在这篇文章中并不能得到直接的反映。

---

[1] 施文高：《比较著作权法制》，台湾三民书局1993年版，第263页。
[2] 参见曲炜：《人格之谜》，中国人民大学出版社1991年版，第28页。
[3] 参见彭聃龄主编：《普通心理学》，北京师范大学出版社2008年版，第439页。
[4] 参见赵伶俐：《人格与审美》，安徽教育出版社2009年版，第164~185页。

应当说,"抽象人格说"产生于十八世纪,当时,心理学、美学、伦理学等学科还是哲学的组成部分,人们还不能精细地研究一个个人格要素。也就是说,人格还仅仅是哲学的研究对象。作为人格论始祖的康德认为"人格是其行为能够归责的主体"[1],无疑是将人和人格视为同一体。黑格尔同样认为人格是一个完全抽象的东西,是真正自由的个体性,它具有自我实体的性质。[2]当前,心理学、美学、伦理学等学科已经从哲学中分化出来,并且已经达到非常高的研究水准,仍然把作品笼统地视为人格的体现,无疑是不妥当的。

二、以类推方式推导出著作人格权,论证逻辑简单化

在民法总则中,人格是还个抽象的概念。但在民法人格权制度中,人们已经"从法律技术上将人格分割成一个个要素,择其主要者予以维护"[3]。比如,通过生命权、健康权、身体权、肖像权等人格权制度对生命、身体、健康、肖像等人格客观要素进行保护。不过,各种人格主观要素,如识度、品德、气质、性格、情绪等,是精神的、内在的东西,不能成为法律的对象。只是在极为个别的场合,精神损害赔偿才能够获得法律的支持。尽管人格主观要素不是民事权利的对象,但由于作品是人格主观要素的体现,也是一种客观的存在。"抽象人格说"就此推论:人格(客观要素)是法律保护的对象,作品是人格(主观要素)的反映,自然地应当受到法律的保护。由此可见,"抽象人格说"是在没有区分人格主观要素和客观要素的基础上,以类推方式论证著作权的正当性,这种逻辑缺陷至少有以下几点:

首先,作品是人格主观要素的外化,但人类制造的其他各种物品又何尝不是人格主观要素的外化,同样能够体现人的情感、识度等人格主观要素,也可以说都是人格的体现和反映,但为什么只有作品因此能够成为民事权利的对象?从民法理论上看,凡是脱离人体的东西不能再受到人格权的保障,比如,脱离了人体的头发、血液仅仅是一种动产,[4]不再是人体的组成部分。

---

[1] 李秋零主编:《康德著作全集(第6卷)》,中国人民大学出版社2007年版,第231页。
[2] 参见[德]黑格尔:《法哲学原理》,范扬、张企泰译,商务印书馆1982年版,第31页。
[3] 龙卫球:"论自然人人格权及其当代进路——兼论宪法秩序与民法实证主义",载《清华法学》2002年第2期。
[4] 参见王泽鉴:《民法总则》,中国政法大学出版社2001年版,第108页。

以此推论，作品一旦形成之后，便成为符号世界中独立的知识资源。[1]也就不再属于人格的组成部分，自然不能成为人格权的对象。

其次，黑格尔往往被认为是"抽象人格说"始祖之一，但按照黑格尔的说法，创作是"通过精神的中介把内在的东西降格为直接性和外在物"[2]。由此可见，在黑格尔心目中，创作是一个人格主观要素"降格"的过程，作为创作成果的作品不再是人格的组成部分，而是与物一样成为一种外在的东西。黑格尔实际上认为著作权类似于物权，并非人格权。

最后，人格说同样无法解释，在知识产权法体系中，只有著作权法上存在着人格权，而商标权、专利权中则没有人格权成分。事实上，发明更加深刻地体现着人的理性或识度，而商标符号的选择、设计同样也体现了人的理性、情感等人格主观要素。在历史上，专利权也曾被认为是一种人格权，从而不能进行转让。[3]

三、由此形成著作人格权制度存在着严重的缺陷

第一，在绝大部分国家的立法中，人格权的主体只能是自然人，法人一般不能享有人格权。[4]但在著作权法上，绝大部分国家的立法中均承认法人能够成为著作权的原始主体，自然也应当享有各种著作人格权；

第二，基于民法原理，人格权具有期限，依赖于自然人主体，主体不存在，人格权自然就不存在。但在建构著作人格权制度的国家，署名权和完整权往往可以继承，其保障是无限期的，这种制度设置违背了民法人格权制度的基本原理。

第三，著作人格权制度造成了著作权行使上的僵化。人格权是人生存和发展的必要因素，因而不可放弃、转让或授权他人行使。正因为如此，在德国著作权法上，著作权作为一种人格权，就不能转让，只能许可他人行使。在法国、中国、日本等国家，著作财产权可以转让，但著作人格权不能转让、放弃。这些限制性规定对著作权的行使造成了障碍。

---

〔1〕 参见张法："20世纪的哲学难题：符号世界的发现及其后果"，载《中国人民大学学报》2001年第4期。

〔2〕 参见［德］黑格尔：《法哲学原理》，范扬、张企泰译，商务印书馆1982年版，第52页。

〔3〕 参见施文高：《比较著作权法制》，台湾三民书局1993年版，第318页。

〔4〕 参见徐国栋：《民法总论》，高等教育出版社2007年版，第343页。

第四，侵犯署名权和完整权并不一定会损害作者的精神利益。比如，在法国著名的休斯顿案件里，被告给黑白电影《夜阑人未静》着色。一部法国电影的德语版本被德国发行商缩短了长度，从原来的131分钟减到119分钟。在一部1967年制作的越南战争纪录片的片头字幕中，以解释纪录片的内容为目的插入了警告语。改变电视连续剧的长度，并且在电视上以切分成两部分的形式播放剧院放映的电影。上述这些行为均被认为是对精神权利（完整权）的侵害。[1]但从人格论视角上看，上述各种行为没有损害人格尊严，也谈不上使得作者的声誉受到损害。在德国著名的塞壬判例中，某画家受托为委托人在其楼梯上绘制了一副岩画。在这幅画中，塞壬是裸体的。委托人后又请了另一位画家为塞壬"穿"上了衣物，原来的画家要求排除妨碍，保持作品的完整性，帝国法院支持了这请求。[2]实际上，很难说，这种增加衣物的改动就使得原画家的声誉受到了损害。

第四节 著作辅助权能

通说认为，著作权中包含着复制权、发行权等著作财产权以及署名权、完整权等著作人格权。本书认为，在著作权中，既不应当区分著作人格权和著作财产权，也不存在着复制权、发行权等著作财产权以及署名权、完整权等著作人格权。从内容上看，著作权包括两种性质的权能：一是著作用益权能，包括发表权、复制权、发行权、改编权，等等；二是各种作者专属辅助权，包括署名权、完整权、收回权，等等。前者体现为对作品的直接利用，后者的主要作用在于保障作者有效地行使著作利用权。根据与公共利益之间的关系，著作辅助权可以再区分为公益辅助权和私益辅助权两种：其中，署名权和完整权具有公益性，构成公益辅助权。其他如收回权、接触权等权利不具有公益性，是一种私益辅助权。公益辅助权能主要包括署名权和完整权，这两种权能不仅有助于保护作者的私益，而且也有助于保护文化发展利益，从而具有公益性质。

---

[1] 上述欧盟电影案例参见［英］帕斯卡尔·卡米纳：《欧盟电影版权》，籍之伟、俞剑红、林晓霞译，中国电影出版社2006年版，第266~267页。

[2] 参见［德］M.雷炳德：《著作权法》，张恩民译，法律出版社2005年版，第278页。

一、公益性辅助权能

1. 署名权

就署名权而言，在作品没有发表之前，作品处于作者的私力支配范围内，作者实际"占有"作品，作者是否署名、署什么名，并没有法律意义。作品发表后，对于作者来说，署名具有多种功能，包括有助于版税的征收、作品的管理、作者声誉的维持以及促进对作品的理解，等等。[1]有的学者认为，署名权在著作权权能体系中的地位相当于物权中的占有权能。[2]或者是认为："除去作品上作者的署名与将动产从所有人手中掠走并无不同"。[3]这种类比其实是不准确的，有可能导致误解。在符号世界中，作品本身有形无体，任何人都不可能占有作品。从私益角度上看，署名的意义在于推定作品的归属，是作者行使其他著作权利的基础。但对于作者以外的其他著作权人而言，署名并非其行使著作权的必要条件。

此外，署名还直接具有公益性质，关系到文化发展利益。一方面，作品是人格主观要素的反映，作品中蕴含着作者本人的情感、气质、品格和识度等方面人格要素。因此，只有了解作者及作者所处的时代背景，才能更好地理解作品，反之，也只有理解了作品，才能更好地了解作者及其所处的时代。[4]另一方面，只有保障作者和作品之间的这种关系，才能理清文化发展过程中各种思想观点和艺术形象、情节演变的历程，才能对思想观点和文化艺术的发展脉络有着全面的把握。因此，署名权的设置一方面是为了保护作者的私益，另一方面也是为了保护社会文化发展利益的需要。

比如，美国大学学会出版公司出版的已畅销近百年的《少男少女丛书》，剽窃了蒲松龄两篇作品。该丛书第三卷《童话故事卷》中的 *The Wonderful Pear Tree*（《奇妙的梨树》）无论从故事还是人物、主要情节和细节，与蒲松

---

[1] See Lionel Bently and Brad Sherman, *Intellectual Property Law*, Oxford University Press, 2001, p. 236.

[2] 参见杨延超：《作品精神权利论》，法律出版社2007年版，第3页。

[3] 李雨峰："精神权利研究——以署名权和保护作品完整权为主轴"，载《现代法学》2003年第2期。

[4] 薛其林：《民国时期学术研究方法论》，湖南人民出版社2002年版，第219页。说明不了解其人，就难以了解其文。反之亦然。

龄的《种梨》几乎完全相同。另一篇是 The Maid in the Mirror（《镜中少女》）不像前者那样完整剽窃，而是从《凤仙》中挖出一段重要情节，独立成篇。连人物名字也未改，男名"Lu（刘）"，女名"Feng Hsien（凤仙）"。作者署名都是 Frances Carpenter。问题在于：蒲松龄对这两部作品还具有署名权吗？显然，署名权是不存在的，但是他人仍然应当遵守对作品进行正确署名的义务，这一点事关公共利益。

既然署名权既关系到私益，也牵扯到公益，那么，当事人是否可以就署名权的行使问题进行约定，可以从以下几个方面进行分析：

第一，当事人是否可以约定不署名？比如，两个人合写文章，约定一个人不署名，从私益保护角度上看，没有问题。但从公益角度上看，似不妥当。

第二，当事人是否可以约定由作者以外的人单独署名或参与署名。从私益保护角度上看，没有问题。但从公益角度上看，也不妥当，扰乱思想文化发展的脉络。如果可以的话，这既不符合法理，又会导致现实中"枪手"的去违法性和社会欺诈等一系列问题，其社会危害性很大。

第三，合同约定限制作者署名的使用。比如，约定在其他作品上不能使用该署名。这里面可以分为两种情况：一是限制使用姓名。由于姓名本身就是民法姓名权的对象，限制使用姓名有可能违反公序良俗；二是限制使用笔名。如果该笔名首次在所涉作品上使用，且合同相对方为此支付了相应的对价，可以限制作者特定笔名的署名权。

第四，约定不同的作者共用一个笔名。比如，1961年9月中共北京市委机关刊物《前线》杂志为"丰富刊物内容""活跃气氛""提高质量"开辟了一个专栏"三家村札记"，该专栏邀请北京市委书记处书记邓拓、北京市副市长吴晗、北京市委统战部部长廖沫沙三人合写，他们约定，文章以一千字左右为限，每期刊登一篇，三人轮流写稿。作者由三人取一个共同的笔名：吴晗出"吴"字，邓拓出"南"字（笔名"马南邨"），廖沫沙出"星"（笔名"繁星"），合称"吴南星"。应当说，约定共用署名是可以的。

第五，软件作品署名的特殊情况。软件作品作为一类具有高度工业化、高价值特征的作品，其创作更多地体现了法人意志和委托人意志，所以通常属于法人作品，一般不具有人文社科领域中作品署名的思想文化意义。因此，在委托创作中，法律允许其约定包括署名权在内的全部权利归属。但这只是基于特殊作品创作过程的特例，不能推及其他类型的作品。

2. 完整权

完整权能就其实质而言，是一种保持作品原状权。即保护作品不受改动的权能，相当于物权中的消极权能。在著作权法上，保持作品原状权的主要功能在于保护作品不受他人改动，要求作品使用者在传播或利用他人作品时应当遵循一定的不作为义务，即不得擅自改动他人的作品，而不管这种改动效果的好坏，以及是否损害作者的声誉。从私益角度上看，保持作品原状是作者行使著作用益权的重要前提，直接影响作品复制、发行等著作用益权能的行使。

从公益角度上看，如果他人以任何方式改动原作品，就涉及文化知识的准确传播问题，直接影响读者以及我们的后代能不能够完整地获得相关的知识资源和信息。这种情况下，对保持作品原状权之保护就不仅关系到作者的私益，而且关系到文化发展利益了。当然，保持作品原状权的对象仅仅限于原作品，他人在演绎作品中曲改原作品中的内容，致使作者的社会评价降低，这种情况下仅仅为侵犯了作者的人格权。而在原作品遭到曲解损害作者声誉的情况下，就产生侵犯作者人格权和著作权的聚合。

在实务中，完整权实际上也是一种保持作品原状权，并非以作者的声誉受到损害为侵权判断标准。关键还在于对作品本身的更改，而不管这种更改的效果是损害还是提高了作者的声誉。当然，仅仅是对作品进行一定的技术性处理或改正错别字的，就没有侵犯著作权，这一点应当无可置疑。[1]

何为技术性修改、文字性修改？这里涉及一个编辑修改权问题。依据国家有关部门规章的规定，图书出版有质量上的严格要求，规范性很强。对于出版社而言，作者提供的稿件，仅仅是一个半成品，需要经过深度加工，才能够成为合格的出版物。从这个角度上讲，编辑肯定要进行修改的，具有编辑修改权。这种权利，既是权利，也是义务，是职责。因此，著作权法意义上的修改可有对作品的文字性修改和对内容的修改之分。文字性修改权属于编辑，内容性修改权属于作者。所谓文字性修改，主要包括对作品中词语的增删、同义和近义词替换、语法或者修辞上的改动、对语句顺序的适当调整

---

[1] 在李道揆诉李世洞侵犯著作权一案中，法院认为，被告擅自修订原告翻译的美国宪法译文中若干修正案批准日期的行为没有侵犯其完整权，尽管法院也认为这种技术性处理的做法本身不太妥当。参见北京市高级人民法院民事判决书（2004）年民终字220号。

等；而所谓对内容的修改，主要包括设置或者删去人物、对话、场景、情节、论述，改变作者的思想观点、艺术风格等。如果对作品的修订只是对个别文字进行修正、润色，使之更加规范、准确、通俗，在编辑权限范围之内。

在完整权方面，根据《计算机软件保护条例》第8条的规定，软件著作权人享有下列各项权利：①发表权，即决定软件是否公之于众的权利；②署名权，即表明开发者身份，在软件上署名的权利；③修改权，即对软件进行增补、删节，或者改变指令、语句顺序的权利。从上述规定来看，同普通作品相比较，对计算机软件的保护缺少完整权的规定。也就是说，在软件著作权方面，根据《计算机软件保护条例》的规定，不存在侵犯完整权问题。本书认为，主要是由于以下几个原因造成的：第一，软件主要体现为代码的组合，这种代码最终是要让机器识别，达到预期的效果。对代码的改动一般不至于造成著作人格权人精神利益的损害；第二，对于软件使用者而言，根据使用环境、目的的需要，对软件进行适度的修正，往往也是必要的。所以，如果规定不能对软件进行修改，就不能充分地实现使用者的预期目的。这一点在《计算机保护条例》第16条第3项中得以体现，根据该款规定，软件的合法复制品所有人为了把该软件用于实际的计算机应用环境或者改进其功能、性能，有权进行必要的修改，但不得向任何第三方提供修改后的软件。不过，《计算机软件保护条例》的法律地位低于《著作权法》，《著作权法》上规定了完整权，也规定了软件属于作品范畴，因而软件著作权中也应当包含完整权。从特别法优先于一般法的角度上看，软件作品应无完整权；而从上位法优先于下位法角度上看，软件作品应具有完整权。在发生冲突时，似应适用上位法优先于下位法规则。既然如此，为什么在《计算机软件保护条例》中独独不规定完整权，值得思量。

根据《计算机软件保护条例》第23条第5项的规定，未经软件著作权人许可，修改、翻译其软件的，应当根据情况，承担停止侵害、消除影响、赔礼道歉、赔偿损失等法律责任。实际上，既然没有完整权的规定，自然就不能禁止他人的修改。唯一的例外情况就是：如果这种修改妨碍了软件权利人或其他使用者对该软件的正常使用或者将修改后的软件提供给第三方的，则这种修改是不能被允许的。无疑，这种修改行为侵犯了软件著作权，当然，所侵犯的对象并非完整权。

二、私益性辅助权能

私益性辅助权能主要包括接触权和收回权。主要功能在于保障作者或其他著作权人充分地实施其著作用益权，不涉及整个社会的文化传播发展利益。其作用仅仅在于实现作者利益的最大化，这一点恰恰与署名权、完整权相反，因而是一种纯粹的私益性辅助权。

1. 接触权

对于接触权，存在着两种不同的观点，一种观点认为，"接触权"（access right）在网络和技术保护措施出现以前一直指代的是公众接触政府信息的权利（public access to government information），是一项基本人权。随着技术保护措施成为网络时代著作权法不可或缺的组成部分，"接触权"变成为了著作权人利用技术措施控制利用人接触作品的权利，[1]实际上是一种财产性权利。

另一种观点认为，接触权是少数国家著作权法所规定的一类较特殊的权利，其基本功能就是为了保证作者或其他著作权人能够自由行使作品原件或复制物已属他人所有时的著作权。德国《著作权法》第25条规定了著作人的接触权："如果为制作复制物或改变著作，并且不损害占有人的合法利益，著作权人可向占有其著作原件或复制物的占有人要求让他接触该原件或复制物。"但是，"占有人无义务将原件或复制物送交著作权人。"西班牙《著作权法》第14条第7款规定："当作品为另一人所占有，为了行使发表权或其他适用的权利，作者有接触作品孤本或善本的权利。"本书采此观点。接触权具有以下两个特征：

第一，接触权是一种辅助性权能，其目的是为了行使某些使用权能，但是其本身并不含有财产权利的内容。比如，德国《著作权法》第25条规定了接触权的行使目的是为制作复制物或改编著作，因而与作者的人格之间没有直接的、必然的关系，主要还是出于作者使用作品便利方面的考量。这就是说，接触权的目的主要是为作者或其他著作权人有效地利用作品提供保障，帮助作者或其他著作权人行使复制、发行等著作用益权能，辅助权的性质特别明显。

---

[1] 参见熊琦："论'接触权'——著作财产权类型化的不足与克服"，载《法律科学》2008年第5期。

第二,接触权所针对的作品往往只是少数美术作品,接触权制度的立法目的是为了平衡著作权人和美术作品原件所有权人之间的利益关系。比如,我国《著作权法》第 18 条规定:"美术等作品原件所有权的转移,不视为作品著作权的转移,但美术作品原件的展览权由原件所有人享有。"在这种情况下,为了保障美术作品著作权人的各种复制、发行等权利,这就有必要设置接触权。

在保障作者接触权的同时,也应当保护美术作品所有权人的利益,这种保障主要体现在两个方面:一是拒绝作者提出移动作品的要求,或者拒绝将原件或复制物送交作者;二是作者不当行使接触权给所有权人造成损害,所有权人有权向作者请求赔偿所受到的损失。比如,西班牙《著作权法》第 14 条规定:"上述权利不承认作者移动作品的要求,在接触作品时,只要稍微引起所有人不便,就应保持原址原样,在移动使所有人遭受损失时,应给予赔偿。"

2. 收回权

收回权有时被称为追悔权。收回权发生的情形通常有两种:一种是作者观点发生改变。法国《著作权法》第 142 条明确规定,基于人格上的重大理由,可以收回作品,收回权具有人格性,所以不可移转。所谓人格上的重大理由,就是指作品不符合作者的智力或精神信念,作者观点发生改变;另一种是著作权使用许可合同中被许可方的行为造成作者利益损失的情形。比如,德国《著作权法》第 41 条规定,独占许可使用权人如果不行使或不充分行使权利并因此而严重损害作者合法权益的,作者可以行使收回权。

收回权通常被认为是一种著作人格权,不过,俄罗斯《著作权法》将其视为发表权的一种,德国《著作权法》第 41、42 条也没有明确地把它界定为著作人格权,从法条的行文上看更像是赋予作者的合同解除权。在《著作权法》上,从其与著作用益权的关系上看,收回权的主要意义在于使得作者能够有效地控制作品的流通,干预作品的复制、发行及传播活动,直接地服务于作者对作品的使用和处分权能,因而也是一种辅助性权能。

我国现行《著作权法》没有规定收回权,不过,我国文化部于 1984 年颁布的《图书、期刊版权保护试行条例》曾授予作者"因观点改变或其他正当理由"情况下的收回权。但该条例的适用只处于试行阶段,试行一段时间后被废除,其适用范围也比较狭窄,仅适用于对图书、期刊的版权保护。

从民事权利体系角度上看，收回权是一种形成权。鉴于在民法上，作者观点是否改变属于作者动机的范畴，而民法对动机一般是无法予以规制的，[1]因此，收回权实际上是赋予了作者对著作权许可使用合同的单方面解除权。这就是说，收回权的对象是著作财产权的出版商继续传播作品的权利，针对的对象只能是出版商，而不包括其他不特定的作品传播者和使用者。对于其他已经购买作品复制品的人来说，则可以继续进行使用、处分。

在作者行使了收回权以后，其与出版商之间的出版发行合同就得到解除，出版商不能依据原合同继续出版、发行所涉作品。不过，作者应当根据合同或法律之规定，给予出版商以补偿，补偿的范围既需要考虑合同之约定，也需要考虑给出版商带来的实际损失。另外，只要作者行使收回权，则任何发展中国家均不得再依据公约的优惠条款颁发翻译该作品的强制许可证。比如，《伯尔尼公约》在附件第2条第8款规定："在作者停止其作品的全部复制品的发行时，则不得根据本条发给任何许可证。"《世界版权公约》也在第5条之4第2款第丁项规定："在作者已停止该版的全部作品复制品的发行时，不得发给任何许可证。"

三、辅助权能相关问题

1. 作者专属辅助权的转让、放弃

在作者专属辅助权能否转让、放弃等问题上。就署名权和保持作品原状权而言，由于它们只是著作权的权能，因此根本无法转让。关键是作者能否为他人重新设定署名权和保持作品原状权。由于署名的正确性以及保持作品原状跟社会文化发展利益直接相关，具有公益性，因此，署名权和保持作品原状权不能够设定。而收回权和接触权则纯粹是为了少数作者的私益，专属于作者，因而也不能由作者为他人设定。尽管辅助权谈不上转让，也不能由作者为他人设定，但可以由作者授权他人行使，比如授权他人对自己的作品进行修改，授权他人决定自己的署名方式，等等。另外，由于辅助权跟作者的人格没有必然的联系，因而可以通过协议方式放弃。在协议放弃辅助权的过程中，由于他人没有获得署名权、保持作品原状权等权利，因而不会对公

---

[1] 参见[德]迪特尔·梅迪库斯编：《德国民法总论》，邵建东译，法律出版社2000年版，第2页。

共利益造成损害。而且在协议放弃的过程中,作者也可能获得一定的补偿,因而一般也不会损害作者的私益。

2. 作者专属辅助权的期限及继承

在辅助权的期限及继承问题上,情况比较复杂。私益辅助权不得转让,不能设定,不能继承。这些权利在作者死后随之消灭,社会公众或著作物所有人、购买人不再承担相应的义务。对于公益辅助权而言,由于署名权和保持作品原状权"不惟著作人私益,仰兼社会公益。"[1]主要涉及社会大众和后人完整、有效地吸取文化知识问题,关系到文化发展利益。[2]所以,署名权和保持作品原状权一方面是著作权的具体权能,另一方面与之相对应的是社会公众必须遵循的对作品的善用义务,它要求社会公众必须正确地署名和保持作品的原状。在作者死后,作为权能的署名权和保持作品原状权自然不复存在,但为了保证文化知识的准确传播,维护文化发展利益,社会公众对作品的善用义务则继续存在,[3]法律赋予作者的继承人或国家指定机构一种法律地位,使其有权要求社会公众遵守对作品的善用义务。这种法律地位类似于辅助权,但不是辅助权,继承人或国家指定机构不是权利人,不能像作者那样行使署名权和保持作品原状权。[4]正如德利娅·利普希克所认为的那样:"保护作品是为了集体的利益,因为它们是人类共同文化财富的重要组成部分。因此,各国的法律采用了各种机制,使某些机构能够在著作权的保护期限到期后,采取维护作者身份和作品完整性的行动。"[5]

因此,从表面看来,署名权和保持作品原状权可以超越时空,永久存在。实际上,超越时空的只是社会公众对作品的善用义务,永久存在的只是作者的继承人或国家指定机构保护作品原状以及作品正确署名的法律地位,而并

---

[1] 施文高:《比较著作权法制》,台湾三民书局1993年版,第348页。

[2] 参见[美]罗斯科·庞德:《法理学(第三卷)》,廖德宇译,法律出版社2007年版,第46页。

[3] 《大清著作权律》第35规定:"对于他人著作期限已满之著作,不得加以割裂、改窜及变更姓名,或更换名目发行。"其实,就是要求社会公众永远遵守对作品的善用义务,此一立法例比规定署名权、完整权等"著作人格权"永世长存要高明得太多。

[4] See Lionel Bently and Brad Sherman, *Intellectual Property Law*, Oxford University Press, 2001, p. 234.

[5] [西]德利娅·利普希克:《著作权与邻接权》,中国对外翻译出版公司2000年版,第202页。

非作者的署名权和保持作品原状权。署名权和保持作品原状权等公益辅助权并没有成为一种没有权利主体的、在人世间永远游荡的超级权利。[1]

3. 法人能否享有辅助权能

在法人能否享有辅助权问题上，收回权和接触权仅仅属于少数自然人作者，法人不享有私益性辅助权，但法人作者毫无疑问地应当具有署名权和保持作品原状权，这样有助于简化法律关系，便于著作权的行使和保护。根据我国《著作权法》第15条的规定，电影、电视、录像作品的导演、编剧、作词、作曲、摄影等作者享有署名权，其他权利由制片者享有。这是没有道理的。既然默认法人能够享有保持作品原状权，但为什么不能享有署名权。更何况，视听作品是整体合作的产物，除了导演、编剧、作词、作曲、摄影等人以外，主体还有演员，为什么演员没有署名权？在法理上是讲不过去的。其实，导演、编剧、作词、作曲、摄影等人在视听作品中署名的意义在于表明他（她）们参与了创作，这种署名体现他（她）们同制片者之间的关系，与演员、化妆人员、道具人员在作品中署名的意义是一样的。著作权意义上的署名权和保持作品原状权依然归属于制片者。由于法人在理论上可以无限期存续，因此，法人享有的著作用益权能有时而尽，但署名权和保持作品原状权却可以长期存在。这并不是坏事，有助于减少保护署名权和保持作品原状权的社会成本。但如果法人发生分立、合并、解散、撤销等情形，法人权利义务关系的继受人应当比照继承人具有维护作品准确署名和原状的法律地位，但不再具有署名权和保持作品原状权。

4. 关于作者专属辅助权和民法人格权的关系

作者专属辅助权在不可转让、不能继承等方面与人格权的特征是一样的，这也是很多人将辅助权视为人格权的重要原因。不过，民法人格权之不可转让原因在于：民法人格权对自然人来说特别重要，须臾不可缺少。而辅助权本身是著作权的权能，自然是不可转让。有时候，同一行为可能同时侵犯了

---

[1] 至此，我们可以回答为什么署名权、完整权仅仅规定于著作权法中了。主要有两个原因：其一，从公益角度上看，一项技术是谁发明的，有没有经过他人改变过，不影响我们对技术的学习和使用。同样，商标符号是谁设计的，有没有经过变更，对于社会公众来说并不重要。在这两种制度中，保护署名和完整性不牵涉到公益问题；其二，从私益角度上看，商标和专利一般都采取了行政注册制度，具有法定的公示方式，便于确定权利的归属和行使，维护作者私益方面也不需要另行赋予署名权和完整权。因此，完全没有必要在商标法和专利法中设立类似于署名权、完整权这样的作者专属辅助权等相关制度。

著作权和人格权，比如破坏他人作品的原状导致了他人社会评价的降低，就可能同时损害著作权和名誉权。不过，作者专属辅助权和人格权的主体不同、内容不同、性质不同，是否可以放弃或授权他人行使不同，权利设置的目的也不同，二者泾渭分明，不可以混为一谈。

第五节　著作权的时间限制

物权的存续期间受到了物本身特性的限制。例如，物灭失的，物权自然不复存在。著作权的对象作品是一种符号化了的知识，存在于各种载体上。除非各种作品载体均灭失，而且也无法恢复，著作权才不复存在。一般情况下，著作权在理论上可以无限期存在。著作权作为一种排他性的支配权，排除了作者以外的社会公众以特定方式使用作品的机会，从而增加了社会公众利用作品的成本。同时，著作权的存在也限制了作品的传播范围，增加了他人进一步创作的成本，反而不利于科技文化的进步。为了克服著作权带来的消极后果，这就需要对著作权的存续时间进行限制。

就时间限制而言，1476年，印刷技术由柯克顿引进英国，出版业者为了继续拓展业务，势必防止翻印，遂向英国皇室申请特许权，向皇室缴纳一定的费用，为期7年。英国学者认为这一情形系由当时习惯法规定学徒之最长契约期间限制而来。侵犯特许权者，依专利法处罚。由于专利期间得予延展，因此，著作权亦得予以延展。1556年，英国法院颁布印刷公会章程，赋予会员对特定著作的永久重制权，不过，这个时候并无著作权的存在，只有特许权。1709年，《安娜女王法令》明定保护期限为14年，届满如作者仍然存在得延展14年。后来，著作权的保护期限逐步延长。

我国现行著作权法规定，对于自然人作者而言，著作权存续期间为作者死后50年。一般来说，保护期间长短与一国发展程度并没有直接关联，中南美洲若干落后国家的保护期限反较西欧国家长，如巴拿马、哥伦比亚等国为作者死后80年。总的来看，著作权存续期间的长短取决于以下一些因素：

第一，首先取决于资本利益的需要。先是出版业，后来是电影业、电视业、动画行业等文化产业资本利益的需要。如果说，著作权制度是保护作者的利益，那么，著作权存续于作者的生命期间就可以了。但自著作权制度产生以来，著作权的保护期限越来越长，往往延续到作者死后多少年，其实，这对作者而言并无意义。不过，自然人作者著作权存续期间不延长，单位作者著作权也难以延长。基于此，著作权保护期限不断延长，均为文化产业中资本力量在推动，以期最大限度地实现资本利益。

第二，取决于对象创造性程度。创造性程度高的作品，受到保护的期限就越长。利用技术含量越多的作品，受保护的期限往往较短。比如，《伯尔尼公约》规定：电影类作品，自首次发表或制作完成起50年，摄影、应用美术作品，至少自创作完成起，不少于50年。德国1985年《著作权法》规定，摄影、电影、录音、录影等自出版或播送或制作完成之日起50年，其中播送节目为25年。英国《著作权法》规定，摄影以及软件自创作完成时起算，录音或电影自创作完成或首次发表起算。上述作品中技术性含量较高，个人创造性程度较低，因此保护时间上有别于绘画以及其他文艺创作。

根据我国《著作权法》第21条的规定，自然人的电影作品和以类似摄制电影的方法创作的作品、摄影作品，其著作财产权的保护期为50年，截止于作品首次发表后第50年的12月31日，但作品自创作完成后50年内未发表的，著作权法不再保护。自然人的其他作品，包括电影作品和以类似摄制电影的方法创作的作品中的剧本、音乐等可以单独使用的作品，其著作财产权的保护期为作者终生及其死亡后50年，截止于作者死亡后第50年的12月31日；如果是自然人合作作品，截止于最后死亡的作者死亡后第50年的12月31日。

第三，取决于主体的性质。同一件作品如果是单位作者的，由于单位在理论上可以无限期地存续，因此，起算时间往往自首次发表或创作完成之日开始。而如果是自然人的则是从其死后开始计算。主要是由单位和自然人性质决定的。一般来说，自然人作品著作权的存续期间要比单位作者著作权存续时间要长。根据我国《著作权法》第21条第2款的规定，法人或者其他组织的作品的著作财产权的保护期为50年，截止于作品首次发表后第50年的12月31日，但作品自创作完成后50年内未发表的，著作权法不再保护。当然，在发表之前，单位作品的著作权仍然受到法律的保护。也就是说，单位作品著作权最短的为50年，最长的为99年。自然人作品著作权保护期限则可能达到百年以上。

第四，取决于社会生活变迁速度。比如，著作权保护期限是50年（作者死后50年或作品完成之日起50年），这跟自然人的代际年龄差距有关。随着医药卫生事业发展，平均生命延长，生命间距加宽，一般定为25年，两代正好是 50 年。

第五，取决于作品的性质。依《著作权法实施条例》第 18 条的规定，著作权法对作者身份不明的作品的著作财产权的保护期限截止于作品首次发表后第 50 年的 12 月 31 日。

第六节　著作权的法域限制

除了著作权以外，其他财产权，比如物权也具有一定的法域性。以枪支为例，在中国，公民不被允许持有枪支，私藏枪支弹药是一种犯罪行为。在美国，公民则可以拥有枪支所有权。这种枪支所有权在美国是存在的，但如果携带该枪进入中国，则失去枪支所有权。不过，绝大部分物权能够得到各国的普遍承认和保护，因而物权的法域性往往会被忽视。其实，对于哪些物上能够产生物权，各国立法还是存在着差异。

由于知识产权对象是各种符号化了的知识，这些知识可以无限制地为多人同时使用。因此，对他国知识产权的保护意味着对本国使用者的限制，增加本国使用者或公众的成本。比如，就著作权而言，如果承认他国作者的著作权，则该作品在本国内的翻译、出版都需要经过授权，缴纳版税，从而提高了书籍的销售价格。鉴于此，对于包括著作权在内的各种知识产权而言，权利的法域性特别明显。如果没有特别的协议或公约的规定，在一国取得的著作权仅仅在该国范围内有效，不能在他国获得著作权。不过，著作权的法域性目前在很大程度上已经被突破，主要体现在以下两个方面：

第一，在著作权的取得方面，基本突破了法域性的限制。也就是说，各国通过双边或多边条约承诺在一个缔约国境内产生的作品同样受到其他缔约国家著作权法的保护。这跟专利权、商标权存在着明显的差异，如果不在其他国家进行申请，根本不可能获得这些国家的相应的专利权和商标权。在著作权取得问题上突破了法域性的限制，从根本上讲，这是由于著作权自动取得这个特点所决定的。著作权之取得不需要进行登记，如果在一国取得的著作权不能在他国获得著作权，即存在着在他国为他人随意侵犯的可能性，而作者缺少必要的救济途径，这就需要通过各种双边或多边的条约承认在一国自动取得著作权的作品同样能够在其他缔约国内自动取得著作权，从而在著作权的取得方面突破了法域性的限制。

第二，在著作权内容上，法域性也受到极大的削弱。主要体现在：相关公约确立了著作权保护方面的一些基本标准。比如，《伯尔尼公约》确定了作品的基本范围是"文学艺术作品"，包括文学、科学和艺术领域内的一切作品，如图书、讲课、演讲、讲道、戏剧、哑剧、舞蹈、乐曲、电影作品、图画、建筑、雕塑、摄影作品，实用艺术品，地理学、解剖学、建筑学或科学方面的图表、图示及立体作品等。在基本权能方面，公约既保护精神权利，又保护经济权利。关于精神权利，它只规定了作者的署名权和修改权，而没有规定发表权。关于经济权利，公约规定了翻译权、复制权、公演权、广播权、朗诵权、改编权、录制权和电影权。此外，公约还有关于"追续权"的规定，但并非最低保护要求，各成员国可以自行决定是否采用。这些举措实际上都是在一定程度上削弱了著作权内容上的法域性。

尽管在著作权取得上基本突破法域性的限制，在著作权内容上的法域性也被削弱，但各国著作权制度的差异性还将长期存在，作品范围、著作权具体权能、保护期限等问题，仍然由各个国家自己决定。在可以预见的未来，著作权的法域性特点还会继续存在。

第七节　著作权权利穷竭

一、著作权权利穷竭概念

在著作权领域，作品的复制件经合法发行进入流通后，著作权人就无权控制该复制件的进一步流转了。作品有形载体持有者的转售、出租、出借等行为均无需获得著作权人的授权。这就是所谓的"权利穷竭"原则（exhaustion of rights），也称"发行权一次用尽""首卖"（first sale）原则。销售权穷竭的原则在各国的著作权法中体现得并不相同，例如，美国《著作权法》第109条规定：著作权作品所包含的一特定副本或唱片的所有者可出售或处理该副本或唱片。德国1965年《著作权法》第17条第2款规定：一旦作品的原本或复制品，经有权在本法律适用的地域内销售该物品之人同意，通过转让所有权的方式进入流通领域，则该物品的进一步销售被法律所认可。

对于美术作品和摄影作品而言，除了销售权的穷竭以外，还包括展览权。比如，我国《著作权法》第18条规定：美术等作品原件所有权的转移，不视为作品著作权的转移,但是美术作品原件的展览权由原件所有人享有。美国《著作权法》第109条第2项规定:任何合法制作或复制的文学、戏剧、音乐或美术作品的合法所有人,均有权不经作品著作权人同意而直接或间接在该物品放置之处,公开展示该物品。

二、著作权权利穷竭的本质

权利穷竭制度实际上牵涉到作品和作品载体之间的关系,这种关系也可以说是著作和著作物之间的关系。作品是一种知识,具有知识形式和知识内容,分别为符号形式和符号信息。但作品必须依附于一定的载体上,自身无法独立存在。比如,依附于纸张、计算机硬盘、声音、人体、石头,等等。很多情况下,著作物所有权和著作权往往属于不同的主体。这种情况下,就需要处理著作权人和著作物所有权人之间的关系。总的处理原则是:著作权限制了所有权的行使,但在特殊情况下,所有权的行使不受著作权的限制。比如,依据所有权理论,著作物所有权人可以处分著作物,包括销售著作物,但销售著作物属于著作权的发行权能,销售行为无异于侵犯著作权,这就对所有权的行使构成了限制。但对著作物所有权的限制阻碍了著作物的流转,不利于思想文化的传播,不仅是对物权人经济自由的限制,也无助于著作权法立法目的的实现。这种情况下,就需要设置一定的条件,解除对著作物所有权的限制。也就是说,作品的复制件经合法发行进入流通后,就解除了对该复制件所有权的限制。

因此,所谓著作权穷竭其实只是一种特定情形下对所有权限制的解除制度。著作权本身并没有穷竭,依然存在。其主要原因就在于:著作权的对象是有形无体的作品,而所有权的对象是作品载体,也就是著作物。著作权在著作物有效期间,一直存续于作品上。所谓著作权穷竭只是一个不准确的经验性说法,没有上升到一定的理论高度,不能厘清著作权人和著作物所有权人之间的关系,没有看到著作权和著作物所有权的对象是不同的,著作权在其有效期间是无法穷竭的。如果通过网络传播作品,就不存在对所有权的限制,也就无所谓"权利穷竭"了。比如,当BBS站、FTP站或其他网站的经营者将作品置于其网络服务器上,或当其他用户将作品上载至这些服务器时,其他感兴趣的用户就可发出下载指令,由网络服务器将该作品传送至用户的计算机中。这种情况下,作品的载体是计算机硬盘,网络传播时,作品的载体（计算机硬盘）没有产生移转，因而就不存在对著作物所有权的限制了。

有两个案例可以用来说明著作权权利穷竭的本质。第一个案例：2006年，德国世界杯在莱比锡举行了抽签仪式。仪式过后，一名名叫马蒂亚斯·布鲁默的德国装修工在莱比锡会展中心的大厅里无意发现了一个垃圾袋，里面装有印着国际足联标志和32支球队名字的纸阄。布鲁默把这32张纸阄放到eBay网上，作为圣诞礼物拍卖。其中，德国队的抽签纸阄被人以11 250欧元的价格买走。国际足联对此事提出抗议，警告布鲁默侵犯了其知识产权和名誉权，理由是纸阄上印有国际足联的名字和标志。

第二个案例：某出版社出版了《2004年国家司法考试辅导》（以下简称《司考辅导》），但2004年并未全部售出。司法考试过后的2004年年底，该出版社将积压的200套书作为废纸卖给了废品收购者。该收购者将这200套书放到旧书店4折出售，获利2万元。出版社得知后，认为废品收购者侵犯了其发行权，应当返还不当得利并赔偿其他损失。

在上述案例中，所有权人出售了著作物，捡到著作物的人都能够成为著作物的合法的所有者，而这些著作物并非盗版物。因此，著作物所有权人可以自由地处分著作物，并不受著作权人的限制。

第八节 著作用益权

一、著作用益权概念

著作用益权是在著作权人在著作用益权能的基础上为他人设定的一种相对独立的财产权，包括复制权、发行权、改编权、摄制权、展览权，等等。这个概念有以下几层意思：

第一，设定著作用益权的主体只能是著作权人。包括原始著作权人或继受著作权人，其他任何人都不能设定著作用益权。因此，作者不可能将著作复制权（能）转让给其他人，只能为他人设定复制权等具体的著作用益权。[1]他人获得相应的著作用益权，非移转之继受取得，而为创设之继受取得。"如所

---

[1] 参见施文高：《比较著作权法制》，台湾三民书局1993年版，第276页。

有者，设定地上权、永小作权、质权等"[1]。

第二，著作用益权的基础是著作权，一旦著作权不存在了，著作用益权自然就不复存在。同样，在著作用益权人放弃著作用益权，或者著作用益权人死亡后无人继承的，著作用益权自动消失，著作权恢复到最初不受限制的圆满状态，著作用益权不会因此而进入公有领域。

第三，著作用益权是各种著作用益权能独立化的结果。著作权包括各种权能，如复制权能、发行权能、改编权能等。著作权人可以为他人设定各种具体的著作用益权，如复制权、发行权、改编权，等等。一旦设定了著作用益权，这种著作用益权就具有一定的独立性，可以转让、继承，不需要经过著作权人的同意，如同各种用益物权一样。最典型的著作用益权包括出版权、摄制权、信息网络传播权，等等。

第四，著作用益权是一种相对独立的财产权。之所以说是一种相对独立的财产权，主要是因为从性质上看，著作用益权也是一种支配权，具有绝对性。但由于登记制度的不完善，著作用益权的公示性比较差，往往更多地具有债权的性质，存在于著作权人和著作用益权人之间。

在立法上，对于著作用益权往往以是否具有排他性为标准，非排他性的著作用益权往往被视为一种债权，在第三人侵犯著作用益权的情形下，著作用益权人就不能以自己的名义起诉，除非有着著作权人的授权。但排他性的著作用益权人则可以自己的名义提起诉讼。问题关键在于：由于缺少著作用益权的登记制度，如果著作权人先后多次赋予不同人以同样的排他性的著作用益权，则这种著作用益权的排他性就大成问题了。先设定的著作用益权实际上不能排斥后设定的著作用益权，只能要求著作权人承担违约责任。著作用益权的这种尴尬境界只有在建立著作用益权登记制度之后，并且建立全国性的著作用益权登记信息体系后才能够解决，这需要借助于网络技术，便于社会公众查询著作用益权的设定、处分等方面情况。

二、专有出版权

专有出版权是一种比较典型的著作用益权。专有出版权是复制权与发行

---

[1] 参见[日]富井政章：《民法原论（第一卷）》，陈海瀛、陈海超译，中国政法大学出版社2003年版，第211页。

权的组合，由著作权人为出版者设定。我国《著作权法》第31条规定："图书出版者对著作权人交付出版的作品，按照合同约定享有的专有出版权受法律保护，他人不得出版该作品。"据此，出版者享有的专有出版权是依据合同获得的，专有出版权受法律保护的时间、范围也依据出版合同的约定。图书出版者享有在合同有效期限内和在合同约定的地域范围内以同种文字的原版、修订版出版图书的专有权利。在实际生活中，专有出版权一般还具有以下三个方面的效力：第一，著作权人在出版合同约定的专有出版权期限内，在合同约定的地区内，不能再行使出版权，即著作权法规定的复制和发行的权利。只在合同期满或者出版社严重违反合同义务时，出版权才重新回归著作权人。第二，出版社在享有专有出版权期间，只能自己出版，不得许可他人出版。第三，其他人不得以印刷方式复制发行该作品，侵犯享有专有出版权的出版社的利益。

三、技术标准专有出版权

1997年8月8日，国家技术监督局和国家新闻出版署正式颁布实施《标准出版管理办法》，标志着标准专有出版权第一次由立法予以确认，也标志着我国不仅正式建立了"标准专有出版权制度"，而且认为这种标准专有出版权是一种知识产权。在标准专有出版权制度确定以后，国家质检总局、国家标准委、国家认监委相继共同或单独发出一系列的文件，保护标准专有出版权，打击盗版行为。在司法上，2005年5月12日，北京市第一中级人民法院审结了一起标准出版侵权案，也认定被告非法出版行为侵犯的是原告的知识产权。其实，标准专有出版权和著作权法意义上的专有出版权之间存在着根本的差异：

首先，标准专有出版权是一种行政特许权，它并非基于著作权而产生，而是基于《标准出版管理办法》的规定，不以技术标准具有著作权为前提，甚至大部分技术标准也没有明确的著作权人。

其次，标准专有出版权作为一种行政特权，它既不能转让，也不能再许可他人出版。

最后，标准专有出版权没有期限限制。只要相关的规章存在，标准专有出版权即存在。相关规章废止，该项出版权即丧失。

总之，标准专有出版权不是一种由著作权人设定的知识产权，并非一种民事权利，而是由国家法律赋予以及行政机关指定而产生的一种行政特许权。国家机关通过《标准出版管理办法》授予相关出版单位就标准享有的专有出版权，本质上属于行政垄断。我国《反垄断法》第37条规定："行政机关不得滥用行政权力，制定含有排除、限制竞争内容的规定。"显然，行政机关的这种行为已经构成行政垄断，应当予以排除。

第九节 普通邻接权

在著作权法上，还存在着邻接权制度。"邻接权"一词译自英文 neighboring right，又称作品传播者权，一般指作品的传播者对其在传播作品的过程中所作出的创造性劳动成果依法享有的专有权利，故又称传播者权。[1]英美法系国家很少在著作权法中引入邻接权的概念。例如英国著作权法，将录音制作者和广播电视组织者的权利都视为著作权。在美国著作权法中，作者的权利、录音制作者的权利都属于著作权范畴。只有在欧洲大陆法系国家，才严格区分著作权与邻接权的概念。从各国的著作权立法来看，有关的权利一般都包含邻接权的三种权利。此外，有的国家的法律还包含一些其他权利。现在，有些国家使用"有关的权利"这一概念，包含的内容就不仅限于邻接权的范畴。有些国家使用邻接权概念，一般仅指表演者、录音制作者和广播电视组织者的权利。

以法律形式规定邻接权保护，最早见于奥地利1936年的著作权法。当时的立法者考虑，在文化领域，除了作者的创作劳动成果应受到保护外，还有一种劳动成果也应受到保护。这种劳动同作者创作作品的劳动性质不同，但是同作品的传播密切相关。因此给予这种劳动成果的保护也同著作权保护相关。基于这个原因，在奥地利的著作权法以及后来的德国著作权法中都将这种保护称为"有关的权利"保护，而不是称为"邻接权"保护。

在我国，邻接权主要是指出版者的权利、表演者的权利、录像制品制作者的权利、录音制作者的权利、电视台对其制作的非作品的电视节目的权利、广播电台的权利。我国《著作权法实施条例》第26条以列举方式对邻接权作了界定："著作权法和本条例所称与著作权有关的权益，是指出版者对其出版

---

[1] 参见黄维惠："对著作邻接权若干问题的思考"，载《现代法学》1997年第4期。

的图书和期刊的版式设计享有的权利,表演者对其表演享有的权利,录音录像制作者对其制作的录音录像制品享有的权利,广播电台、电视台对其播放的广播、电视节目享有的权利。"

本书认为:邻接权包括三种:一种是作品传播者权,包括录制者权、广播组织者权、版式设计权等。主要是赋予作品传播者的一种财产权;第二种是人格符号财产权,主要对自然人的肖像、声音等对象的一种财产权;第三种主要指一些尚没有达到作品的要求,但有必要采用类似著作权方式予以保护的权利,比如,普通照片、不具有独创性的数据库,等等。

之所以将上述权利(权益)界定为邻接权,主要是由于邻接权和著作权之间有着比较密切的联系:首先,邻接权对象与著作权对象或是密切关系,比如录制品、电视信号等,往往是作品的载体。或是与作品类似,比如,不具有独创性的数据库、照片,等等。其次,权利内容与著作权类似,一般都不允许他人擅自复制、发行、网络传播,等等。最后,权利存续时间一般参照著作权法的规定,但要比著作权保护期限短。

一、作品传播者权一般理论

作品为有形无体的符号组合,而电视广播信号、音像制品以及版式书籍均为作品载体。基于此,作品传播者权是作品传播者对特定作品载体的支配权。

1. 作品传播者权的对象

作品传播者权的对象是特定的"作品载体",而不是作品本身。包括以下几层意思:

第一,需要形成一定的载体,没有形成载体的,不能成立作品传播者权。比如新华书店或个体书商出售著作物,他们也是在传播知识,但只是扮演中间商的角色,没有形成新的作品载体;

第二,需要是特定的载体,比如书籍版本、电台电视台信号、音像制品,等等。一般的载体,比如声音,也可以是作品载体,但不能成立作品传播者权。因此,诗歌朗诵者就没有作品传播者权;

第三,附着于载体上的作品不一定具有著作权。比如,出版早已没有版权的作品,或者是播放没有版权的音乐,等等。因此,作品传播者权是对特定作品载体的支配权,至于这个作品是否为著作权对象,则非所问。甚至在作品传播者侵犯他人知识产权情况下，比如，电视台未经许可播放他人创作的电影，电视台仍然具有作品传播者权。只不过，电视台需要对著作权人承担侵权责任。

由此可见，传播者权的对象是特定的"作品载体"，包括"广播信号""版式"和"音像制品"，著作权的对象是"特定作品"。二者的对象是不一致的。不过，在版权体系国家，人们往往把具有创造性的著作视为作品，而且也把录音制品视为作品，[1]就混淆了作品和作品载体之间的区别。[2]

2. 作品传播者权制度设计的目的

作品传播者权制度的功能在于鼓励作品传播。作品传播者在作品传播过程中作出了必要的投资，为了保护投资利益，有必要禁止他人复制、发行音像制品或书籍，也禁止他人转播、复制他人的传播信号。因此，作品传播者权制度的本质在于保护传媒业巨头的经济利益，包括出版者、电视台电台经营者、音像制作者，等等，它的功能在于促进作品传播。而著作权制度的功能则是为了促进知识创新，二者旨趣不同。

3. 作品传播者权与著作权的联系

作品传播者权是一种对特定的"作品载体"的支配权，著作权是对"特定作品"的支配权。从主体角度上看，作品传播者权的主体是特定的作品传播者，包括电视台、电台、音像制作者、出版者等，它们在作品传递过程中没有创造出新的作品，但是传播了作品。而著作权的主体则是特定作品的创造者，范围更为广泛。尽管作品传播者权和著作权主体不同、对象不同、目的不同，本质上不是一种著作权，但作品传播者权与著作权密切相关，表现在以下几个方面：

第一，传播者所传播的作品很多为著作权的对象。比如，电视台播放的各种节目，大部分都具有著作权。

第二，传播者权的主体有时候和著作权主体是同一个，比如，电台电视

---

[1] [西]德利娅·利普希克：《著作权与邻接权》，中国对外翻译出版公司2000年版，第307页。

[2] 关于作品和作品载体之间的关系，曾经在我国台湾地区立法上引起混乱。1964年，台湾地区著作权法沿用"著作权"一词，致使各条文之间语多推求失旨之病，因此，1985年藉修法之际，改采"著作"，确因两者互殊，不可混同。施文高先生曾用一节的篇幅集中论述了"著作"和"著作物"之间的区别。参见施文高：《比较著作权法制》，台湾三民书局1993年版，第629~632页。

台举办的晚会或其他节目，电视台电台既享有作品的著作权，同时，也享有作品传播者权。

第三，有的传播者权的内容同著作权权能相同。比如，《著作权法》第42条第1款规定，录音录像制作者对其制作的录音录像制品，享有许可他人复制、发行、出租、通过信息网络向公众传播并获得报酬的权利。这些权能同著作权的权能基本相同。

第四，他人在侵害传播者权的同时，往往也侵害了著作权。比如，擅自转播他人的电视节目，不仅侵犯了作者的著作权，而且也侵犯了广播电视组织的邻接权。

第五，传播者权的设置有助于知识的传播，提高作品的价值，给作者带来各种直接的、间接的经济利益，从而促进经济文化的发展和繁荣。

第六，作品传播者权在行使的时候，有时候受制于著作权人。比如，音像制作者行使的复制、发行权能既是对作品载体的支配，也是对作品本身的支配，与著作权人自己行使相应的权能之间并无区别。正因为如此，作品传播者行使各种权能时，必须要获得著作权人的许可，否则即为侵权。同样，在作品传播者授权他人行使传播权时，被许可方仍然需要再次获得著作权人的许可，否则亦为侵权。比如，《著作权法》第42条第2款规定，被许可人复制、发行、通过信息网络向公众传播录音录像制品，还应当取得著作权人、表演者许可，并支付报酬。其中的原因正在于：作品传播者所享有的部分权能与著作权人享有的部分权能相同，在相关作品仍然是著作权对象时，作品传播者在行使权利时必然涉及人的著作权。

总之，作品传播者权同著作权相邻、相近、相似。正是由于著作权和作品传播者权之间存在着密切的关系，人们把传播者权放在著作权体系中。其实，作品传播者权是一项独立的民事权利。下文中的录制者权、广播组织者权、版式设计权都属于作品传播者权。

二、录制者权

1. 录制者权概念

录制者权的主体是录制者，包括录音制作者和录像制作者。录制者权的对象是录制品，包括录音制品和录像制品。录音制品是指任何声音的原始录制品；录像制品是指电影作品和以类似摄制电影的方法创作的作品以外的任何有伴音或无伴音的连续相关形象的原始录制品,包括表演的原始录制品和非表演的原始录制品。

录制者在录制过程中对录制对象、角度、时机的把握也付出了劳动,在后期制作过程中也进行剪辑和制作。不管录制、剪辑、制作有没有创造性,也不管录制过程中是否融入了录制者的个性,都不影响录制者权的成立。同时,录制的内容是否为作品,是否为侵权作品,均不影响录制者权的成立。

2. 录制者权的主要内容

录制者权是录制者对录制品的禁止性权利。录制者权包括以下几个方面的权能:

第一,制品复制权。指将原有制品中所包含的声音和画面固定在另外一个载体上。一般为对磁盘、光盘等进行翻录和翻刻的行为。但如果没有翻录、翻刻,仅仅是复制在电脑上,则并非此处的载体复制行为。这一点与著作权的复制权能存在着明显的差别。

第二,制品发行权。指以出售或赠与等方式向社会公众提供制品的行为。包括出售磁带、光盘等行为。这里的制品,既包括录音制作者形成的制品,也包括翻录、翻刻的制品。不过,在录音制作者自己许可或销售制品后,制品所有者有权转让制品。

第三,制品网络传播权。未经录制者许可,不得将制品中的内容上传到网络,供他人下载、点播。

第四,制品出租权。未经录制者许可,不得出租制品。

第五,许可电视台播放权。主要是针对录像制作者而言,电视台播放录像应当经过制作者的许可,但录音制作者并无此项权利。

不过,录制者使用他人作品制作录音录像制品,应当取得著作权人许可,并支付报酬;使用演绎作品制作录制品的,应当征得演绎作品著作权人和原作品著作权人的许可,并支付报酬;录制表演活动的,应当同表演者订立合同,并支付报酬。如果录制内容侵犯了他人的著作权,或者说,录制内容是非法的,无疑,录制者权的行使就会受到限制。

三、广播组织者权

1. 广播组织者权概念

广播组织者权指广播组织对自己播放的节目信号所具有的禁止性权利。

广播组织者权的主体包括电视台、卫星广播组织、有线广播组织等。广播组织是否合法成立，是否具有经营资格等，均不应影响其享有广播组织者权。

广播组织者权者的对象是广播组织播放的节目信号。这里需要明确几点：第一，广播组织者权的对象不是节目，而是一种广播电视信号。第二，广播组织者权的对象是广播电视的节目信号，但不是广播组织发出的一切信号。第三，广播组织的节目有可能构成作品，也可能不构成作品。如果构成作品的话，那么广播组织同时对其享有著作权。如果不构成作品，不影响广播组织者权的成立。第四，广播组织播出的节目是否侵权，是否合法，均不影响广播组织者权的成立。但须对著作权人承担侵权责任，或承担相应的行政责任。

2. 广播组织者权的主要权能

第一，转播权。所谓转播，指一个广播组织同时播放另一广播组织的广播电视节目。

第二，录制、复制权。录制是将广播组织播出的节目载体由无形的信号转化为有形的物质载体。复制指重复制作录制件的行为。如果，节目本身是作品的话，录制和复制行为同时侵犯了节目的著作权以及广播组织者权。

四、版式设计权

1. 版式设计概念

所谓版式设计，是对印刷品的版面格式的设计，包括对版心、排式、用字、行距、标点、分栏、标题、正文、注释、书眉和页码等版面布局因素的安排。版式设计的目的主要在于实用和审美两种：第一，让读者便于阅读作品，获得作品中的信息；第二，使得作品具有一定的美感，能够让读者获得审美愉悦。这就是说，版式设计本身不是作品，而是对作品的编排方式，不能像绘画创作那样以表现内心情感为首要目的，而是需要以读者为中心，吸引其购买、阅读作品。对于出版者而言，版式设计的功能就在于促进图书的销售。

书籍设计师陆智昌认为，版式设计就是"为每本书穿上最适合的衣裳"。"设计的目的不是用来炫耀设计者有多大的聪明才智，而是围绕着内容，做恰如其分的事情。"书籍设计师吕敬人先生认为：举世闻名的《牛津百科全书》

为什么受到全世界读者的追捧？"除了它权威翔实的内容外，更重要的是他用最丰富的视觉语言把词条进行了最简洁最科学的编排，无论是字体、行距、字距、紧密度、版面占有率、空间应用还是文字节奏，都令读者检索方便、阅读清晰、翻阅愉悦。这本书的设计既传达了科学严谨的思想，又是一种造型艺术，这才是全面的书籍设计。"

民国时期的书籍设计，很多是由出版人甚至作家亲自操刀。比如鲁迅，他不仅是文学巨匠，也是一位杰出的书籍设计开拓者和倡导者。鲁迅担纲设计师的《呐喊》：红色封面上开了两个黑色小框，分别嵌着字体独特的"呐喊"二字。它具有中国篆刻图章的特点，传递了呐喊的本质，象征着力量和抗争。

如果说书本是一件产品的话，版式设计相当于产品的外观设计，从这个角度上看，版式设计权就是以书本为产品的外观设计权。有趣的是：我国著作权法规定版式设计权的有效期限也是 10 年，这同外观设计权的保护期限是一致的。

版式设计权的立法目的主要是为了保护出版业者的投资利益，为保护其投资利益，需要赋予其对特定版式的排他性专有权。这种投资利益包括版式设计的成本、校对整理以及获得版权的付出，等等。从功能论的角度上看，设置版式设计权，有助于出版业者调动出版图书的积极性，从而促进作品传播。

2. 版式设计权的主体

版式设计权是著作权法赋予出版者特有的权利，除了出版者以外，其他版式设计人均不享有版式设计权。另外，尽管版式设计者是具体的人，但是版式设计权的主体是特定的出版社，并非设计者。按照我国著作权法的规定，出版者包括图书出版者报社和期刊社。本书认为，版式设计权的主体是图书出版社，报刊、期刊杂志社不应当成为版式设计权的主体。

首先，从盗版的情况上看，对书籍的盗版现象更为严重，对报刊盗版的很少，主要原因在于报刊的时效性往往很强，盗版的意义不大。每期的内容往往短小精干，也各不相同，被盗版的可能性不大。

其次，报刊杂志社往往也拥有汇编作品著作权，可以作者身份提起侵犯著作权之诉。

最后，报刊的基本版式设计重复使用率比较高，有的几年或几十年不变，因此，投资的成本不是很高。而书籍则是各不相同，每一本书都需要新的版式设计。特别是一些时间久远的著作。在出版之前，往往需要做各种技术性工作，比如纠正原作的排印错误，注明原书所引事实、数据、名称之错误等，甚至需要重新进行选择、整理、编辑和校勘工作。这些工作需要投入大量的人力、物力、财力，因此有必要赋予其一种排他性的专有权——版式设计权。

3. 版式设计权的对象

版式设计权的对象须是具有新颖性的版式设计。这里的新颖性仅仅是针对特定作品而言，并不要求这种新颖的编排手段是前无古人的，只是要求这种新颖的版式设计在特定作品上的应用是前无古人的。因此，A作品上有着新颖的版式设计，B作品借用了这种版式设计，不为侵权。这种版式设计仅仅是针对特定作品而言的，版式设计权仅仅存在于特定的作品上。如果特定作品的版式设计没有新颖性，仅仅是重复以前版本的编排方式，那么，出版社对此也没有版式设计权。

五、普通照片的邻接权

摄影作品作为一项艺术作品，要以真实、生动的画面反映社会生活与自然现象，表达作者的思想情感，具有特殊的创作方法与创作规律。违背了这一规律，就失去其独有的审美价值和艺术个性。摄影作品从构图、光线、影调和色彩等符号形式的运用，到作品主题、情感表现、风格等符号信息，都体现着摄影者的思想境界和艺术构思。但这些年来，随着数码相机的发展、普及，摄影的门槛降低。摄影已大众化，谁都能够拍照，找个景或人，快门一按，照片就出来了。这些照片往往没有独立的审美功能，达不到作品的要求，因而不能具有著作权。摄影作品类似于书法作品，普通照片类似于日常书写的字，我们对于日常书写的单个字通常是没有著作权的，至少是没有书法作品（美术作品）的著作权，因其不能成为艺术审美的对象。

但这些照片也可能具有一定的商业价值，可以用作商标或其他商业用途。在这种情况下，如果对其不进行任何保护显然是有失公道，但给予著作权保护又不妥当。可以参照摄影作品著作权的规定，给予一定的保护。比如，德国《著作权法》第72条规定：对不构成作品的照片也按照适用于摄影作品的规定加以保护，但保护期只有25年。意大利《著作权法》第87条规定，不构成作品的照片是通过摄影方式或类似方式拍摄的人像、自然或社会生活中的面貌或事件，包括拍摄美术作品和电影画面形成的照片，拍摄者对照片享有 20 年的专有权利。西班牙《知识产权法》第 128 条规定，对于不能作为摄影作品的照片，拍摄者享有复制、发行和公开传播作品的专有权利，保护期为 25 年。

当然，也可以不通过财产权方式，对这些照片的拍摄者进行一定的保护。比如，可以通过民法上的不当得利制度要求使用者支付一定的费用。但如此一来，是否支付？支付多长时间？势必存在着众多不确定的因素。明确地予以界定，有助于调整当事人之间的利益关系。另外，肖像照片一方面是人格符号，另一方面也是拍摄者劳动的结果，尽管照片本身没有足够的独创性，因而没有著作权。但在肖像照片上，既有着拍摄者的邻接权，也有着被拍摄者的肖像符号财产权，二者并列，均类似于著作权。

以婚纱照和普通相片的区别为例。拍摄婚纱照需要摄影师对角度的取舍、光线的应用、画面布局的设计，都要有着仔细地考量。摄影师需要精心安排画面布局以寻求体现最大限度的美感；运用灯光、服装等多种手段烘托出美妙的艺术氛围。摄影师的水平高低直接影响了最后拍摄出来的作品质量，充分体现了摄影师在其中的独创性劳动。普通的相片以固定的角度、固定的取景来拍摄，只要以人像为中心进行拍摄就可以了，谁都可以拍。这种照片创造性成分比较低，也不具有独特的意境和韵味，在法律上，这一类照片一般不被视为作品。

六、对无独创性数据库的邻接权

根据《中国大百科全书》的定义，数据库（data base）是指为满足某一部门中多个用户多种应用的需要，按照一定的数据模型在计算机系统中组织、存储和使用的互相联系的数据集合。也就是说，数据库是将各类情报有体系地进行整理归纳，并能通过计算机得以检索的一种机械可读形态的情报集合体，是数字技术出现和运用的结果。

依照数据库开发时是否具有独创性，可将数据库分为具有独创性的数据库与不具有独创性的数据库。所谓具有独创性的数据库是指对信息进行选择、编排、分类、筛选等方面作出创新的数据库。数据库的独创性集中体现在两个方面：在中层独创性上，对信息的编排、分类等方面具有创新；在深层独创性方面，选择、筛选了新信息。只要具备中层独创性，数据库就应具有著作权。深层独创性是数据库获得著作权保护的奢侈条件。

非独创性的数据库不具有中层独创性和深层独创性，既没有提供新的信息编排、分类方式，更没有提供新颖的信息，在著作权法上，非独创性的数据库没有著作权。不过，数据库的投资者花费了大量金钱，付出了辛勤劳动，如果放任他人自由使用，就会损害社会公众开发、生产和制造数据库的积极性。因此，需要对不具有独创性的数据库进行保护。

非独创性数据库的保护需要满足两个条件：第一，必须是按有序的方式编排的，由独立的作品、数据或其他材料组成的，并且各部分能被以电子或其他方式单独访问。也就是说，该数据库尽管在编排方式等方面没有创新，但依然是有序的，其实，这也是数据库之所以为数据库而非一堆乱码的基本条件。第二，非独创性数据库制度的立法目的在于保护投资者利益，只有在内容的获得、检验、编排等方面进行了实质性投资的数据库才能享有特殊权利的保护，这种投资包括人力、物力、财力方面的投入和耗费。

《欧盟数据库法律保护令》第7条第2项称，数据库制作者可以禁止他人取得该数据库的内容，亦即可以禁止他人未经其同意，以任何方式永久或一时地将数据库之全部或部分重要内容移转于其他资料媒介上；权利人亦得禁止他人未经其同意而散布复制物，出租、联机或为其它形式之传输，使公众取得数据库的全部或部分重要内容或将其进一步利用。同时，《欧盟数据库法律保护令》规定权利保护期间为数据库完成后十五年，如果在此一期间届满之前，将数据库提供给公众使用，则自首次提供给公众使用起，可再享受十五年之保护；如果对数据库的内容，在质或量上有重大的变更，且在质或量上为重大新投资者，包括继续性的补充、删除或变动而累积成重大变更，则该投资所产生的数据库享有独立的权利保护期间。

显然，《欧盟数据库法律保护令》赋予了数据库制作者禁止他人未经其同意下载、摘录和再利用行为的权利。无疑，"下载"就是复制；"摘录"被定义为永久或一时的将所有或基本部分数据库内容以任何形式或手段转移到另一媒体上，实际上也是复制；而"再利用"被定义为通过发行复制品或出租其他形式传播，使公众能够获得全部或部分数据库的内容。

总之，对于非独创性数据库而言，在这种情况下，在立法上参照著作权的规定，对投资者进行一定的保护。比如，赋予投资者复制发行数据库的专有权利。德国《著作权法》第87条规定，数据库制作者享有复制发行和传播数据库内容或其中大量或重要内容的专有权利。显然，这种权利同著作权很相类似，是一种邻接权。此种邻接权和著作权差异仅仅在于：第一，没有所谓著作人格权；第二，保护期限比较短，只有15年。

第十节 人格符号财产权

人格符号财产权也是一种邻接权，一种特殊的邻接权。人格有诸多可以分解的因素，大体上可以分为人格的生理要素、心理要素、社会要素、道德要素、审美要素等。声音和肖像属于人格的生理要素，随着现代技术的发展，声音要素和肖像要素可以进行复制，复制后形成声音符号、肖像符号。人的姓名既是一种人格要素，也是可以与人身相脱离的人格符号。在商品经济环境中，声音符号、肖像符号和名人的姓名符号具有商业价值，有可能成为一种新的财产权的对象——人格符号财产权的对象。[1]

一、人格符号财产权对象之一——声音符号、肖像符号

肖像、声音与人身不可须臾分离，只能成为人格权的对象。但由于现代摄影、录像等方面技术的发展，人的肖像和声音能够以一定方式固定在各种物质载体上，由此形成了各种各样的肖像符号和声音符号，它们分别属于视觉符号和听觉符号的一种。照片以及广告、影视等各种载体上的人的肖像和声音，实际上只是各种人格符号而已，并非人格要素本身。从民法角度上看，自然人的肖像符号和声音符号具有稀缺性、可支配性和效用性，因而能够成为民事财产权的对象。首先，就稀缺性而言。世界上没有两个完全相同的肖像和声音。"声音如同面孔一样，具有可区别性与个性。"[2]因此在不同肖像和声音基础上形成的肖像符号和声音符号都是独特的，因而具有稀缺性。明星们往往通过一定的造型、动作，或借助道具塑造了特有的声音符号、肖像符号，更具有独特性和稀缺性。

其次，就可支配性而言。由于现代科技的发展，声音符号、肖像符号与人身相脱离，依附于各种物质载体上，因而有可能成为法律调整的对象。它

---

[1] 参见王坤："人格符号财产权制度的建构及其法律意义"，载《浙江社会科学》2013年第11期。

[2] Midler V. Ford Motor. (1988 U. S. Court of Appeals, 9th Circuit 849. F. 2d 460).

们彼此之间也能相互区别,产权界定和保护成本都不高,这就使得声音符号、肖像符号具有法律上的可支配性。

最后,就效用性而言,声音符号、肖像符号依附于不同的载体上,能够无限量地复制、传播,因而能够用作广告或者商标,在技术层面上具有商业价值。更为重要的是:当经营者把肖像符号、声音符号与商业活动结合在一起,或是进行广告宣传,或是用作商标,消费者就可以把这种信息或感受移植到特定的商品服务上去,从而影响商品服务的销售,因此,声音符号、肖像符号具有促销价值。[1]如果是明星们的肖像符号或声音符号,对于社会大众而言,由此解读出的信息更为鲜明,感受也更为深刻,所产生的促销效果也更为显著。因此,同普通人相比,明星声音符号、肖像符号的商业价值可能会更高一些。

比如,"刘德华"名字就具有很高的商业效用。效用是指商品所具有的满足人类某种欲望的能力,"刘德华"这个符号能够满足消费者的几种需求(欲望)。性本能需求,主要是对女性 fans 和同性恋者有效,刘德华的歌、影迷中,女性占的比例很大,这与刘德华的俊朗外表有关,很多女性 fans 把刘德华当作是梦中情人,能获得虚幻的满足;审美需求,刘的外表和歌喉能满足歌迷们的审美需求;归属感,为数众多的刘德华的歌、影迷们事实上形成一个具有很多共性的族群,获得一种归属感;荣誉感,以自己的偶像为刘德华为荣;虚荣心,富人以购买刘德华演唱会门票炫富;浪漫梦幻需求,勾起追逐者浪漫的梦幻感觉,把自己幻想成影片中的角色,得到虚幻的满足。总之,刘德华名字本身可以满足消费者多样化的欲望,是一种多重效用综合的名牌产品。[2]

尽管普通人的声音符号、肖像符号的潜在商业价值不如明星,但也并非毫无价值。在实际生活中也有着很多以普通人的肖像、姓名用作商标或广告的情形,也发生了不少在商业经营过程中擅自利用普通人人格符号的案件。比如孙静岐子女诉北京松堂医院和公交广告公司擅自在广告中使用其母亲生前照片案;浙江省仙居县陈氏兄弟诉彩雕服务部擅用其亡母肖像作墓碑广告

─────────

〔1〕参见 [澳] 胡·贝弗利·史密斯:《人格的商业利用》,李志刚、缪因知译,北京大学出版社 2007 年版,第 3~4 页。不过,在该书中,作者仍然是将人格和人格符号混为一谈。

〔2〕参见叶楚华:"关于刘德华的若干经济学解释",载金明善主编:《经济学家茶座(精华本)》,山东人民出版社 2007 年版,第 322 页。

案;哈尔滨一摄影爱好者将抓拍的某老人生前肖像擅自用于司机防眩晕眼镜广告案,等等。

二、人格符号财产权对象之二——名人姓名符号

作为一种人格要素,姓名无疑是人格权的对象。不过,普通人的姓名一般不具有商业价值性,因而难以同时成为财产权的对象。而一些名人的姓名中往往包含着为社会公众所共知的信息内容,比如,我们看到刘德华、吴冠中等名字的时候,往往就能够产生与他们社会活动、形象等相关的联想,当其与特定的商品活动联系在一起的时候,就可能产生促进商品销售的结果。名人的姓名就因此具有商业价值性,[1]成为姓名符号权的对象。只有名人的姓名才有可能具备商业价值,因此,也只有名人才可能成为姓名符号财产权的主体。

三、人格符号财产权的主要权能

1. 商业利用权

指在商业经营过程中,以各种方式利用人格符号的权利。如在广告中直接使用自己的人格符号,[2]或将肖像符号设置在商品销售处或服务提供场所,或是把肖像符号用作产品外观设计,或是注册商标,或是在商品上直接印制肖像符号,等等。不管是哪一种利用方式,最终都是为了达到促销目的,把特定人格符号与商品服务销售联系起来。

2. 保障人格符号完整权

人格符号完整权相当于著作权中的完整权,要求他人对人格符号进行商业性利用的时候,应当保持人格符号的原状,不得擅自予以变更、歪曲。如果因此造成自然人精神痛苦时,符合侵犯人格权的条件的,就可能构成侵犯人格权和人格符号财产权的聚合。

3. 禁止商业利用权

禁止他人直接使用其人格符号进行商业促销活动,但在作品中使用了他人的照片,或者在影视中出现了他人的肖像和声音,尽管其最终也可能是为

---

[1] 关于名人姓名的商业化利用问题,可参见 [澳] 胡·贝弗利·史密斯:《人格的商业利用》,李志刚、缪因知译,北京大学出版社2007年版,第64~65页。

[2] See Ann-Macget v. High Society Magazine, Inc. 498 F. Supp. 401/. (S.D.N.Y.1980).

了商业目的,但并没有直接发挥促销功能。在这种情况下,就没有侵犯人格符号财产权。

4. 禁止商业临摹权

禁止为了商业促销目的而临摹他人的人格符号。在著作权法上,临摹是对他人作品刻意的、惟妙惟肖的模仿行为。临摹作品没有著作权,[1]其原因在于其没有形成新的符号组合,没有产生新作品。对于人格符号来说,也同样存在着一个临摹问题。既包括肖像、声音的模仿,[2]也包括名人姓名的模仿。比如"赵本衫"(赵本山)、"莫闻味"(莫文蔚)、"泄停封"(谢霆锋)、"娌香"(李湘)、"张一摩"(张艺谋)、"糕笙美"(高胜美),等等。将这种临摹符号直接使用于商业活动中,可能产生两种消极后果:一是削弱他人人格符号的独特性,从而直接影响他人利用其人格符号获得收益。人格符号的独特性越大,其受到的影响越大。如同驰名商标淡化一样。二是间接利用他人的人格符号,攫取其中的商业价值,剥夺了他人本应获得的财产利益。

在上述四项权能中,第一项为积极权能,后三项为消极权能。与人格权相比较,上述权能仅仅涉及自然人人格符号的商业性利用,就是一个财产利益问题。而人格权不涉及财产利益,仅仅是自然人的精神利益,二者之间的区别还是很明显的。

四、人格符号财产权与人格权的差异

人格符号财产权与人格权之间存在着重大的区别:

首先,对象不同。这是二者之间的根本区别。人格权对象为各种人格要素,如生命、身体、自由、肖像、声音等,与人身须臾不可分离。但是人格符号财产权的对象为部分人格要素的符号化后的产物,主要就是肖像符号、声音符号和姓名符号。很多人格要素属于人身的组成部分,而人格符号则是一种外在于人身的客观事物。

其次,性质不同。人格权具有人身专属的性质,因此不可以转让、继承、放弃;而人格符号财产权尽管与人格权之间有着密切的联系,但其对象是各

---

〔1〕 参见郭禾:《知识产权法选论》,人民交通出版社2001年版,第69页。

〔2〕 See Midler V. Ford Motor. (1988 U. S. Court of Appeals, 9th Circuit 849. F. 2d 460),该案是模拟他人声音也构成侵权的第一个判例。

种有形无体的符号，本质上是一种以人格符号为对象的财产权，因而可以转让、继承、放弃。

最后，目的不同。人格权主要是为了保护自然人的人身非财产利益，损害人格权的结果往往是造成自然人人格的损害，产生精神上的痛苦和损失。而人格符号财产权仅仅为了保护自然人的财产利益，侵犯人格符号财产权也是基于财产目的，是为了攫取他人人格符号中的商业价值。当然，人格符号本身是在人格要素的基础上形成的，是用一定的技术手段对特定人格要素进行拍摄、录音的结果。人格权和人格符号财产权也可能存在着竞合现象。比如，当他人擅自在商业活动中利用他人的人格符号，给人造成精神上痛苦时或者社会评价降低时，就有可能同时侵犯人格权和人格符号财产权。

五、人格符号财产权的法律地位

人格符号财产权的对象是人格符号，知识产权对象也是各种符号组合。其中，作品、商业标记、发明都是各种符号组合。[1]在民法上，民事权利区分的主要标准就是对象的差异性。[2]比如，物权对象是物，债权对象是各种给付行为，人格权对象是各种人格要素，知识产权对象则是各种符号组合。但是，知识产权制度以促进知识创新为其根本的功能，知识产权法上的知识，不管是作品、商标、还是发明，都须具有某种创新性。因此，人格符号尽管具备稀缺性、可支配性和效用性，是每个自然人天然拥有的商业标志，并不属于知识产权法上的知识范畴，人格符号财产权制度也不具有促进知识创新的价值功能。但人格符号财产权与著作权极为相似，也可以作为一种邻接权纳入著作权法的体系中。

六、人格符号财产权制度建构的法律意义

1. 醇化人格权理论和制度，维护人格权理论和制度的统一性

当前，人格权理论没有对人格符号和人格要素进行必要的区分，而是进

---

[1] 参见王坤："知识产权本体解析"，载《浙江学刊》2008年第1期。
[2] 参见王泽鉴：《民法总则》，中国政法大学出版社2001年版，第204页。

行笼统地保护，认为自然人对肖像符号、声音符号等人格符号享有具体人格权[1]，或商事人格权[2]。比如，纽约州民权法案第 50 条仍然通过"隐私权"制度保护人格的商业价值。[3]这就必然产生理论上的混乱，破坏了人格权理论和制度的统一性：首先，在人格权制度框架下，侵权之成立须以自然人的人格损害为前提，但在利用他人的肖像符号以及声音符号的情况下，很难说他人的人格利益受到了伤害，精神上有了痛苦。其次，根据人格权的理论，人格权无法转让、放弃、继承、许可使用，也难以确定具体的赔偿范围，因此，以声音符号、肖像符号为对象的人格权总是无法顺利解决权利的转让、放弃、许可使用、继承以及赔偿范围等方面问题。[4]说到底，人格要素和人格符号之间存在着一定的联系，但也有着根本的区别，在此基础上形成的是两种性质不同的权利。一种权利无法同时具备人格权和财产权的双重属性，[5]这两种属性相互矛盾，彼此否定，可谓冰炭不同器，寒暑不兼时。而通过人格符号财产权制度的设置，就可以克服人格权异化现象，醇化人格权理论和制度，维护人格权理论和制度的统一性。

2. 有助于分析一些疑难案件，特别是涉及名人姓名的案件

比如，浙江温州选手朱启南在 2004 年雅典奥运会上获得男子 10 米气步枪决赛冠军，并且打破了由美国选手简森·帕克在 2003 年 6 月 15 日慕尼黑创造的 702.5 环的原世界纪录，一举成名天下知。一位也叫朱启南的温州乐清人，申请注册"朱启南"商标，商品类型是衬衣、针织服装、运动衫等服装。显然，作为普通人的朱启南用自己的姓名注册，谈不上侵犯奥运冠军朱启南的姓名权。毕竟，姓名权作为人格权的一种，普通人和名人（体育明星）都是平等的。这种抢注行为的本质是试图攫取名人姓名符号中的商业价值，从而侵犯了名人的人格符号财产权。

---

[1] 参见杨立新、林旭霞："论形象权的独立地位及其基本内容"，载《吉林大学社会科学学报》2006 年第 2 期。

[2] 参见程合红：《商事人格权论——人格权的经济利益内涵及其实现与保护》，中国人民大学出版社 2002 年版，第 51 页。

[3] 参见[美]阿丽塔·L.艾伦、理查德·C.托克音顿：《美国隐私法：学说、判例与立法》，冯建妹等译，中国民主法制出版社 2004 年版，第 316 页。

[4] [美]阿丽塔·L.艾伦、理查德·C.托克音顿：《美国隐私法：学说、判例与立法》，冯建妹等译，中国民主法制出版社 2004 年版，第 287~290 页。

[5] 参见李琛："质疑知识产权之'人格财产一体性'"，载《中国社会科学》2004 年第 2 期。

3. 建构人格符号财产权制度，也有助于分析一些社会现象是否构成侵权行为

比如，在很多电视模仿秀节目中，有不少山寨明星，如山寨版的周杰伦、周华健、邓丽君、赵本山等。他们凭借一张张酷似明星的脸，有着与明星几乎一样的发型、表情、声调，刻意模仿明星们为公众所熟知的言行举止，其表演也往往达到以假乱真的效果，并由此带给了观众很多乐趣。除了电视模仿秀节目之外，还有一些山寨明星们出现在各种广告或商标中，赚取不菲的费用，实际上是在利用明星的影响力在赚钱。这些模仿现象，哪些是合法的？需要确立一定的标准。

一般来说，山寨明星的模仿行为没有直接制作或利用明星的肖像、声音，很难说侵犯明星们的人格权。[1]为解决此难题，人们提出商品化权理论，认为肖像、声音等人格要素与各种虚拟角色一起构成商品化权的对象。但商品化权内容庞杂，法律定位不明确，以至于反不正当竞争法往往成为保护所谓"商品化权"的最佳选择。[2]而没有什么法比反不正当竞争法的弹性更大。[3]可以说，诉诸反不正当竞争法就是诉诸法官的自由裁量权，就是承认山寨明星现象法律规制结果的不确定性。从人格符号财产权理论视角上看，主要是考察山寨明星的行为是否构成商业模仿行为。也就是说，山寨明星们的模仿符号是否直接应用于商业促销活动中。比如，在广告活动中，山寨明星们的模仿符号故意与明星的人格符号混同起来，直接目的就是攫取明星人格符号中的商业价值，因而侵犯了明星们的人格符号财产权。而普通的模仿秀活动，尽管也形成模仿，模仿者通过模仿行为也可以直接或间接地获得各种利益，而电视台也可以获得广告收益，但是模仿秀行为毕竟没有同商品服务销售直接结合在一起，山寨明星们主观上没有混淆的意图，观众也能够辨别其为一种模仿，不会导致混同，因而并非侵权。

第十一节　作者和著作用益权人利益冲突的处理原则

在"互联网+"时代背景下，中国网络文学如春笋般涌现，作者为实现作

---

[1] 参见王利明：《人格权法研究》，中国人民大学出版社2005年版，第473页。
[2] 参见谢晓尧："商品化权：人格符号的利益扩张与衡平"，载《法商研究》2005年第3期。
[3] See Frank I. Schechter, "The Rational Basis of Trademark Protection", *Hardard Law Review*, Vol. 40, No. 6 (Apr, 1927), p. 813.

品的最大价值往往会转让作品的著作用益权，出现了越来越多的权利分离现象。本书认为，著作辅助权和著作用益权"二权分离"情况下，著作辅助权的行使应当受到一定的限制，其行使规则主要有以下两个：

一、著作辅助权行使须服从服务于著作用益权的实现，不得损害著作用益权人的利益

首先，就署名权而言，作者不宜乱作为。署名权最大的意义在于明确作品的归属，从而为作者对作品进一步的支配和利用奠定基础。也就是说，为著作用益权的实现奠定基础，服务于著作用益权的行使。在著作辅助权和著作用益权"二权分离"情况下，作者署名权的行使就会受到一定的限制。比如，作品上的作者署名往往具有一定的社会影响力，对于社会公众而言，该署名如商标一样蕴含着各种商誉信息，预示着作品的品质，吸引读者进行购买。在这种情况下，作者署名权的行使应符合诚实信用原则，就不宜随意更改署名，如将已转让的作品从人所周知的 A 署名变成没几个人知道的 B 署名，势必会影响作品的销量。另外，在署名为笔名，著作用益权人对该笔名的推广宣传也付出较多的情形下，不宜在其他非自己创作的作品上署上该笔名。否则的话，遍地都是该笔名署名的作品，势必会稀释已经转让给他人的作品著作用益权的市场价值，损害著作用益权人的经济利益。

其次，就修改权而言，作者主要承担一种消极的不作为义务。也就是说，在"二权分离"情况下，修改权的行使不能妨碍他人著作用益权的实现。比如，不能赶在他人准备出版的前夕，要求行使修改权，对作品进行修改，影响他人的出版计划。另外，作者的修改应受诚实信用原则规制，不能改变原作品的性质和特点，将原作品改得面目全非、一无是处，降低原作品的价值，使得著作用益权人的利益受到损害。比如，原小说有 20 万字，在著作用益权转让给他人后，作者要行使修改权，将原小说缩写为 1 万字，甚至更少，行不行？肯定是不行的，因为这样做违背了诚信原则，会使得著作用益权实际上无法行使。可以说，在修改权方面，作者主要承担的是一种消极的不作为义务。

最后，就保护作品完整权而言，作者主要承担的是一种容忍义务。首先，完整权是作者保护自己作品不受歪曲、篡改的权利，主要是针对原作品而言的。但作者应当容许他人在出版发行时对作品进行技术性修改，不能动辄以

保护完整权为名，妨碍他人著作用益权的行使。其次，在改编作品上，更应当谨慎行使完整权，除非在人物形象等方面出现严重丑化的情形，否则不宜进行维权，作者对于他人的改编作品应当持一种更为宽容的态度。比如，对于影视剧作的摄制，必然会涉及对小说或剧本的重大修改，只要这种修改没有从根本上丑化原作的人物形象，在情节方面作改动一般也不会构成对保护作品完整权的侵犯。总体来看，改编质量的高低更多地应纳入文艺评价的范畴，付诸公论，而与司法无涉。

二、著作辅助权的行使须考虑公益目的，受到合同制约

首先，著作辅助权的行使须考虑公益目的，不能仅仅从作者私益角度考虑。以署名权为例，署名权的功能在于维持作品和作者之间的关系，有助于他人更好地理解作品和作者，对思想观点和文化艺术的发展脉络有着全面的把握。如果不存在混淆作品和作者之间关系的情形，就不要轻易地启动维护署名权的司法程序。比如，地球人都知道，《射雕英雄传》是金庸先生所著，在电视剧上仅仅写："根据原著《射雕英雄传》改编"，这种情况下，是否侵犯了金庸先生的署名权，是不是应当更正为："根据金庸原著《射雕英雄传》改编"。回答应当是否定的。署名权的最大意义在于保证作品和作者之间的关系不被混淆，在没有混淆的情况下，自然不应当存在署名权的司法纠纷。

其次，著作辅助权的行使受到合同制约。若作品在转让时，转让方与受让方已对著作辅助权的行使有了明确约定，则须受到合同的制约。著作权属于一种特殊的民事权利，具有私权属性。在著作权的处分上，要优先体现双方当事人之间的意思自治。只要当事人不违反法律强制性规定，就可以通过合同处分自己的权利。比如，对于作品署名权而言，一旦约定后，作者署名权的行使就会受到合同条款的限制，不得随意更改。对于修改权而言，如果合同对作者行使修改权的范围和时间进行限制，则该种限制也应当受到尊重，除非作者能够举证证明，该种限制超越合理范围。对于完整权而言，如果合同授权著作用益权人进行修改作品的权利，也应当尊重合同的约定。对于发表权而言，只要通过合同方式将著作用益权转让给他人，就应当承认他人有权对该作品进行发表，行使发表权。

三、总结

在著作辅助权和著作用益权"二权分离"后,作者和著作用益权人都应当恪守权利的边界,著作用益权人尊重作者的著作辅助权,作者著作辅助权的行使也应当有助于他人著作用益权的实现,至少不要去妨碍他人权利的行使。从作者角度上看,对于著作辅助权的行使就必须非常慎重:应当基于著作辅助权的辅助属性帮助著作用益权人实现其财产价值;基于著作权的私权属性,遵守诚信原则,不得损害著作用益权人的利益;考虑著作辅助权制度的公益目的,尊重合同的约定。不能为了作者个人的私益,恣意行使。当然,如果著作用益权的行使侵犯了署名权、完整权等,损害了公益,作者自然可以基于公益目的提起侵犯著作辅助权诉讼。如果著作用益权的行使严重侵犯了作者的精神利益,导致作者人格受到损害,作者自然可以基于私益提起侵犯人格权诉讼。这也是法律的应有之义。

第四章 著作权保护论

英国著作权法学者、出庭律师奥古斯丁·比勒尔说:"一条羊腿属于我的,这很容易证明或者否定,但是,我的书中有多少属于我的,这却是一个大难题。"[1]在著作权法上,未经许可擅自对他人享有版权的作品整体上进行利用,比如复制、发行、表演、等等,无疑是侵犯了他人的著作权。除此之外,还有很多情形仅仅是利用了作品中的部分要素,比如,对他人作品中的艺术形象进行商业化利用,利用他人作品中的技术方案解决生产问题,利用他人作品中的人物形象、情节、历史背景等要素创作续写作品,或照搬别人作品中的观点、段落,等等。这种情况下,就需要确定特定作品中著作权的保护范围,以确定是否侵犯著作权。[2]在著作权法上,尽管没有明确地提出著作权保护范围的概念。但在长期的理论研究和实务过程中,先后形成思想表达二分法和公共知识分析方法,确定著作权保护的具体范围。本章首先从作品精神功能和作品要素来源两个角度分析著作权保护的范围,接着再研究著作权的地域限制和时间限制,探究思想表达二分法和公共知识分析方法的得失。

---

[1] [美]保罗·戈斯汀:《著作权之道:从谷登堡到数字点播机》,金海军译,北京大学出版社2008年版,第2页。
[2] 甚至在翻译、改编等演绎行为中,演绎作品也只是使用了原作中的部分要素,因此,未经许可翻译他人作品是否构成侵权问题,在著作权法史上,也曾引起小小的麻烦。参见施文高:《比较著作权法制》,台湾三民书局1993年版,第612~613页。

第一节 作品要素分析与著作权保护范围

一、作品存量要素与著作权保护范围

作品作为一个系统，由各种要素构成，作品总是与符号世界中的其他知识资源之间存在着源流关系。从来源上看，作品中的要素可以分为两种：一种是存量要素，另一种是增量要素。其中，存量要素是移入到作品中的既存的知识要素，增量要素是作者在作品中增添的知识要素。作品就是一种包含着存量要素和增量要素的有机系统。存量要素不受特定作品著作权的保护意味着：

首先，要将存量要素的公共知识排除出保护范围。在公共知识被纳入到作品之后，社会公众必须使用被纳入作品中的存量要素，否则必然会面临知识资源被知识产权人到处分割、缩减的情况，后续创作、研究也就无从谈起，势必影响人类的文化繁荣。因此，存量要素中的公共知识部分不受保护。比如，我国古典文学名著《红楼梦》《三国演义》《水浒传》等作品中的人物形象、情节等要素已经完全进入公共领域，任何人可以自由利用。

其次，存量要素中的非公共知识部分也需要被排除出特定作品的保护范围。比如，甲创作的 A 作品中的增量要素在乙创作的 B 作品中是作为存量要素而存在的，如果丙在 C 作品中擅自利用了 B 作品中这部分存量要素。在这种情况下，丙侵犯了甲对 A 作品享有的著作权，但没有侵犯乙对 B 作品的著作权。如果甲、乙为同一人，丙的行为侵犯了甲对 A 作品的著作权，但没有侵犯甲对 B 作品的著作权。[1]毕竟，作为一种排他性支配权，著作权只是基于特定的作品而产生。再如，如果甲创作的 A 作品发表于 B 杂志上，乙将该作品收入 C 文集中。在这种情况下，乙侵犯了甲对 A 作品享有的著作权，但没有侵犯 B 杂志社的著作权，因为 B 杂志社享有对 B 杂志的著作权，但 A 作品属于 B 杂志中的存量要素，不属于 B 杂志著作权的保护范围，除非 A 作品的著作权业已转移给 B 杂志社。

值得注意的是，这里的存量要素，既包括各种既存的知识，也包括曾经失落掉，但为人们所重构的知识。比如，孙膑兵法大概在唐代以前就散失了，

---

[1] Mazer v. Stein, 347 U.S. 201 (1954).

后世甚至怀疑孙武与孙膑是否同为一人,他们各自是否都是兵书留世,争论了一千多年。1972年2月,山东临沂银雀山一号汉墓出土了竹简本的《孙膑兵法》,这使失传已久的古书得以重见天日。由于时代久远,竹简上面很多字脱落。对重构的部分也属于存量要素,不具有著作权。

二、作品增量要素与著作权保护范围

增量要素是作者在作品中增添的知识要素,既可能表现为符号元素之独特组合和结构安排,如绘画布局、色彩调和、韵律结合、文字排序等,也可能包括新颖的情节、戏剧剧情、意境、意象等,还可能包括新思想、新观点、新风格、新信息以及新的艺术形象。在排除了存量要素以后,人们往往将著作权的保护范围直接限定为增量要素部分,德国学者乌玛认为,著作之个人性,不仅为权利保护之关键,而且为划定保护范围之标准,构成著作之原质。所谓著作之个人性,其实就是作品独创性的部分,就是作品中的增量要素。戈斯汀也认为:"著作权的保护范围仅仅是作者在作品中增加的那部分,也就是作品独创性的部分。"[1]其实,并非所有的增量要素均属于著作权的保护范围。这就需要对增量要素进行具体分析,确定哪些增量要素应当并且可能受到著作权的保障,而未受到保护的增量要素同样也属于公共知识的范畴。换句话说,增量要素中也包括公共知识和非公共知识两个部分。

存量要素、增量要素的区分仅仅是针对单个作品而言的,这种区分因而具有相对性。也就是说,在这个作品中作为增量要素的部分,在形成其他作品时,往往是作为存量要素而存在的。那么,在对作品授予著作权或者确定保护范围时,就作为存量要素进行考量,但它们本身却是原先那个作品中的增量要素。因此,离开具体的作品区分增量要素和存量要素实际上没有意义。

增量要素是否能够受到著作权法保护,其判断的标准大体上有以下三个:

首先,必须具有可支配性。而只有具体的、客观的增量要素才具有可支配性,才是法律所能够保护的。譬如,在各种艺术形象中,"音乐的形象是欣赏者心灵中建构起来的高度自由的意象,带有极大的抽象性和不确定性,"[2]

---

[1] Paul Goldstein, *Copyright*, *Patent*, *Trademark And Related State Doctrines*, New York Foundation Press, 2002, p. 609.

[2] 金元浦、王军、邢建昌主编:《美学与艺术鉴赏》,首都师范大学出版社1999年版,第312页。

因而音乐形象不具有可支配性。另外，作品的意蕴、艺术风格、意境、意象等要素的主观性、抽象性也太强，因而也不能为法律所保护。[1]小说在塑造人物形象方面具有独特的优势，并且在创作实践中取得了辉煌的成就，因此成了最受人们欢迎的艺术形式之一，其地位得到了空前的提高，一跃而成为超越诗歌、散文、戏剧等文学样式的龙头老大。人们谈文学总离不开小说，谈小说总忘不了那些不朽的人物形象，如林冲、曹操、孙悟空、贾宝玉、林黛玉、阿Q、爱斯梅哈达、高老头、于连、安娜·卡列尼娜、保尔，等等，这些人物在一定程度上成了人类生活的性格历史和精神坐标。[2]人物形象是小说作品的核心内容，是小说著作权保护的关键部分和集中体现。所以，未经许可，擅自使用他人创作的人物形象，就侵犯他人的著作权。当然，并非所有的小说人物形象都受到著作权法保护，在司法实践中，小说人物形象著作权保护有以下两个标准：

其一，小说人物形象的完整性。完整的人物形象要由三方面构成：个性特征、情节和一定的符号载体。个性特征由姓名、身份、外貌描述和个性组成。符号载体包括文字、图片及其组合形成。另外，还有具体的情节结合在一起，在情节中体现个性。次要人物、配角由于在三个要素上的欠缺或不足，一般不予保护。当一个文学角色被充分描述了，就能够获得版权保护。如果没有充分描述，就可能构成合理使用。比如，有人写了本小说，说是在宋江平方腊后，北上面君，李俊伙同童威、童蒙留下，去了当时的方外之地，书上所说去的是暹罗，就是当今的泰国，做了一个小国的国王，后来引发出其他

---

〔1〕 在美国，存在着"层级抽象法"（abstraction）。根据该方法，在判断涉案作品是否存在实质性相似时，应当通过逐层抽象的方法把作品区分为不同层级的思想和表达，如两部作品在较高层级的思想相似，则其并非实质性相似；而如其在较低层级的表达上存在相似，该相似则为实质性的。比如，在 Nichols 案中，涉案作品分别为戏剧和电影剧本。戏剧描述了纽约的犹太教家庭和位于爱尔兰的天主教家庭间的冲突——犹太父亲希望儿媳是个犹太人，儿子却娶了一位天主教女孩，恰好女孩的父亲仇视犹太教，尽管过程冲突不断，但两个父亲最终以和好结局。电影剧本描述的同样为爱尔兰家庭和犹太家庭从结婚、冲突到和解的故事，但其冲突更为严重，上至妻儿下至饲养的狗都互存敌意。Hand 法官把作品抽象为不同的层次，指出当两部作品在较高抽象层次存在相似时，版权侵权并不存在，如其能在最低抽象层次（at the lowest level of abstraction）存在相似，其构成实质相似。

〔2〕 参见龙钢华："小说人物形象的嬗变类型及发展走向"，载《求索》2006年第2期。在该文中，作者提出，从小说中人物形象的构成特征及清晰程度而言，古今小说人物的嬗变大致经历了从模糊类型化人物到完整性格型人物，再到心态人物和符号化人物等几种类型。而其中最受读者青睐的是完整性格型人物。

一套故事，自然不应按侵权处理。

其二，故事讲述标准。如果人物仅仅是用来讲述故事的工具，这种人物的独创性就不强，没有这个人物实际上也不影响故事的核心情节，人物只是故事的运输工具。这种情况下，就不属于著作权法保护的范围。而如果人物构成作品的核心，所有的故事围绕这个人物而展开，以这种方式进行故事讲述，那么，人物形象就属于小说著作权保护的范围。所以，关键看人物形象是讲故事的工具，或是故事的核心，是故事本身的构成要素。

其次，只有具有经济价值的增量要素才是值得法律所保护的。作品本身的复制、发行、表演可能产生一定的经济效益，因此不能对作品直接进行复制、发行、表演。很多艺术形象可以直接作为商业使用，也可以被使用于其他作品中，从而具有经济价值。目前，学界主流观点是将其视为所谓"商品化权"，其实，具有独创性的艺术形象本身属于著作权的保护范围。[1]

最后，必须符合公共利益的要求。作品中新思想、新观点、新信息等方面的增量要素有助于信息交流和思想传播，因此，"没有哪个作者能够宣称对其思想或陈述的事实享有版权"[2]。另外，作品的新风格、新结构以及其他新颖的表现手段尽管属于增量要素，但对这些要素的学习和模仿有助于文化艺术的繁荣，增进社会公共利益。因此，这些要素不能够纳入著作权的保护范围，而是属于人人可及的公共领域的一部分。

概括言之，就作品中的增量要素部分而言，作品的外在符号形式本身受到法律的保护，任何对作品的复制、发行等行为均侵犯了著作权；作品的风格、艺术底蕴、思想、观点等不具有可支配性，同时，为了促进思想交流和信息共享，也不能对思想观点和信息予以保障。各种艺术形象，除了音乐形象以外，包括绘画、雕塑、摄影、书法、建筑、文学作品中的艺术形象，小

---

[1] 2017年1月11日，《最高人民法院关于审理商标授权确权行政案件若干问题的规定》发布，其中第22条第1款规定："当事人主张诉争商标损害角色形象著作权的，人民法院按照本规定第十九条进行审查。"该规定提出了一个角色形象著作权概念。实际上，角色形象并非一个独立的作品，不能产生独立的著作权。否则的话，作者写了一部小说，不仅拥有小说著作权，而且还拥有众多的角色形象著作权。并且，可以独立转让小说著作财产权，而不转让角色形象著作权，势必会造成混乱。本书作者认为，角色形象是作品中应当受到保护的要素，擅自使用角色形象实际上侵犯的仍然是整部作品的著作权。

[2] Harper & Row, Publishers, Inc. V. Nation Enterprises, 471 U. S. 539, 556, 105 S. CT. 2218, 2228, 85 L. ED. 2d 588（1985）.

说或戏剧作品中的情节，以及科学作品中包括论点、论据在内的整体的论证逻辑，事实作品中的编排结构，都可以纳入著作权的保护范围。

以《鬼吹灯》案件为例，天下霸唱是小说《鬼吹灯》的作者，因创作享有全部原始的著作权，在将小说《鬼吹灯》的全部著作财产权转让给了上海玄霆公司后，又利用胡八一、王胖子、shirley 杨等主要人物形象以及盗墓规矩、手法等创作了盗墓小说《摸金校尉》，是否侵犯原著的著作权。可以从以下两个层次上进行分析：

第一，主要人物形象、盗墓的规矩和禁忌手法等要素都是天下霸唱在小说《鬼吹灯》中独创的增量要素。比如，胡八一、王胖子、shirley 杨以及灯灭不摸金等手法。以胡八一为例，1950 年建军节出生，本名胡建军，因在幼儿园时重名之人太多，一气之下改名胡八一，他在家庭背景、性格、语言风格、世界观等方面都具有鲜明的特色。是一个全新的鲜明的艺术形象。

第二，天下霸唱将小说《鬼吹灯》全部著作财产权转让给原告玄霆公司之后，这些增量要素作为《鬼吹灯》的一部分应当继续受到法律保护。两个理由：一是，这些增量要素很具体，如 shirley 杨，不仅是几个字的简单组合，而是具有鲜明的性格特点、独特的经历，具有故事性。[1]二是这些对著作财产权人具有重要意义，这些形象可以用来创作同类型的新作品，也可以用来形成电影、手游等新型产品。如果他人可以随意使用《鬼吹灯》原著作品中的独创性要素，包括人物形象、情节、背景环境，类似作品可能就大量涌现出来，而这必然在以下两个方面损害著作财产权人的经济利益：首先，这些

---

[1] 比如，作品塑造的 shirley 杨形象非常丰满、具体，她是美籍华人，美国《国家地理》杂志的摄影师。自小在美国长大，性格上受西式文化影响，豪爽大方，胆大心细。鼻子较高，眼睛瞳孔比较浅。长相出众，家中财产丰厚，外公就是后文所提到的鹧鸪哨，所以对传统探险掘丘装备非常熟悉。每次行动时，都能妥善准备各种道具。探险时是大家的坚实依靠，她的冷静在众人遭逢困境的时候，多次化解了危局。父亲是一个很有声望的考古学家，使得小时候的她对考古产生了浓厚的兴趣。后来父亲在寻找精绝古城的探险考古中不幸失踪。为了找回父亲，来到中国找到父亲的好友陈教授，组织了一支考古队伍，才引出胡八一和胖子的加入，开始了他们三人的传奇故事。她勇敢、冷静、机敏，有着矫健的身手，继承了搬山道人独特的秘技。记忆力与分析能力出众，能在危急关头急中生智，救自己与同伴于水火。出生于盗魁世家，有着让人羡慕的职业，又兼容貌美丽，家庭殷实，却没有因此恃才傲物，目空一切，为人也没有大小姐架子，中西兼修，保留了东方女子特有的温柔。富有正义感、同情心，宽容大度，时常把他人往好的方面想，所以会跟胡八一为如何处置一些行事卑劣的人而起争执。坚守原则，宁可牺牲生命也不做违背良心的事，人前人后表现得光明磊落，虽然有时会被原则羁绊而缺乏变通。另外，她虔诚地信仰着基督教。

作品与原著之间存在市场竞争关系，特别是仍然使用《鬼吹灯》系列作品的名义必然会削弱、冲淡原著的独特性，降低原著的稀缺价值，冲击原著的市场销售，直接损害著作财产权人的经济利益；其次，这些作品如果大量利用原著中的人物形象，损害著作财产权人对原著进行进一步开发利用方面的利益，比如授权游戏产品、拍摄电影。如果不加以限制，甚至使得原告的经济利益丧失殆尽。

基于以上分析，任何人，包括天下霸唱本人，未经上海玄霆公司许可，擅自使用这些增量要素演绎创作的，都侵犯了上海玄霆公司对小说《鬼吹灯》享有的著作权。

三、作品要素分析法在其他分析方法中的体现

在判断是否构成侵权行为时，实际上也在大量使用作品要素分析。比如，在"模式测试法"中，在判断涉案作品是否存在实质性相似时，法院应在版权作品中提取包括事件发展次序、人物角色关系、重大事件发展脉络等很难用抽象概括法测定的模式成份并进行对比，如果涉案作品存在相同的模式，则作品间存在实质性相似。美国学者尼莫教授在对比了《西城故事》和莎士比亚戏剧《罗密欧与朱丽叶》后发现，二者在基础思想上基本相同，且在模式上亦相同。他在两部作品中提取了13处模式要素，比如：男孩和女孩在舞会上偶遇；他们夜间在阳台（防火梯）上坠入情网；女孩已经与他人订婚；男孩和女孩私定终身；女孩的兄弟杀死了男孩最好的朋友；为了报复，男孩杀死了女孩的兄弟；男孩逃亡；女孩捎信，安排双方见面计划；男孩未收到信息；男孩收到错误信息：女孩已死；伤痛中，男孩自杀（情愿自己被杀）。据此，尼莫教授认为两部作品存在相同的模式，构成实质性相似。

另外，在判断是否侵权时，"整体感觉测试"（Total Concept and Feel）。根据该方法，尽管涉案作品的相似部分属于思想、公共领域的材料等不受版权保护的要素，但在判断是否存在实质性相似时，应把文本、情节安排、事件次序、人物关系等诸要素作为一个"整体"进行考虑，当普通观众在总体感觉上认为两部作品存在相似时即足以认定为实质性相似。美国联邦第九巡回上诉法院在 Ruth Greeting Cards 案中首创并适用了整体感觉测试标准。涉案作品为贺卡，被告认为尽管两部作品都有"我十分想念你"等字样，但是相似部分属于公有领域的表达，不受版权保护。但法院认为，尽管文本材料本身

属于公共领域，但其诸要素应作为整体考虑，被告作品传达的整体感受和风格与原告作品是相同的，其复制了原告的"整体感觉"，构成实质相似。[1]

显然，不管是"作品模式测试法"，还是"整体感觉测试法"，都是建立在对作品要素进行分析的基础上，无非是对作品要素的使用上存在差异，前者注重对作品要素之间相互关系上的细致分析，后者则注重普通观众的总体感觉。

四、总结

作品要素分析法存在两个直接的好处：

第一，避免明确侵犯何种著作权的困境。在侵权案件中，不管是法院，还是被告方，都习惯于要求原告明确侵犯何种著作权，比如，复制权、发行权、改编权、信息网络传播权等。如果不能明确此种权利，似乎就很难确定存在侵权行为。实际上，从民法学法上看，这些所谓的权利仅仅是著作权的具体权能而已，本身不能成为侵权的对象。要说侵权，只能说是侵犯著作权，被告是以擅自复制、发行、改编等方式侵犯著作权，只要被告未经许可，使用了作品中应当受到保护的要素，就没有必要一定强调其侵犯的是复制权，还是改编权。

琼瑶诉于正案中虽然原告主张演绎权及摄制权侵权，法院观点认为对该演绎作品的复制、发行、摄制也被认为是"抄袭"，并且要求被告停止复制、发行、传播，该案侵权损害赔偿的计算是依据复制、发行、传播等行为造成的损失或获利来衡量的，而不是按照改编行为本身来衡量的。

在《鬼吹灯》中，《摸金校尉》大量使用了《鬼吹灯》中的主要人物形象，从要素分析法角度上看，本身就侵犯了原著的著作权，并不是非要在现行《著作权法》第10条第1款第5~17项中选择具体适用哪一款。如果一定要寻找这个条款，只能选择改编权或是第17项规定的"其他权利"。

江南创作的小说《此间的少年》讲述的是让人熟悉的大学生活中的故事。小说以宋代嘉佑年为时间背景，地点在以北大为模版的"汴京大学"，登场的人物是乔峰、黄蓉、郭靖、令狐冲等大侠，都是金庸武侠小说中的主要人物。但《此间的少年》并非传统意义上的改编作品，很难说侵犯著作权中的哪一

---

[1] 源于浙江工商大学法学院牛强副教授博士的文章。

项具体权利。

第二，避免虚构角色的商品化问题。1993年，WIPO国际局公布的角色商品化权研究报告，将角色商品化权定义为："为了满足特定顾客的需求，使顾客基于与角色的亲和力而购进这类商品或要求这类服务，通过虚构角色的创造者自然人以及一个或多个合法的第三人在不同的商品或服务上加工或次要利用该角色的实质人格特征。"也就是说，包括自然人形象和虚构的角色形象。其实，商品化权目前并没有在立法中得以规定，并非一种法定权利。

目前对于虚构的角色形象之保护：一种方式是采用商品化权模式，实际上用反不正当竞争法进行处理；另一种方式是区分角色形象的使用方式，如果说仍然是给人们带来审美享受发挥精神功能的，则可认定为在著作权法意义上的使用，按照著作权法进行保护。如果说是发挥商品服务来源作用的，则通过反不正当竞争法，通过商品化权方式进行保护。[1]应当说，后一种方式有所进步，但仍然是不彻底的。如果采用作品要素分析方法，直截了当地把角色形象纳入到著作权法的保护范围，而不必借助于含混模糊的商品化权，借助于反不正当竞争法。

综上所述，对作品要素进行分析，确定具体的保护范围，这应当是各国著作权法保护的正道。将"存量要素"排除出特定作品著作权保护范围的过程，其性质为事实判断。衡量作品中增量要素保护范围的过程，其性质为价值判断。在发生侵犯著作权纠纷时，我们首先需要通过事实判断方式将各种形式的存量要素排除出著作权的保护范围，作品既存的各种要素不属于保护范围。再以价值判断方式衡量体现作品独创性的增量要素之保护范围，将增量要素中的公共知识部分排除出去。由此可知，合理使用的对象不是整个作品，而是作品中受到保护的增量要素部分。至于作品中公共知识部分，不管是存量要素中的公共知识，还是增量要素中的公共知识，本来就可以自由运用，根本就谈不上合理使用。

---

〔1〕在谷歌公司诉爱思美（北京）信息科技有限公司著作权及不正当竞争案（［2011］一中民初字第6347号）中，法院认为："是否是著作权意义上的使用取决于该使用方式是否属于作品的正常使用方式。通常而言，正常的作品使用目的在于为相关公众提供该作品所带来的美感，而非通过对作品的使用而起到区分商品或服务来源的作用。本案中，被告将'Gmail'作为电子邮箱名称及网站名称使用的行为显然并非是为提供美感而使用该标识，其客观上已起到区分服务来源的作用，这一使用行为已并非作品的正常使用方式，因此，此种情况下，即便原告享有在先著作权，亦并不能改变该行为所具有的不正当竞争行为的性质。"

第二节　作品功能分析与著作权保护范围

一、功能分析的基本原理

1. 功能定义

功能即使用价值或效用，是事物具有的满足人们某种需要、实现某种功用的性质。功能不同于性能，性能是事物内部的机能，或者说是事物本身的属性，而功能则是事物对外部环境的影响。[1]在社会学上，社会现象的功能（function）是它在整个社会生活中所起的作用和对维持社会结构的连续性所做的贡献。[2]功能还不同于效果或功效，效果是事物功能实现的结果。

2. 功能分类

从事物本身进行分类，功能可以分为以下几种：

从功能载体上看，可以分为物的功能、行为功能、社会组织功能以及符号功能，等等。

从功能的表现上进行分类，可以分为显功能（manifest function）、潜功能（latent function）。前者指主观目标与客观后果相符合的情况，后者指二者不相符合的情况。[3]

从功能的效果上看，可以分为正功能、反功能、非功能。其中，正功能有助于一个体系的适应或顺应，反功能则减弱体系的适应或顺应，非功能是与体系无关的后果。[4]

3. 民法上的功能分类

对于包括知识产权法学在内的整个民法学研究而言，有三种功能分类值得注意：

第一种是抽象功能与具体功能的划分，划分标准在于抽象化程度的差异。以物的功能为例，具体功能是特定物的各种功能，比如衣服的御寒功能，食物的充饥功能，等等。而抽象功能则是所有物都具备的功能，也就是物的使

---

[1] 参见吴彤：《系统分析与哲学思维方式》，云南人民出版社2005年版，第32页。
[2] 参见［美］戴维·波普诺：《社会学》，辽宁人民出版社1987年版。转引自皮艺军主编：《越轨社会学概论》，中国政法大学出版社2004年版，第327页。
[3] 参见宋林飞：《西方社会学理论》，南京大学出版社1997年版，第113页。
[4] 参见宋林飞：《西方社会学理论》，南京大学出版社1997年版，第113页。

用价值功能和担保价值功能。

第二种是实用功能和精神功能划分，实用功能指事物对人们社会生活的实际意义，包括物的使用价值功能、担保价值功能，符号的象征功能、技术功能，社会组织的管理功能等都是实用功能。精神功能指事物在改善主体精神状态方面的功能，包括审美功能和信息功能。其中，审美功能是一种情感体验功能，人们对特定对象中得以怡情愉悦，而信息功能表现为人的认识状态得以改善，表现为人对外部世界认识的深入。不管是物，还是行为，或者符号，均有可能具有精神功能。

第三种是基本功能与个别功能的区分。功能是相对性和绝对性的统一，一方面，某种事物具有某种确定的功能，并不因地、因人、因时而异，比如企业的经济功能、家庭的抚老育幼功能、政府的社会管理功能、艺术作品的审美功能，等等。这些都是事物的基本功能，具有稳定性；另一方面，特定事物对某些人而言是此种功能，对另外一些人而言则是彼种功能。比如，一件定情信物，对于当事人而言，可能具有精神功能，但对于其他人而言，仅仅具有某种实用功能。这些对部分人，甚至是个别人的功能是事物的个别功能，具有偶然性。"虽然把书设计出来并不是为了装饰家具，但在许多家庭中这是它们的主要功能。"[1]

二、知识功能分析

知识的功能指知识所能够发挥的作用或其具有的效果。本书定义的知识为一个个有机的系统，"任何系统都有自己功能"[2]，因而知识产权法上的知识必然具有相应的功能。比如，艺术作品能够让人产生审美享受，科学作品能够启蒙明智，专利能够解决实际的生产生活问题，而商标、外观设计能促进商品的销售，等等。可以说，知识的功能就是知识的使用价值，是知识对人所具有的意义。

本书将知识界定为符号组合，因此，知识的功能也可以说就是符号之功能。法国符号学家皮埃尔·吉罗认为符号的功能是靠信息来传播观念，他根

---

〔1〕 [美]欧内斯特·内格尔：《科学的结构》，徐向东译，上海译文出版社2005年版，第561页。

〔2〕 乌杰：《系统哲学》，人民出版社2008年版，第53页。

据信息和它所指对象的关系，列举了6种符号功能，包括指代功能、情感功能、指令功能、美学功能、交流功能、元语言功能。[1]在工业设计学上，符号功能分为两种：一是实用功能，也就是信息传递功能；二是美学功能，也就是符号的情感体验功能。[2]在传播符号学上，符号具有双重性功能、结合性功能、替换性功能等。[3]日本学者池上嘉彦认为，功能是对象的作用及其使命，符号功能包括"实用的功能"与"美的功能"两种。[4]

在知识产权法上，根据知识对人意义内容上的差异，我们可以把知识的功能分为精神功能和实用功能两种。[5]其中：精神功能主要包括启蒙明智和怡情愉悦两个方面，代表着主体从知识中获得信息指导或者审美享受，这是知识对人的精神所具有的意义，体现为主体精神状态的改善，因而也是一种主观性功能；实用功能意指人们通过知识的运用解决生产生活中的具体问题，这是知识对人们生产生活的实践意义，体现为实际困难的克服，因而是一种客观性功能。以此作为划分标准，工业设计学中的两种符号功能都是属于精神功能范畴，都只是改善了主体的精神状态，都不是实用功能。

三、著作权法保护的是作品的精神功能

知识产权制度保障权利主体的利益，但并不保障其对知识利用所享有的一切利益。只是保障知识特定功能之实现所带来的利益，并将这种利益归属于特定的权利主体。其中，著作权制度保障知识的精神功能得以实现并将其利益归属于著作权人，专利制度保障知识的实用技术功能得以实现并将其利益归属于专利权人，商标制度保障知识的实用销售功能得以实现并将相关利益归属于商标权人。

知识产权制度对知识功能的保障主要是通过法律对知识利用方式进行规制而实现的。比如，在著作权法上，设置了复制、发行、改编、表演、翻译、展览、汇编等多种知识利用方式，将这些符号利用方式转化为著作权的具体

---

[1] 参见［法］皮埃尔·吉罗：《符号学概论》，怀宇译，四川人民出版社1988年版，第1页。
[2] 参见张宪荣：《设计符号学》，化学工业出版社2004年版，第66~70页。
[3] 参见余志鸿：《传播符号学》，上海交通大学出版社2007年版，第92~105页。
[4] 参见［日］池上嘉彦：《符号学入门》，张晓云译，国际文化出版公司1985年版，第134~135页。
[5] 参见刘春田主编：《知识产权法》，中国人民大学出版社2009年版，第18页。

权能，这些具体权能最终服务于作品精神功能的实现。[1]一旦他人未经权利人的许可，运用了上述符号利用方式，涉及作品的精神功能，即为侵犯著作权。当然，在确立了著作权的具体权能以后，作品精神功能保护就转化为对具体权能的保护。

  作品既然是一种具有精神功能的知识，因此，当某种知识没有发挥精神功能的时候，严格来说，它就不再是作品，从而不属于著作权法规制的范围。这样，对于著作权而言，作品的精神功能限制了著作权的保护范围，他人对作品（符号）的利用如果没有涉及作品的精神功能，就不在著作权的保护范围之内。比如，他人利用作品（技术方案）解决具体的技术问题，就不是利用作品的精神功能。根据设计图纸制造出具体的产品，也不属于精神功能的范畴，而是体现了图纸的实用技术功能。同样，根据《本草纲目》看好了病，根据城市交通图找到了正确的行车路线，这些均体现了符号的实用功能，而不是精神功能，自然都没有侵犯著作权。同样，他人复制、发行了专利技术方案，但是没有实施之，也就没有利用它的技术功能，仅仅涉及图纸的精神功能，侵犯了著作权，而不是专利权。因此，专利权和著作权的对象均是符号组合，但分别保障不同的符号功能得以实现，这也是二者之间的根本区别之所在。说到底，著作权仅仅保障作品的精神功能得以实现，并将相关利益归属于著作权人，并不保障作品所可能具有的实用（技术）功能。[2]

四、著作权功能保护向权能保护的转化

  值得注意的是：功能并非确定权能的唯一条件。将哪些作品利用方式转化为具体的权能，除了考虑作品功能以外，还有政策性考量。有的作品利用方式，比如阅读、欣赏等，就不能纳入到著作权的权能范围，原因在于其影响公众利益甚巨。同时，随着技术的进步，还会不断地涌现出新的作品利用

---

  [1] 授权他人使用作品或者将相关著作权转让给他人，从而获得利益，所体现的也不是作品本身的功能，而是行使著作权的结果。凡此种种，与作品之精神功能不是处于同一层次上，不具有可比性。
  [2] 如果我们将知识产权对象的功能界定为知识产权客体，知识产权对象和客体就是两种不同的事物。各种知识产权的对象都是符号组合，它们之间的本质区别并不在于对象的差异上，而是其保障实现的功能不一样，也就是客体不一致。关于知识产权对象和客体的区别，还可以参见刘春田主编：《知识产权法》，高等教育出版社、北京大学出版社2003年版，第6页；刘春田主编：《知识产权法》，中国人民大学出版社2009年版，第9页。

方式，需要根据作品功能以及作者个体利益与公众利益之间的均衡两个方面，决定是否将其纳入到著作权权能体系之中。

在形成具体的著作权权能以后，对著作权功能的保障就自然地转化为对权能的规制，功能隐藏于权能背后，著作权和其他种类知识产权之间的区别表现为具体权能的差异。在这种情况下，如果符号组合在发挥实用功能的同时涉及著作权的权能，也落入到著作权的保护范围。反之则否。

比如，在《武松打虎》画作案件中，[1]经营者利用他人享有著作权的绘画作为商标，这是利用了绘画的实用销售功能。从表面上看，经营者利用的是画作的实用销售功能，而不是其精神功能，好像是没有侵犯作者的著作权。其实不然。在用作商标的过程中，势必会大量地复制、发行画作，同时也可能进行改编以适应商标的用途，这些复制、发行、改编行为属于著作权的权能，涉及作品的精神功能，自然就落入了著作权的保护范围之中。

在1954年"梅泽诉斯坦因"一案中，原告创作了一个人体舞蹈造型的小雕像，并将雕像的复制品作为台灯底座来使用和销售。被告则在没有获得原告授权的情况下复制雕像，也作为台灯底座出售。原告诉被告侵犯其版权，联邦最高法院判决原告的版权有效。被告在上诉中提出："当版权申请者的主要目的是将该雕像用为台灯底座，并大量出售从而实现了其主要目的时，雕像还能受到版权法的保护吗？"联邦最高法院则裁定说，当创作者意图将可获版权的艺术品用为实用品，而且在事实上也付诸工业实施时，该作品并不丧失其可获版权性。在推理论证的过程中，联邦最高法院只把注意力放在了雕像的可获版权的艺术方面，而没有理会雕像作为台灯底座的实用性方面。这样，雕像就因为其艺术性而获得了版权法的保护。该案判决后，美国版权局修改注册规则，提出了"分离特性和独立存在"的原则。将这一原则运用于梅泽一案就会发现，人体舞蹈造型的台灯底座具有从使用物品（台灯）分离出来的特征，而且也可以作为艺术品而独立存在。[2]实际上，在该案中，可以清楚地看出，著作权法保护的对象是作品的精神功能，作品和外观设计区分的标准也是其功能的差异，可分离原则其实就是考量作品是否具有独立的审美功能。

---

[1] 参见"裴立等诉山东景阳岗酒厂侵犯著作权案"，北京一中院［1997］一中知终字第14号。

[2] Mazer v. Stein, 347 U. S. 201 (1954).

五、作品功能分析和要素分析之间的关系

功能分析和要素分析都是判断著作权侵权的两种路径,问题在于:这两种分析方法之间是一种什么样的关系?本书认为:上述两种分析方法之间本质上是一致的,是从不同方面判断同一个行为是否侵犯著作权,无非是二者之间的侧重点有所不同:其中,要素分析法主要侧重于分析两部作品之间的关系,考量两部作品之间存在哪些共同的要素,这是判断是否存在侵权的基础;功能分析法则主要研究行为人是以何种方式利用了在先作品中的要素,涉及具体的著作权权能,以便于确定侵犯著作权的具体行为。在要素分析之后,功能分析的意义集中体现在以下两个方面:

第一,准确描述侵权的具体情形。比如,非法出版他人的作品,全面利用了原作中的各种要素,是以擅自复制方式侵犯他人著作权;将他人小说摄制为电影,使用了人物形象、人物关系、情节等要素,是以擅自改编方式侵犯他人著作权。在现行的著作权法中,人们通常认为是确定侵犯哪一种具体的著作权,比如复制权、发行权、翻译权、信息网络传播权等。其实,在前一章中,本书已经论述,复制权、发行权等均为权能,并非具体的权利,不存在侵犯权能问题,无非是以擅自复制、发行等方式侵犯他人的著作权。其实,侵犯的只有一种权利,就是著作权,而不是复制权、改编权等。

第二,确定是否在著作权法意义上使用作品中受到保护的增量要素。也就是说,是否涉及作品的精神功能?如果仍然是在作品精神功能意义上使用作品中受到保护的增量要素,则可定性为侵犯著作权。比如,利用人物形象常有两种情形:一是未经权利人许可,将他创作的人物形象作商业性使用,用在企业的商标、商号、产品外观设计及广告中。二是利用成名作品的典型人物形象再度创作。前者是非作品意义上的使用,发挥的是实用销售功能,通常构成不正当竞争,侵犯的是所谓商品化权;后者是作品意义上的使用,发挥的是作品的精神功能,构成侵犯著作权。

因此,要素分析和功能分析这两种分析方法并不矛盾,相互结合在一起才能够准确地描述、判断是否侵犯著作权。

第三节　思想表达二分法评析

一、思想表达二分法的由来

思想表达二分法就是将作品划分为思想和表达两个部分，《专利法》保护的是思想，《著作权法》保护的是表达。也就是说，著作权要保障的是思想的表达形式，而不是保护思想本身。其中的理由就是：著作权在保障私人之财产权利益的同时，须兼顾文明之累积与知识之传播，算法、数学方法、技术或机器的设计均不属著作权所要保障的对象。在知识产权法上，为了防止社会公众不受限制地利用思想，必须获得专利权。

思想表达二分法最早可以追溯到柏拉图。柏拉图认为的思想是一种客观的理念，真实的世界不过是理念世界的影子，艺术则是影子的影子。英国思想家洛克认为思想并非固有的，而是来源于经验和思考，存在于人的意识之中，不可感知的思想与可感知的表达应当区分开来。因此，洛克所认为的思想是一种主观的意识。在美国早期多个案件中，法院均认为思想存在于作者的脑海之中，不能为他人所利用，著作权保护的仅仅是单词的具体组合。1909年，美国著作权法首次规定对作品的改编同样侵犯著作权，这使得作品的保护范围超越了符号的外在组合。在 Kalem Co. v. Harper Bros 案件中，被告将他人享有版权的作品改编为电影，被告认为，认定侵权将导致对思想的垄断，Holmes 法官拒绝了被告的观点。在 King Features Syndicate v. Fleischer 案件中，法院认为，依据他人享有版权的卡通形象制作三维玩具侵犯了他人的版权。自此，作品中无形的要素被纳入著作权的保护范围。不过，法院继续使用思想表达二分法来确定作品的保护范围，将自由使用而不承担侵权责任的作品要素称之为"思想"，而将不能自由使用的作品要素称之为"表达"。

二、思想表达二分法的缺陷

在著作权法上，思想表达二分法的重要贡献在于两点：第一，确认作品不再是铁板一块，而是由思想和表达两个部分有机构成的整体；第二，思想表达二分法力图找出专利权和著作权保护对象的差异，划出专利权和著作权之间的界限。不过，思想表达二分法最大的缺陷就在于：对于什么是思想，什么是表达，从来都是一笔糊涂账。[1]如同汉德法官所认为的那样："没有人曾经确定思想和表达之间的界限，也没有人有能力这样做。"这样，本来作为确定著作权保护范围起点的思想表达二分法，却往往成为确定著作权保护范围的终点。可以想见的是：法院对"思想""表达"概念问题上所采用的实用主义态度，必然搞混版权法的一池春水。

在确定思想表达范围时，美国曾经发展出一种"血肉甄别法"（skeleton and flesh）。根据该方法，在判断涉案作品是否存在实质性相似时，法院应将具有独创性的"血肉"（flesh）甄别出来作为对比的对象，而把剩余的常识性表达或惯用的结构要素视为"骨架"（skeleton），排除出相似性对比范畴之外。美国 Alexander 案中，涉案作品在微观词语表达方面并不相似，但在宏观主题布局上颇为相近。法院详细区分了作品的语言、表达、主题、布局等构成要素，进而认为主题和布局是作品的"骨架"，而非"血肉"，属于非版权保护的内容，应从对比中剔除。如对于"灰姑娘·王子"式的爱情故事，很多人都会想到"偶遇——相爱——因身份相殊而遭遇挫折——最终有情人终成眷属"这样的叙事框架，因此这种惯用的创作"骨架"并不能作为实质性相似的判定依据。但是具体的故事情节和桥段可能因人而异，是体现作品独创性的表达，属于"血肉"，应当作为相似性对比的主要内容。[2]既然主题、布局等本身不应当属于著作权法的保护范围，那就根本没有必要将其归入到"思想"范畴，更没有必要将其比拟为"骨架"。对于需要保护的作品要素也没有必要将其归入"表达"范畴，进而将其比拟为"血肉"。不管是"思想""表达"概念的建构，还是相关的比喻，实际上都不是基于科学方法。我们完全可以根据作品的类型、构成要素对其保护范围进行科学分析。

在希腊神话故事《普罗克汝斯特斯之床》中，臭名昭著的妖怪普罗克汝斯特斯利用他的床杀死过往的旅客。最初他看起来是个和善的主人，他将所有路经这里的人请到家里，让他们放松一下疲惫的筋骨。但当客人入睡后，普罗克汝斯特斯就开始折磨他们。他要求客人与床的大小正合适。如果客人的腿或脚搭在床沿上，他就将其砍掉；如果客人太矮，他就将客人拉长，直

---

[1] See Alfred C. Yen, "A First Amendment Perspective On The Idea/Expression Dichotomy And Copyright In A Work's Total Concept And Feel", *38 EMORY L. J*, 1989, pp. 398~407.

[2] 源于浙江工商大学法学院牛强博士文章。

至将人折磨死。在著作权法上,思想、表达两个概念也很像普罗克汝斯特斯之床,任何需要受到保护的要素都被视为"表达",任何不需要保护的要素都被视为"思想",甚至连程序、方法、体系、操作方法、概念、原理都被称为"思想"。有时候,同样是情节,普通情节往往被认为是"思想",而新颖的情节则可能就是"表达"。可见,其他概念就像倒霉的客人一样,被随意拉伸或砍削,以适应"思想""表达"这两张妖怪之床。

美国《版权法》第 102(b) 规定:"在任何情况下,对作者的独创作品的版权保护,决不扩大到任何思想、程序、方法、体系、操作方法、概念、原理或发现,不论在这种作品中这些是以什么形式描述、说明、图示或体现的。"TRIPS 第 9 条第 2 款以及 WCT 第 2 条均规定,版权保护应延及表达,而不延及思想、程序、操作手段、数学概念,等等。我们可以从作品功能以及作品要素分析角度上对上述规定作出分析:首先,所谓程序、方法、体系、操作方法的应用不属于作品精神功能的范畴,而是体现了作品(符号组合)的实用技术功能,本不属于著作权的保护范围。所谓著作权保护表达,专利权保护思想,其实,真正的意义就在于:著作权保护作品精神功能,专利权保护的是其中的实用技术功能;其次,思想、概念、原理、发现等,如果属于存量要素,自然不需要予以保护。如果属于增量要素,则可以基于公共利益等方面的考量不予以保护。对于普通情节和新颖情节,前者属于存量要素,自然不用保护;后者属于增量要素,可能需要保护。

因此,我们可以说,著作权制度中关于思想、程序、方法、体系、操作方法、概念、原理或发现等不受保护的做法是正确的,但其不受保护的理由却是不着边际的。我们应当抛弃混沌模糊的思想表达二分法,科学分析作品中著作权的保护范围。

第四节 著作权法上的公共领域

一、公共知识概念

公共知识,也被称为公共领域或公有领域,在知识产权语境中,是一块真正的公地,由不适合于私人所有权的知识要素构成。公共知识一般包括两个方面:一是各种不受著作权法保护的作品;二是作品中未受保护的那部分知识。公共知识分析方法主要是通过确定作品中的公共知识来确定特定作品著作权保护范围的方法。也就是说，作品中存在着公共知识，如果他人仅仅利用作品中的公共知识部分，则并不侵犯该作品的著作权。

人们对于作品中存在着公共知识这一认识源远流长。早在1791年，德国学者斐希特依照精神的所有权说观点，探讨著作之原质，认为著作内容因公表而归公众共有，故不得成立著作人所有权。德国学者柯拉是著作权无体财产权说倡导者，认为著作权内容得由任何人自由利用，不受保护，属于公共财产。德国学者乌玛认为，著作中包含着公共财富部分，公共财富部分不受法律保护，而著作之个人性部分不仅为权利保护之关键，而且为划定保护范围之标准，构成著作之原质。[1]德国当代法学家雷炳德教授也认为每部作品在具有独创性的部分之外，还包括属于公共精神财富的组成部分，后者不属于著作权的保护范围，人人可以自由使用。[2]

二、公共知识分析方法的缺陷

公共知识分析方法的意义在于确认作品中有着他人可以自由利用的部分，有助于缓解宪法上表达自由与著作权保护之间的紧张关系，同时，降低他人创作成本，也有助于促进文化繁荣。不过，公共知识分析方法也存在着几个明显的缺陷：

首先，在特定作品中，除了公共知识以外，还可能存在着受到其他作品著作权保护，但却不受该作品著作权保护的知识。比如，一部翻译作品的著作权人宣称放弃该译作的著作权，该译作进入公有领域中。他人将该作品改编为电视剧，仍然是侵犯了原作的著作权。因为原作并没有进入公有领域，从而译作中存在着没有进入公有领域的知识。因此，认为作品中受到著作权保护的部分归私人所有，不受保护的部分属于公共领域，这种观点是不准确的。

其次，在如何确定公共知识方面也存在着问题。斐希特认为著作分为"思想内容"和"形式"两个部分，用以表达此项思想内容之"形式"即语言符号之组合，成立著作人之所有权，内容则为公共知识。因此，擅自翻译

---

〔1〕 施文高：《比较著作权法制》，台湾三民书局1993年版，第610~618页。
〔2〕 [德] M.雷炳德：《著作权法》，张恩民译，法律出版社2005年版，第115页。

他人的作品便不算侵权。柯拉发现其中的不妥，于是将形式划分为"外面形式"和"内面形式"两个部分。前者指文字、语言、色彩等他人得感知之媒介，后者指著作人之内心以一定顺序形成之思想体系。但是内容形式概念仍然是不确定的，如果简单地袭用文学上关于内容形式的划分，无疑也是不妥当的。比如，文学作品的形式主要由语言、结构、体裁、表现手法等要素构成，内容主要由题材、主题、情节等要素构成。因此，不能说著作权保护形式，不保护内容，这个命题根本上是一个谬误。[1]显然，以内容形式二分法来确定作品中的公共知识，并由此来确定著作权的保护范围，就不妥当。

最后，公共知识概念的主要意义在于确定一个不受一切著作权保护的知识范围。但我们主要解决的问题是确定特定作品的保护范围，离开个案，脱离特定作品，研究不受一切著作权保护之公共知识，也许可以促进思想自由和表达自由，但在著作权法上，其意义并不是很大。

鉴于以上三点，采用存量要素增量要素二分法更为科学。第一，由于著作权的存在，在特定作品中既可能存在着公共知识要素，也可能存在着受其他作品著作权保护的存量要素。由于著作权是一种排他性的支配权，只能就特定的作品而存在，因此，受其他作品著作权保护的存量要素不能被纳入到该作品著作权的保护范围；第二，在作者创造的增量要素中，也有着基于公共利益等方面考量而不予以保护的部分。因此，比较妥当的做法还是区分存量要素和增量要素两个部分，其中，存量要素中包含公共知识和其他作品中的增量要素，而增量要素中也有着不受著作权法保护的公共知识。

第五节 侵权行为类型

根据侵权行为与著作权权能的关系，可以把侵权行为区分为直接侵权和间接侵权两种：其中，直接侵权指非著作权人未经许可直接行使各种著作权权能的行为，而间接侵权则并非直接行使各种著作权权能，而是为直接侵权行为提供各种帮助或创造条件的行为，主要包括帮助侵权和代位侵权两种情形。

在传统侵权法上，没有直接侵权和间接侵权的区分，只有共同侵权和单

---

[1] 参见金渝林："论版权理论中的作品概念"，载《中国人民大学学报》1994年第3期。

独侵权的概念。所谓共同侵权,指共同侵权行为是指加害人为二人或二人以上共同侵害他人合法民事权益造成损害,加害人应当承担连带责任的侵权行为。对于共同侵权的构成要件,具有两种不同的观点:一种是主观说,该说主张共同侵权行为的成立,不仅加害人之间有共同行为,而且必须有通谋的意思,即使没有共同的通谋的意思,也至少对损害有共同的认识。英美法国家采取主观说,德国法也基本坚持此说。另一种是客观说,该说主张行为人之间客观行为的共同,日、法等国坚持共同行为说。

在著作权法上,是否引入间接侵权制度,存在着争议。有一种观点认为,在我国民法上已经有着共同侵权制度的情况下,引进英美法上的间接侵权制度是没有必要的。实际上,直接侵权和间接侵权区分的意义主要在于平衡间接侵权人(主要是传播技术、传播渠道提供者,如网络经营商)和著作权人的利益关系。主要体现在两个方面:一方面,在帮助侵权认定上,要求间接侵权人须具有主观过错。在帮助侵权产生之连带责任承担上,要求间接侵权人和直接侵权人之间具有共谋。显然,这样的制度安排有效提高了间接侵权认定的门槛,减轻了间接侵权人的赔偿责任,从而有助于促进传播技术的创新和传播渠道的开拓;另一方面,也注重保护著作权人的利益,主要体现在代位侵权中,在无法找到直接侵权人的情况下,要求传播技术、渠道提供者代位承担侵权责任。

总之,在著作权法上,区分直接侵权和间接侵权,并没有违反民法的基本原理,与共同侵权制度也并不冲突,而是在著作权人、直接侵权人、间接侵权人三者之间分配风险与负担,实现三者利益的均衡,体现了著作权制度的特殊要求和需要。

一、直接侵权

直接侵权指非著作权人未经许可直接行使各种著作权权能的行为。当人们创造出诸多作品之后,便对作品有着众多的利用方式,比如阅读、鉴赏、复制、改编、展览,等等。法律逐步将上述部分作品利用方式纳入规制的范围中,形成了著作权的各种具体权能,由此形成了著作权的内容。他人未经许可,不得行使著作权的各种具体权能。如果行使了著作权的具体权能,则侵犯了作者的著作权。但如果对作品的利用方式没有触及著作权的具体权能,则谈不上侵犯著作权。比如,购买和阅读盗版书籍谈不上侵犯著作权,对盗版的名画复制品进行鉴赏也不侵犯著作权。但销售盗版书籍和名画则构成著作权法上的发行行为,这种行为侵犯了著作权。不过,购买使用软件,则可能侵犯他人的软件著作权,主要原因在于:软件的使用必须有个"安装"的过程,首先需要将软件复制到计算机硬盘中,再进行安装。因此,软件的安装包含了复制,而复制行为属于著作权的权能范围。

我国《著作权法》第10条规定了著作权的各种权能,而第47条规定了侵犯著作权的各种具体情形。这两个条款之间基本上有着对应的关系,比如,第10条第1款第1项规定了发表权能,第47条第1项规定:"未经著作权人许可,发表其作品的",构成侵权行为。从这种对应关系来看,有了第10条的规定就无需第47条规定。但也有着不一致的关系,比如,第10条第1款第2项规定了署名权能,但是第47条第2项规定:"未经合作作者许可,将与他人合作创作的作品当作自己单独创作的作品发表的"。第3项规定:"没有参加创作,为谋取个人名利,在他人作品上署名的"。第5项规定:"剽窃他人作品的"。这几种情形都与署名权相关。总体上看,第47条的规定比较凌乱,是对现实中各种侵权行为的列举和描述,抽象化程度不够,立法水平有待提高。

值得注意的是:我国《著作权法》第10条规定了复制权、发行权等,人们通常也在说侵犯了复制权、发行权等,似乎它们是独立的权利。其实,它们仅仅是一些权能,不是权利。人们不可能侵犯权能,只能侵犯权利。只能说,人们以行使署名权能、复制权能、发行权能等方式侵犯了他人的著作权。直接侵权的构成要件如下:

1. 客观上实施了他人作品著作权的权能中的一种或几种

这些行为或是复制,或是发行,或是改编,或是署名,或是表演等,对作品的利用方式如果尚未纳入到著作权权能之中,就不能构成侵权行为。比如,在《信息网络传播权保护条例》颁布之前,对于在信息网络上传播他人作品的,就很难认定其构成侵权行为。另外,不同类型的作品具有不同的著作权权能,实施的行为如果超越了该类型作品著作权权能范围,也不能认为是侵权行为。比如,绘画作品著作权中有着展览权能,但一般文字作品就没有,如果他人将文字作品进行展览,就没有侵犯文字作品著作权。

在极为个别的情况下,没有行使著作权权能也可能构成侵犯著作权。比如,1990年1月,高丽娅被调入被告四公里小学从事小学语文教学工作。根据被告四公里小学的管理规定，从事教学工作的教师必须在课前备课，编写教案，并在每学期期末向学校上交教案备学校检查。从1990年至2002年，高丽娅每学期均按被告四公里小学安排编写和上交教案，先后交给被告四公里小学教案本48册。在高丽娅提出要求返还教案本后，四公里小学曾返还给高丽娅教案本4册，其余44册记载高丽娅教案的孤本已经被四公里小学以销毁或者变卖等方式处理，现下落不明。高丽娅以四公里小学为被告提起诉讼。法院认为，所有权人对作品载体的处分只会导致作品载体本身灭失，并不会导致作品也随之灭失，从而不会侵犯作品的著作权。但是，在知道或者应当知道教案本是记载原告教案作品唯一载体的情况下，被告作为所有权人对作品唯一载体的处分不仅会导致作品载体本身灭失，也会导致作品随之灭失，原告享有的教案作品著作权将无法实现，从而侵犯了原告享有的教案作品著作权。

在北京精雕科技有限公司诉上海奈凯电子科技有限公司侵害计算机软件著作权纠纷案中，原告北京精雕科技有限公司诉称：原告自主开发了精雕CNC雕刻系统，该系统由精雕雕刻CAD/CAM软件（JDPaint软件）、精雕数控系统、机械本体三大部分组成。该系统的使用通过两台计算机完成，一台是加工编程计算机，另一台是数控控制计算机。两台计算机运行两个不同的程序需要相互交换数据，即通过数据文件进行。具体是：JDPaint软件通过加工编程计算机运行生成Eng格式的数据文件，再由运行于数控控制计算机上的控制软件接收该数据文件，将其变成加工指令。原告对上述JDPaint软件享有著作权，该软件不公开对外销售，只配备在原告自主生产的数控雕刻机上使用。2006年初，原告发现被告上海奈凯电子科技有限公司在其网站上大力宣传其开发的NC-1000雕铣机数控系统全面支持精雕各种版本的Eng文件。被告上述数控系统中的Ncstudio软件能够读取JDPaint软件输出的Eng格式数据文件，而原告对Eng格式采取了加密措施。认为被告非法破译Eng格式的加密措施，开发、销售能够读取Eng格式数据文件的数控系统，属于故意避开或者破坏原告为保护软件著作权而采取的技术措施的行为，构成对原告软件著作权的侵犯。法院认为：Eng文件是JDPaint软件在加工编程计算机上运行所生成的数据文件，其所使用的输出格式即Eng格式是计算机JDPaint软件的目标程序经计算机执行产生的结果。该格式数据文件本身不是代码化指令序列、符号化指令序列、符号化语句序列，也无法通过计算机运行和执行，对 Eng 格式文件的破解行为本身也不会直接造成对 JDPaint 软件的非法复制，不属于计算机软件著作权的保护范围。

显然，在该案中，软件和使用该软件形成的数据库（格式数据文件）不能混同，对数据库的解密并不意味着破坏软件的技术措施。归根到底，被告没有行使原告软件著作权的任何一项权能。

2. 主观上是否具有过错不是直接侵权的必备要件

过错是承担民事责任的常规要件之一，推定过错仍然是过错责任的一种，两者仅仅是举证责任上的差异。除了过错以外，在民法上，还有无过错责任或严格责任。一般来说，无过错责任仅仅是过错责任的补充。或者说，过错责任是常态，而无过错责任则是例外。知识产权法作为民法的组成部分，也具有过错责任和无过错责任两种责任形式。但在知识产权法上，无过错责任的应用范围大大扩展。这主要是因为"知识"是一种符号组合，有形无体，可以存在于各种形式载体上，而且也易于传播。而且，随着人类的发展，知识的总量不断地增长，当前更是处于"知识爆炸"的年代。在这种情况下，很难去一一查明"知识"的权利状况，同时，也缺少对权利状况进行必要公示的手段。也就是说，"无过错"地利用著作权权能的可能性大大增加。比如，窃取他人的论文，署上自己的名字，给杂志社投稿，对于杂志社而言，其所能够做的无非是通过网络进行检索，看看该文有没有抄袭别人的，或者有没有重复发表，如此而已，根本就无法考量该文为投稿者所作。在这种情况下，如果发生剽窃事件，很难去证明杂志社存在过错。

二、间接侵权

间接侵权是指行为人本身并没有直接实施他人的著作权权能，但却帮助、诱导或放纵他人实施直接侵权的行为。在间接侵权中，须以行为人的主观过错为构成要件。主观过错包括两种：一是明知。明知主要有两种方法：第一，侵权人自认明知。第二，通过"通知和移除"规则推定。任何一个"理性的"的间接侵权行为人都不会自动承认明知。因此，只能通过"通知和移除"规则推定其明知。二是应知。应知是指即使权利人没有发出过侵权的通知，如果被侵权的事实已经像一面鲜亮的红旗在行为人面前公然飘扬，以至于处于相同地位的理性人不可能意识不到侵权。如果行为人采取"鸵鸟政策"，视而不见，就存在着过失。

间接侵权与共同侵权之间有着复杂的关系。共同侵权的构成要件有三：一是主体的复合性，要求具有两个以上的主体；二是有着意思关联或行为关联，要求加害人之间有意思联络或行为关联；三是加害行为与结果统一，是一个不可分割的整体。间接侵权有可能同时也构成共同侵权，主观上明知自己的行为会导致侵害他人的著作权，但仍然在帮助、诱导或放纵他人实施直接侵权行为。

在共同侵权的情况下，加害人之间承担的往往是一种连带责任。但如果采用共同侵权制度，对于间接侵权人而言，其责任过重。为了减轻间接侵权人的法律责任，有必要设置间接侵权制度。在间接侵权情况下，间接侵权人和直接侵权人之间各自承担责任，不用承担连带责任。这样对间接侵权人而言，其承担的责任相对较轻，便于促进相关产业的发展。

比如，我国《最高人民法院关于审理涉及计算机网络著作权纠纷案件适用法律若干问题的解释》第 3 条规定："网络服务提供者通过网络参与他人侵犯著作权行为，或者通过网络教唆、帮助他人实施侵犯著作权行为的，人民法院应当根据民法通则第一百三十条的规定，追究其与其他行为人或者直接实施侵权行为人的共同侵权责任。"第 4 条规定："提供内容服务的网络服务提供者，明知网络用户通过网络实施侵犯他人著作权的行为，或者经著作权人提出确有证据的警告，但仍不采取移除侵权内容等措施以消除侵权后果的，人民法院应当根据民法通则第一百三十条的规定，追究其与该网络用户的共同侵权责任。"在上述两种情形下，所承担的是一种连带责任。

《最高人民法院关于审理涉及计算机网络著作权纠纷案件适用法律若干问题的解释》第 5 条规定："提供内容服务的网络服务提供者，对著作权人要求其提供侵权行为人在其网络的注册资料以追究行为人的侵权责任，无正当理由拒绝提供的，人民法院应当根据民法通则第一百零六条的规定，追究其相应的侵权责任。"第 6 条规定："网络服务提供者明知专门用于故意避开或者破坏他人著作权技术保护措施的方法、设备或者材料，而上载、传播、提供的，人民法院应当根据当事人的诉讼请求和具体案情，依照著作权法第四十七条第（六）项的规定，追究网络服务提供者的民事侵权责任。"在这两种情形下，网络服务提供者承担的就不是连带责任。

间接侵权主要包括帮助侵权和代位侵权两种情形：

1. 帮助侵权

"帮助侵权"指行为人引诱、促成或实质性地帮助他人实施直接侵权。美国第九巡回法院于 1996 年判决的"弗诺维萨"一案,在该案中,原告是音乐唱片的版权所有人,被告是一个跳蚤市场管理者,将摊位出租给各种各样的小商贩,但有些承租的小商贩侵犯了原告的版权,故原告诉被告帮助侵权。关于主观过错,法院认为,当地的司法官员曾经突击搜查过跳蚤市场,收缴过大量的侵权制品,并向市场管理人通报过侵权活动,要求市场管理人搜集有关情况,原告也曾经到跳蚤市场检查过侵权活动,并将相关情况通报给市场管理者。关于物质协助,法院认为,被告向直接侵权者提供了一系列服务,诸如场地、公用事业设备、停车场等。因此,被告行为构成协助侵权。[1]

不过,在针对产品提供者是否承担帮助侵权责任时,只要能够证明一种产品具有"实质性的非侵权用途"(substantial non-infringing use),即使产品提供者明知这种产品也可用于侵权活动,也不能认定其构成帮助侵权。在这个方面,最典型的是 SONY 案。被告索尼美国公司制造并销售了大量的家庭录像机,而原告环球影视城就一些电视节目拥有版权。由于购买家用录像机的一些消费者,通过电视广播录制了原告的电视节目,原告于 1976 年在加利福尼亚联邦地区法院起诉被告侵犯其版权。原告主张,被告制造和提供家用录像机,构成了帮助侵权。地区法院认为,绝大多数消费者录制电视节目是为了在其他时间观看,这实际上扩大了节目的收视率,并且不为大多数版权人所反对。即使原告反对这种做法,也没有证明这种做法对自己产生了什么危害,被告没有构成帮助侵权。此外,被告所销售的家用录像机有许多种用途,如果依据原告的要求而下达禁令,将损害被告和社会公众的利益。

美国第九巡回上诉法院则推翻了地方法院的判决,裁定被告构成了帮助侵权,发回地方法院重审。最高法院又推翻了第九巡回上诉法院的判决。由于版权法没有明确的帮助侵权的规定,最高法院借用了与版权法性质相近的专利法的规定:帮助侵权是指故意出售特殊的、与使用某一特定专利有关的零部件;对于那些可用于其他专利的产品,专利权人无权阻止其销售。最高法院认为,"销售复制设备,与销售其它商品一样,只要是广泛地用于合法的和不受反对的目的,就不构成帮助侵权。"也就是说,如果一种产品具有"实

---

[1] 参见李明德、许超:《著作权法》,法律出版社 2009 年版,第 212 页。

质性的非侵权用途"（substantial non-infringing use），即使产品提供者明知这种产品也可用于侵权活动，也不能认定其构成帮助侵权。

就本案而言，被告索尼美国公司制造并销售了大量的家庭录像机，是否构成引诱？也就是说，这种家庭录像机客观上会引诱他人侵犯著作权，但除了引诱他人侵权以外，是否还会被用于其他正当的目的。如果具有其他正当的目的，就不能认为构成侵权。这样分析的目的在于两点考量：第一，如果认定侵权的话，就可能会损害其他主体，甚至是公众的利益；第二，认定侵权对技术进步的影响。技术本身是可能是中立的，既能用于正当的事业，也能用于不当的目的。AK47步枪既能够广泛地应用于民族解放战争，也能用于恐怖活动，但AK47步枪本身是中性的、中立的，问题关键在于使用者是谁。

2. 代位侵权

代位侵权一般存在于代理关系中。例如，雇员在其职责范围内，代理人在其代理范围内，侵犯了他人的权利，则雇主或被代理人都应承担侵权责任。在侵犯著作权诉讼中，代位侵权指的是在无法找到直接侵权人的情况下，要求对侵权行为有控制能力的人（主要是传播技术或产品提供者）代为承担侵权责任。在版权领域中，代位责任的概念最早产生于美国1963年的Shapiro案。该案提出了判定代位侵犯版权的两个标准：一是代位侵权者有能力制止侵权活动，二是代位侵权者从他人的侵权活动中获得了直接的经济收益。

代位侵权是在帮助侵权理论基础上发展起来的。在帮助侵权中，只要某一产品具有"实质性的非侵权用途"，即使产品提供者是明知的情形，也不构成帮助侵权。但绝大部分产品都具有两重性质，既可以用于合法目的，也可能被用于非法目的。菜刀可以切菜，也可用来杀人。鸦片可用来毒人，也可用来医人。从形式上看，这两种用途都应当是"实质性的"。因此，从定性分析的角度上看，几乎任何一种产品都同时存在着"实质性的非侵权用途"和"实质性的侵权用途"。

因此，在分析是否具有"实质性的非侵权用途"时，需要进行这样那样的定量分析。在SONY案中，通过调查显示，只有约25%的用户使用录像机从事侵犯版权的行为，有75%左右的用户主要是使用录像机实施非侵权行为——时间改变。因此，索尼录像机具有"实质性的非侵权用途"。而在美国Napster案（详见下文的案例解读）中，用户下载的文件中有90%都属于侵犯版权，只有10%可以被使用而不构成侵权。因此，P2P技术就不具有"实质性的非侵权用途"。当然，在生活中，很多情况下并不需要进行定量分析，人们可根据日常的经验进行估计，菜刀和鸦片哪一种具有"实质性的非侵权用途"，哪一种具有"实质性的侵权用途"。

总之，传播技术或产品提供者是否应当承担代位侵权责任，也还是要看该产品或技术在日常生活中的主要用途是哪一种，看其在统计学上的意义是什么。所以，菜刀不被禁止，如同索尼录像机；而鸦片被禁止，如同P2P技术。我国现行《著作权法》第48条第6款规定："未经著作权人或者与著作权有关的权利人许可，故意避开或者破坏权利人为其作品、录音录像制品等采取的保护著作权或者与著作权有关的权利的技术措施的，法律、行政法规另有规定的除外。"显然，该款规定的就是"代位侵权"责任。这里的"故意避开或者破坏权利人为其作品、录音录像制品等采取的保护著作权或者与著作权有关的权利的技术措施"的方法、设备或者材料，均应具有"实质性的侵权用途"。

第六节 侵犯著作权的责任承担方式

一、民事责任方式

第一，停止侵害。对于正在实施的侵权著作权、邻接权的行为，著作权人有权责令立即停止侵害，而不论侵权人主观上是否具有过错。著作权人可以要求法院采取封存、扣押、停止发行、停止销售等措施防止侵权行为的进一步扩大。

第二，消除影响。如果侵权人的行为给作者造成不良影响的，可能承担消除影响的民事责任。这种不良影响包括两个方面：一是名誉的损失；二是学术、文艺方面的社会评价产生不当的变动。比如，擅自在自己的作品上署上他人的名字，导致他人的学术评价提高的，也是一种不良影响，同样需要消除此种影响。在造成名誉损失情况下，可能造成侵犯名誉权和著作权的聚合。

第三，赔礼道歉。对于侵犯著作权的行为，如果因此造成作者精神上的痛苦和烦恼的，可以适用赔礼道歉的责任方式。不过，赔礼道歉仅仅是针对作者而言的，对于作者以外的著作权人，不需要适用这种责任方式。在承担赔礼道歉责任方式时，须以侵犯作者的人格权为前提，实际上是侵犯作者人格权时所需要承担的法律责任方式，并非侵犯著作权所必须承担的法律责任方式。

第四，赔偿损失。对于造成财产损失的，需要承担赔偿责任。我国《著作权法》第49条规定："侵犯著作权或者与著作权有关的权利的，侵权人应当按照权利人的实际损失给予赔偿；实际损失难以计算的，可以按照侵权人的违法所得给予赔偿。赔偿数额还应当包括权利人为制止侵权行为所支付的合理开支。权利人的实际损失或者侵权人的违法所得不能确定的，由人民法院根据侵权行为的情节，判决给予五十万元以下的赔偿。"这里的合理开支包括公证费用、律师费用、交通费用，等等。

《最高人民法院关于审理著作权民事纠纷案件适用法律若干问题的解释》第24条规定："权利人的实际损失，可以根据权利人因侵权所造成复制品发行减少量或者侵权复制品销售量与权利人发行该复制品单位利润乘积计算。发行减少量难以确定的，按照侵权复制品市场销售量确定。"第25条规定："权利人的实际损失或者侵权人的违法所得无法确定的，人民法院根据当事人的请求或者依职权适用著作权法第48条第2款的规定确定赔偿数额。人民法院在确定赔偿数额时，应当考虑作品类型、合理使用费、侵权行为性质、后果等情节综合确定。当事人按照本条第1款的规定就赔偿数额达成协议的，应当准许。"

从以上关于损失赔偿的规定来看，侵犯著作权的损失赔偿首先要以权利人的实际损失为标准，难以确定实际损失的，再以侵权人的违法所得为标准，二者均无法确定的，再采取法定赔偿方式，酌情赔偿损失。

在上述四种民事责任方式中，赔偿损失只有在侵权人存在主观过错的情况下才适用。有多个侵权主体时，各自承担的数额也与其过错程度存在关联。停止侵害则不问有无过错。而消除影响涉及署名权能和完整权能，赔礼道歉只是与作者有关，对于作者以外的著作权人无需适用。

二、行政责任方式

我国《著作权法实施条例》第36条规定："有著作权法第四十八条所列侵权行为，同时损害社会公共利益，非法经营额5万元以上的，著作权行政管理部门可处非法经营额1倍以上5倍以下的罚款；没有非法经营额或者非法经营额5万元以下的，著作权行政管理部门根据情节轻重，可以处25万元以下的罚款。"第37条规定:"有著作权法第四十八条所列侵权行为,同时损害社会公共利益的,由地方人民政府著作权行政管理部门负责查处。国务院著作权行政管理部门可以查处在全国有重大影响的侵权行为。"2009年5月7日,国家版权局颁布新的《著作权行政处罚实施办法》,对侵犯著作权行为的行政处罚进行统一的规定。

从上述规定中可以看出,承担行政责任的前提是,侵害著作权的行为同时损害社会公共利益。由此作出的行政处罚行为属于著作权管理机构的一种主动行为,著作权行政管理部门应当根据侵权行为性质、情节严重程度、侵害后果等因素作出行政处罚决定。当事人对行政处罚不服的,可以自收到行政处罚决定书之日起三个月内向人民法院起诉,期满不起诉又不履行的,著作权行政管理部门可以申请人民法院执行。著作权行政管理部门对违法行为予以行政处罚的时效为两年,从违法行为发生之日起计算。违法行为有连续或者继续状态的,从行为终了之日起计算。侵权制品仍在发行或仍在向公众进行传播的,视为违法行为仍在继续。违法行为在两年内未被发现的,不再给予行政处罚。法律另有规定的除外。

侵犯著作权行政责任制度存在的最大问题就在于:如何判断行为人在侵犯著作权的同时,也损害了公共利益。从本质上讲,著作权是一种私权,同物权、债权、人格权、身份权一样,侵犯私权并不代表一定就损害公共利益。在绝大部分情况下,侵犯著作权并不损害公共利益,因此不需要行政机关的介入。因此,在著作权法上,侵犯著作权何时损害公共利益,需要进行界定。

本书认为,在以下三种情况下,可以认定侵犯公共利益。第一,混淆作品出处的,也就是说,构成剽窃的,必然损害公共利益;第二,破坏作品完整性的,也必然损害公共利益;第三,侵犯他人的著作权,获得的利润或给著作权人造成的损失达到一定数额的,也可以视为损害公共利益。只有在这三种情况下,侵犯著作权才应当承担行政责任,受到行政处罚。

三、刑事责任方式

我国1990年《著作权法》没有规定侵犯著作权的刑事处罚措施。1994年,全国人大常委会第八次会议通过了《关于惩治侵犯著作权的犯罪的决定》,确立了侵犯著作权的刑事责任制度。1997年我国刑法修订时,增设了侵犯著作权罪和销售侵权复制品罪。2001年,《著作权法》修订,规定侵犯著作权构成犯罪的,依法追究刑事责任。2004年,最高人民法院、最高人民检察院联合通过了《关于办理侵犯知识产权刑事案件具体应用法律若干问题的解释》。2007年,最高人民法院、最高人民检察院又联合通过了《关于办理侵犯知识产权刑事案件具体应用法律若干问题的解释(二)》。上述法律、法律解释基本确立了我国侵犯著作权的刑事责任制度,这个制度主要包括以下两个方面:

1. 侵犯著作权罪

《刑法》第217条规定:"以营利为目的,有下列侵犯著作权情形之一,违法所得数额较大或者有其他严重情节的,处三年以下有期徒刑或者拘役,并处或者单处罚金;违法所得数额巨大或者有其他特别严重情节的,处三年以上七年以下有期徒刑,并处罚金:(一)未经著作权人许可,复制发行其文字作品、音乐、电影、电视、录像作品、计算机软件及其他作品的;(二)出版他人享有专有出版权的图书的;(三)未经录音录像制作者许可,复制发行其制作的录音录像的;(四)制作、出售假冒他人署名的美术作品的。"在上述四种行为中,前三种属于典型的盗版行为,既包括复制行为,也包括发行行为。第4种行为并非盗版行为,而是假冒他人的姓名,复制、发行另外作者的作品,属于一种反向剽窃行为。

《关于办理侵犯知识产权刑事案件具体应用法律若干问题的解释》第5条规定:"以营利为目的,实施刑法第二百一十七条所列侵犯著作权行为之一,违法所得数额在三万元以上的,属于'违法所得数额较大';具有下列情形之一的,属于'有其他严重情节',应当以侵犯著作权罪判处三年以下有期徒刑或者拘役,并处或者单处罚金:

(一)非法经营数额在五万元以上的;

(二)未经著作权人许可,复制发行其文字作品、音乐、电影、电视、录像作品、计算机软件及其他作品,复制品数量合计在一千张(份)以上的;

(三)其他严重情节的情形。

以营利为目的,实施刑法第二百一十七条所列侵犯著作权行为之一,违法所得数额在十五万元以上的,属于'违法所得数额巨大';具有下列情形之一的,属于'有其他特别严重情节',应当以侵犯著作权罪判处三年以上七年以下有期徒刑,并处罚金:

(一)非法经营数额在二十五万元以上的;

（二）未经著作权人许可，复制发行其文字作品、音乐、电影、电视、录像作品、计算机软件及其他作品，复制品数量合计在五千张（份）以上的；

（三）其他特别严重情节的情形。"

《关于办理侵犯知识产权刑事案件具体应用法律若干问题的解释（二）》第1条规定："以营利为目的，未经著作权人许可，复制发行其文字作品、音乐、电影、电视、录像作品、计算机软件及其他作品，复制品数量合计在五百张（份）以上的，属于刑法第二百一十七条规定的'有其他严重情节'；复制品数量在二千五百张（份）以上的，属于刑法第二百一十七条规定的'有其他特别严重情节'。"

从上述这些规定来看，侵犯著作权犯罪的门槛越来越低，说明国家在逐步地加大打击侵犯著作权犯罪的力度。

2. 销售侵权复制品罪

《刑法》第218条规定："以营利为目的，销售明知是本法第二百一十七条规定的侵权复制品，违法所得数额巨大的，处三年以下有期徒刑或者拘役，并处或者单处罚金。"

《关于办理侵犯知识产权刑事案件具体应用法律若干问题的解释》第6条规定："以营利为目的，实施刑法第二百一十八条规定的行为，违法所得数额在十万元以上的，属于'违法所得数额巨大'，应当以销售侵权复制品罪判处三年以下有期徒刑或者拘役，并处或者单处罚金。"

同《刑法》第217条规定的侵犯著作权罪相比较，本条的销售侵权复制品罪同样属于侵犯著作权罪，不过，本条的规定比《刑法》第217条相对宽松一些。主要原因在于：《刑法》第217条的规定中不仅包含了复制行为，也包含了发行行为，本条针对的是销售侵权复制品，而销售行为仅仅是发行行为的一种。

在上述三种责任方式中，民事责任、行政责任可以并行不悖，同时适用。行政责任和刑事责任的惩罚方式如果类似的话，比如行政责任中罚款和刑事责任中的罚金，则不能同时适用。在追究了刑事责任以后，不能以同一目的再追究行政责任。在民事责任和刑事责任之间，刑事案件的处理不影响民事赔偿程序的进行。

第七节　侵犯著作权的几个相关问题

一、技术措施

数字化技术使低成本复制成为可能，复制的精确度非常高，同时，在网络上传播作品也非常快捷方便，其传播成本几近为零。未经授权而使用、改编、复制的风险大大增加。在这种情况下，著作权人可以通过一定的技术措施控制他人接触和使用作品，以维护著作权。著作权人可以采取的技术措施多种多样，依据不同的标准可以进行不同的分类，根据技术措施的不同功能，将技术措施分为以下两大类：

一是控制接触作品的技术措施。控制接触作品的技术措施，只要是在正常的运行状态，就可以阻止用户接触某个网站或者网站中的某个作品，除非得到正常的口令、密码或插入类似信用卡的验证装置。

二是控制使用作品的技术措施。是指著作权人采取的控制他人未经授权使用其作品的技术措施。包括控制他人非经授权以各种方式（比如复制、发行、表演）使用作品。也包括保证支付报酬的技术措施，这种技术措施并不直接控制他人非经授权接触或使用作品，但可以计算出他人接触或使用作品的次数和频率，从而保证著作权人依据计算出的次数和频率收取报酬。

从立法上看，欧盟早在1991年的《软件指令》第7条第1款第3项中就规定，成员国对于为商业性目的专门用来未经授权地取消或者破解用于保护计算机程序的技术装置的任何方式，应当给予制裁。1996年形成的《世界知识产权组织版权条约（WCT）》对技术措施的法律保护作了专门规定。该公约第11条规定，对于作者行使本条约或伯尔尼公约上的权利，在作品上采取的有效的、限制他人未经作者同意或无法律依据行为的技术措施，各缔约方应提供充分的法律保护和有效的法律救济，以禁止他人规避该技术措施。美国于1998年10月正式制定颁布了"千年数字化版权法（DMCA）"，实施WCT规定的保护技术措施的义务。我国新修正的《著作权法》第48条第6项也对技术措施权作出了规定。根据该款的规定，未经著作权人或者与著作权有关的权利人的许可，故意避开或者破坏权利人为其作品、录音录像制品等采取的保护著作权或者与著作权有关的权利的技术措施的行为，构成违法，应当承担民事、行政、刑事责任。

对于技术措施的性质,有一种观点认为,著作权人具有技术措施权。其主要理由就是,网络技术的发展导致破解著作权人技术手段的行为日益增多,手段日益智能化、产业化,对著作权人技术措施的破解鼓励人们对作品进行非法利用,给著作权人造成重大的损失。因而赋予著作权人以技术措施权,有助于保护著作权人的利益。在技术措施权的制度安排下,任何人破坏或是规避著作权人设置的技术措施的行为都是侵犯著作权。但将技术措施权规定为著作权的内容不合民法的法理。比如,我拥有一所房子,为了防止外人利用我的房子,我在房子的四周挖了一条壕沟。如果谁填平了壕沟,但尚没有进入了我的房子,不能说他侵犯了我的房屋所有权,但可以说对我的房屋所有权的行使造成了潜在的危险,可以基于物上请求权予以排除妨碍。但要是有人填平壕沟,霸占了我的房子,也只是侵犯了房屋所有权。从法理上讲,所有权的权能包括占有、使用、收益、处分等积极权能以及排除妨碍之消极权能,房屋所有权人不能说我有一个挖壕沟的权能或权利。所有权人挖壕沟的行为相当于著作权人采取技术措施,所以技术措施权在法理上是讲不通的。

既然技术措施权是不存在的,技术措施就是数字化作品或软件的著作权人防止他人接触或利用作品的技术手段。如果他人在破坏或规避技术措施后利用作品的,直接构成侵犯著作权行为。如果是帮助第三人破坏或规定技术措施的,比如,网络服务提供者明知专门用于故意避开、破坏他人著作权技术措施的方法、设备或者材料的,而上传、下载、传播、提供的,形同于帮助侵权,其承担的就是一种间接责任。如果仅仅破坏了他人的技术措施,没有进一步的作品利用行为,著作权人也可以要求排除妨碍。总之,对于规避和破坏技术措施行为的,可能直接侵犯著作权,也可能间接侵犯著作权,还有可能对著作权的行使构成妨碍,不可一概而论。

二、关于著作权人的损失

这种损失通常包括经济损失和精神损失。经济损失包括直接损失和间接损失两种。直接损失包括:侵权直接造成的著作权使用费等收益减少或丧失;因调查、制止和消除不法侵权行为而支出的合理费用,等等。间接损失是权利人受到侵害的著作权在一定范围内的未来财产利益的损失,它属于《民法通则》第117条第3款规定的"受害人因此遭受其他重大损失的,侵害人并应当赔偿损失"中规定的"其他重大损失"的范围。

精神损失主要是指由于侵犯署名权、完整权等权利造成作者精神痛苦或社会评价降低,属于损害作者人格权的范畴。

在著作权法上,没有损失就没有赔偿。比如,他人擅自利用人物形象等独创性要素继续进行创作,构成续写作品,这种行为会在以下几个方面损害权利人的利益:

第一,在出版发行市场上损害著作权人的经济利益。这些后续作品与原著之间在出版发行市场存在着竞争关系,如果任何人都可以创作米老鼠和唐老鸭,那么创作得好的话,会使迪士尼创作的米老鼠和唐老鸭失色;创作得不好的话,会使观众间接失去对迪士尼创作的形象的兴趣。

第二,在后期演绎市场上损害著作权人的经济利益。后续作品如果大量利用原著中的人物形象,损害著作财产权人对原著进行进一步开发利用方面的利益,比如授权游戏产品、拍摄电影,人家以后就不需要找原著著作权人了,就可以找在后作品的著作权人。

第三,可能损害作者的人格利益。比如,一些续写作品质量低劣,完全歪曲了原作中的人物形象,明显地篡改原作品的思想、主题,以至于损害作者精神利益的。比如,有人写一本《射雕后传》,在这本后传中,或是直接否定其和射雕英雄传之间的渊源关系,或是完全颠覆了郭靖和黄蓉的形象,郭靖被描写成奸猾阴险的小人,黄蓉被写成淫秽不堪的荡妇,则涉及侵犯原著作者的署名权和完整权问题。

三、精神损害赔偿

本书认为,著作权作为一种纯粹的财产权,在侵害著作权时,一般不涉及精神损害赔偿问题。在侵犯著作权案件中,如果涉及精神损害赔偿问题,其前提是被告的行为同时侵犯了著作权人的人格权,给著作权人带来精神上的损害。这种精神损害包括两种:一是内在的精神损害,如侵害行为导致受害人悲痛、精神忧郁甚至精神失常;二是外在的精神损害,即依据社会的反应来验证,如侵害行为使公众舆论或有关组织对受害人的品德、声望、信用等评价有所降低等。如果没有这些精神损害,则在侵犯著作权案件中,也不应当存在着精神损害赔偿。

有权获得精神损害赔偿的,除了作者以外,还可能包括作者的继承人。

比如，称甲父亲剽窃了乙的作品，或者将不是甲父亲创作的作品归属于甲父亲，给甲造成了精神损失。再比如，未经他人许可，擅自在自己的作品上署上他人的名字，因作品的质量很差带来的他人名誉上的损失。

总之，对于侵犯著作权的精神损失赔偿问题，一方面需要具体情况具体分析，考量在具体的案件中，作者或者被署名为作者的人，或者是其继承人，是否遭受精神上的损害；另一方面，对于有明确证据证明没有造成精神损害的作者，自然不能够给予精神损害赔偿。比如，对于自愿将自己的作品让他人剽窃的所谓反向剽窃情形，被剽窃者往往是自愿的，因而也谈不上精神痛苦或精神利益的损失。

第八节 作品合理使用

法律赋予作者以著作权，其目的在于给予作者以创新的动力，创造出更多更好的作品，促进科技文化的繁荣和发展。但是著作权的授予同时也增大了社会公众进行创作的成本，其典型的体现之一就是由于版税的存在导致了书籍价格的提高，妨碍了书籍的传播，从而阻碍了科技文化的繁荣和发展。同时，著作权的存在也限制了他人对作品的进一步利用，比如，限制了他人对作品的进一步改编、续写。在这种情况下，著作权法需要采取必要的措施克服著作权的消极后果。这种措施主要包括两种：一是限权，从时间上、法域上对著作权进行限制；二是免责，在特定情形下免除侵犯著作权的法律责任，主要是合理使用和法定许可两种情形。总之，赋予著作权的目的在于提供创作的动力，促进科技文化的进步。而免责和限权的目的在于降低他人创作的成本，也是为了促进科技文化的进步。著作权制度就是要在赋权和限权，追责和免责之间寻求一种平衡，以期最大限度地促进科技文化的进步。

一、合理使用概念

合理使用指依法以恰当的方式使用他人享有著作权的作品，不必征得著作权人的许可，也不需要向其支付报酬。关于合理使用，可以从以下几个方面进行理解：

第一，合理使用的对象是他人享有著作权的整部作品，不包括作品中的要素，比如文艺作品中的艺术形象、情节、体裁、题材、思想观点、风格等。

对于作品中的这些要素，有的本身就可以自由使用，不需要法律作出特别的规定，比如体裁、题材、风格等。综合各国著作权法对合理使用的具体规定来看，一般是针对整部作品规定合理使用，作品的其他不能自由使用的要素一般不作为合理使用的对象。

第二，合理使用的方式一般指的是复制、发行、改编、表演等，其中又以复制发行为主要方式。而复制、发行、改编、表演等合理使用方式的对象也都是整部作品，而不是作品中的要素。

第三，合理使用的性质在于免除使用人的侵权责任，而不是一种权利，也不是对著作权的限制。关于合理使用的性质，主要有三种不同的观点："使用者权利说"认为合理使用是使用者依法享有利用他人著作权作品的一项权利，但在权利主体的特定化，权利是否可以转让、继承等方面存在着很多的问题，往往与民事权利的基本原理不相符合。"权利限制说"认为合理使用是著作权的一种限制。这种观点有所不妥，著作权是一种支配性权利，合理使用应当体现为著作权人行使著作权的限制，但实际上并非如此。著作权依然存在，著作权人只是不能要求他人承担侵权责任。"侵权阻却说"认为合理使用是著作权侵害的违法阻却事由，这个观点比较切合合理使用制度的本质。也就是说，所谓合理使用行为本来是一种侵犯著作权行为，但法律基于特别的考量，或是为了公共利益，或是为了特殊群体利益的保护，不认为是侵权行为。本质上，合理使用行为就是免责行为。

第四，是否构成合理使用，既是一个事实判断，也是一个价值衡量。所谓事实判断，就是考虑是否符合合理使用的某一种情形，比如，为在课堂教学需要复制作品时，就要考量主体是否为教学科研人员。所谓价值衡量，就是说，在事实判断的基础上，也要考虑具体的情节、对著作权人的影响等各个方面的因素。比如，有无营利、营利多寡、复制发行的数量，等等。有时候，即使符合了法定情形，也有可能侵犯了著作权。这也从一个侧面说明了合理使用仅仅是一种免责情形，而非使用者的权利，也不是对著作权的限制。在后两者情况下，能否成为合理使用尚且具有价值判断的因素，显然，这种权利状况不稳定的情形对于使用者或著作权人都是不堪忍受的。

值得注意的是：是否营利不是衡量合理使用行为的绝对标准。很多情形下，即使是基于营利目的，仍然属于合理使用范畴，比如，将他人享有著作权的作品制作盲文出版。也有一些情形，并非基于营利目的，但仍然不属于合理使用范畴。比如，举办义演活动，使用了他人享有著作权的音乐作品，然后将门票收入捐赠用于公益事业。

第五，根据我国《著作权法》第 22 条的规定，在合理使用作品时，可以不经著作权人许可，不向其支付报酬，但应当指明作者姓名、作品名称。如果使用者没有注明作者姓名，造成混淆的，即构成剽窃，仍然有可能侵犯著作权。

二、合理使用的种类

1. 个人使用

我国《著作权法》第 22 条第 1 款第 1 项规定："为个人学习、研究或者欣赏，使用他人已经发表的作品"。可以不经著作权人许可，不向其支付报酬。比如，为了个人欣赏的目的，表演他人已经发表的作品。学生为写作论文的需要下载、打印网上的论文，等等。本条文的规定存在着两个方面的问题：

第一，将个人合理使用的目的限制在"学习、研究或者欣赏"上，范围过窄。比如，为了出行的需要复制地图，为了烹调的需要复制他人的菜谱。这些行为不能说是为了"学习、研究或者欣赏"，但也很难说是侵犯了著作权。这就需要扩张个人合理使用的目的，将其扩展到"个人目的"上，这种个人目的的规定其实只是排除了为企业的商业目的而进行的复制行为。

第二，使用方式不明确。作品的使用方式很多，何种使用方式才算是合理使用，应当予以明确。这里的使用方式通常体现在以下几种情形中，即复制、表演、改编他人已经发表的作品。

鉴于此，有必要将本条修改为"为个人目的复制、表演、改编他人已经发表的作品"。

2. 适当引用

引用，即是为了介绍、评论某一作品或者说明某一问题，在自己的作品中适当引用他人的作品。适当引用包括两种方式：一种是原文引用。引用的部分同原文一模一样。如果将英文翻译成中文进行引用的，也可以视为"原文引用"。另一种是非原文引用。只是引用了原文中包含的思想观点，但没有采用原文的符号组合方式的。适当引用对于学术发展具有非常重要的意义，任何学术观点都不是凭空而来，都必须建立在前人相关观点的基础上。为了论证的需要，同时，也为了厘清人类思想文化观点的发展脉络，适当引用是必须的。除了学术著作以外,在文学艺术著作中也有很多引用的情形,比如,在纪录片中使用电影作品的片段或是他人的绘画作品。著作权国际公约及各国著作权法都规定有"适当引用",以此作为合理使用的基本类型。适当引用的构成要件包括以下几种:

第一,适当引用的目的仅限于介绍、评论、报道。也就是说,引用的部分在自己的作品中仅仅处于辅助性的地位,而不是主导的地位。如果处于主导地位,这就说明,引用的目的就不纯粹。但被引用的部分在原作品中的地位则因作品形式而有所不同。对于一些短小的作品,比如诗歌、对联、图片等作品而言,自然可以全部引用。但对于论文、影片、小说等篇幅比较大的作品而言,引用的部分就不能过于冗长。

第二,适当引用的结果是形成了新作品,如果没有形成新的作品,就有可能仅仅构成了对原作的复制,就有可能侵犯了原作品的著作权。

第三,需要标明被引用作品部分的来源。如果没有标明来源,可能因为不当署名问题侵犯了原作品的著作权。但是由于作品的性质、体裁不适于标明作品来源的,或者是来源非常明确不至于造成误会的情况下,也可以不标明来源。比如,对于科普作品而言,往往不需要以参引方式标明思想观点的来源。

3. 新闻媒体的使用

我国《著作权法》第22条第1款第4项规定:"报纸、期刊、广播电台、电视台等媒体刊登或者播放其他报纸、期刊、广播电台、电视台等媒体已经发表的关于政治、经济、宗教问题的时事性文章,但作者声明不许刊登、播放的除外"第5项规定:"报纸、期刊、广播电台、电视台等媒体刊登或者播放在公众集会上发表的讲话,但作者声明不许刊登、播放的除外"。允许新闻媒体对特定作品进行合理使用,主要目的在于促进信息传播。本书认为,时事性文章或公开讲话的合理使用应当包括以下几个方面内容:

从这两款规定来看,

第一,合理使用的主体是特定的新闻媒体,是否包括网络媒体,没有予以明确规定,但应当包括网络媒体在内。

第二,其对象或是特定的时事性文章,或是公开讲话,其前提是这些文章和公开讲话本身具有独创性,是作品。如果不是作品,也谈不上合理使用。

第三,作者没有作出不许刊登、播放的意思表示。

第四，新闻媒体的使用方式限制在复制、发行两种方式。

第五，从范围上讲，现有制度规定，时事性文章的范围限于政治、经济和宗教，但不包括军事、文化等其他主题，范围太狭窄了，应当包括其他各种主题的时事性文章，这样似乎更为妥当。

4. 在课堂教学和科研中使用

为学校课堂教学或者科学研究，翻译或者少量复制已经发表的作品，供教学或者科研人员使用，但不得出版发行。这种情况下的合理使用应当符合下列条件：

第一，主体仅仅是教学和科研人员，需要具有教学和科研人员的资格条件。

第二，其行为也限于翻译和复制两种模式。比如，教师可以将外文书籍予以少量复印，也可以将其翻译成中文，将翻译文本发给学生作参考。另外，现在网络比较发达，很多学校建有内部的网络，将中文译本放在内部网络上，供其他学生和教师参考。

第三，不得以营利为目的。凡是产生营利结果的，均不属于合理使用范畴。

5. 国家机关公务性使用

国家机关为执行公务在合理范围内使用已经发表的作品。比如，公安机关张贴的犯罪嫌疑人的照片属于某摄影师的摄影作品，但并不需要经过该摄影师的同意，也不需要向其支付费用。再比如，在处理著作权纠纷时，法院可以将该画作复制若干份交由鉴定机构进行鉴定。

值得注意的是：对作品的使用必须与公务之间有着必然的联系。如果政府机关使用盗版软件，也是用于公务用途，但盗版软件和公务用途之间并无必然的联系。在这种情况下，就可能形成临时复制，侵犯了他人的软件著作权。

6. 图书馆对馆藏作品的特定复制和传播

图书馆、档案馆、纪念馆、博物馆、美术馆等为陈列或者保存版本的需要，可以复制本馆收藏的作品，复制方式包括复印或以数字化形式存在。

图书馆是一个专门收集、整理、保存、传播文献并提供利用的科学、文化、教育和科研机构。文献是图书馆开展一切工作的物质基础。图书馆的产生，既是为了保存人类文化遗产，也是为了传递科学情报。而图书馆等机构收藏的作品经过长期使用后会自然磨损，为了实现图书馆的功能，往往需要以复制方式保存作品，这种情况下就构成了合理使用。

图书馆复制馆藏品构成合理使用的条件在于：第一，复制品在数量上应当是有限的，仅仅在于满足馆藏的需要，不能过多；第二，馆藏品复制不能用于出售，任何出售行为都不符合合理使用的要求。不过，图书馆对作品的公共出借行为也是一种作品传播行为，但这种行为本身就是一种行使物权的行为，并没有侵犯著作权，因而并非合理使用。

7. 免费表演

我国《著作权法》第10条规定的表演权包括两种：一是由表演者现场进行的表演活动；二是播放载有上述活动的录音录像，也就是机械表演。但此处表演并非机械表演，仅仅指的是现场表演。免费表演已经发表的作品，该表演未向公众收取费用，也未向表演者支付报酬，这种情况下也构成合理使用，不过，构成合理使用的条件非常严格：

第一，不能向公众收取费用，也不能向表演者支付报酬；

第二，与观众或听众之间不存在直接的或间接的商业关系。比如，餐馆播放背景音乐，没有直接向顾客收取费用。但由于餐馆与顾客之间有着直接的商业关系，在餐费中间接包含了音乐的费用，不能构成合理使用。再比如，某公司组织一次新产品推介会，在会上邀请明星来唱歌，但没有向该明星支付报酬，也没有向现场观众收取费用。但这种推介会依然属于一种商业行为，不能构成合理使用。

第三，不需要以公益为目的。比如，在家庭范围内利用音乐作品，或者是在单位年度活动中表演节目，利用了他人具有著作权的音乐作品。这些行为谈不上以"公益"为目的，但仍然属于合理使用的范畴。

我国《著作权法实施条例》第30条规定了免费表演的必要条件，基于以上分析，该项条款可理解为："不以营利为目的，在不向听众、观众直接或间接收取费用，也不向表演者支付报酬的情况下表演已经发表的作品的。"

比如，在汶川大地震后，某广播电台联手多家单位共同举办一个大型慈善赈灾义演活动，旨在关注并救助在"5.12汶川特大地震"灾害中受灾的中小学生。这个活动没有向表演者支付报酬，但向观众收取了门票。无疑，义演活动需要利用他人享有著作权的音乐作品，包括词和曲。问题在于：这种义演是否属于免费表演？这种义演向观众收取了门票，不属于合理使用情形。

否则,就等于是音乐作品著作权人"被捐款"了。这就是说,在义演的情况下,主办方仍然要向音著协缴纳词曲作者的版权使用费。

8. 对室外艺术品的复制

设置或陈列在公共场合的艺术作品,社会公众往往有意无意地以其为背景进行拍摄、录像、临摹,这种行为属于合理使用,此项规定主要是基于满足社会公众公共文化生活的需要。在这种情况下,可能不形成作品,比如,对艺术作品进行临摹;也可能形成作品,比如,在拍摄的电影中,有以街上陈列的雕像为背景,显然,电影著作权属于制片者所有,与雕像著作权人无关,这是对雕塑作品的合理使用。对室外艺术品的复制是否构成合理使用,需要考虑以下一些问题:

第一,室外艺术品是否为永久陈列?如果仅仅是对临时陈列艺术品的复制,是否也构成合理使用?根据大多数国家的立法,室外艺术品是指永久性陈列在室外的艺术品,临时展出的并不包括在内。比如,对元宵灯会上临时扎制的灯笼进行复制是否构成合理使用。从生活情理角度上讲,仍然认为构成合理使用较好。

第二,复制方式。一般来说,对于室外艺术品的复制不能采用与原艺术品一样的方式。也就是说,只能进行从立体到平面,或者说从平面到立体的复制,复制的方式也仅仅限于临摹、绘画、摄影、录像等方式。不能从立体到立体地进行复制。比如,室外艺术品为一座雕塑,复制一座同样的雕塑,就不能算是合理使用。

第三,复制品的使用方式。如果将复制品用于商业目的,很可能构成侵权。比如,如果室外艺术品是各种绘画,将之拍摄后制成展览纪念册出售,显然,这就不是合理使用了,而是一种侵权行为。

1987年底,原告自贡公交公司自筹资金,采用电动、声控技术,自行设计、制作完成了题名为《希望之光》的立体造型大型艺术灯组。原告以此灯组参加了1988年第二届中国自贡国际恐龙灯会展出,并于同年6月被自贡市人民政府评为一等奖,选送到北京参加了北海公园龙年灯会展出,展出结束后,该灯组运回原告处存放。1993年以来,被告五星广告公司未经原告自贡公交公司许可,将《希望之光》灯组录像镜头自制成电视广告,作为本公司"五星"版霓虹灯产品的广告片,同时在自贡市及市辖区的电视台上播放。该广告片中未指明所用灯组的名称和作者姓名,五星广告公司亦未向自贡公交公司支付报酬。1994年8月31日,自贡公交公司向自贡市中级人民法院提起诉讼。被告五星广告公司答辩称:原告自贡公交公司制作的《希望之光》灯组是设置在室外公共场所的美术作品,被告公司的这种行为应属《著作权法》第22条第1款第2、10项所指的合理使用行为。自贡市中级人民法院经审理认为,原告自贡公交公司设计、制作的《希望之光》大型灯组,是以线条、色彩、灯光等要素表达主题并具有独创性的美术作品。该作品是专门为参加灯会创作的,灯会结束后即运回存放,不另在公共场所设置或陈列。被告五星广告公司未经原告许可,在自制的商业性电视广告中使用《希望之光》美术作品,不属于著作权法规定的"合理使用"行为,侵犯了原告的著作权。

9. 制作少数民族语言文字版本

将中国公民、法人或者其他组织已经发表的以汉语言文字创作的作品翻译成少数民族语言文字作品在国内出版发行,属于合理使用的情形。其要件包括:

第一,著作权主体须是中国公民、法人或其他组织,包括在华登记的中外合资企业、合作企业以及外商独资企业。如果将外国人的作品翻译成少数民族文字在我国境内出版,仍然需要得到著作权人的授权。

第二,著作权对象须是汉语言文字作品,包括语言作品和文字作品两种。如果是其他种类的作品,或者说作品上虽有汉字,但主体并非汉字,比如画作上有汉字题词,这种作品就不能被制作成少数民族文字版本。

第三,合理使用的方式仅仅指翻译、出版发行,即将汉语言作品或汉字作品翻译为少数民族语言或文字,出版发行其译本。比如,将赵本山的小品表演配上藏族语言后出版发行。而将译本放置在网络上则超越了本条所规定的合理使用的范围。

第四,只能在国内出版发行,但是否包括我国港澳台地区,值得考量。但在国内出版后,可以将少数民族译本出口到国外去进行销售。

第五,此种合理使用的目的在于降低少数民族获得信息和受教育的成本,促进少数民族地区经济社会的发展。

第六,是否以营利为目的,则非所问。

从上述分析可以看出,对于"制作少数民族语言文字版本"这种合理使用方式,目前在制度设计上还存在着一定的缺陷。比如,将中文小说译成俄文在国内出版,这种情形属于合理使用。但如果将俄文译本大量出口到国外,这在法律上尚没有有效的应对措施。因此,对于这种合理使用的情形,也需要在译本出版数量上进行一定的限制,同时,也需要规定译本不能用于出口。

10. 将已经发表的作品改成盲文出版

将已经发表的作品改成盲文出版,属于合理使用情形。另外,我国《信息网络传播权保护条例》第6条规定:"通过信息网络提供他人作品,属于下列情形的,可以不经著作权人许可,不向其支付报酬"。其中第6项规定:"不以营利为目的,以盲人能够感知的独特方式向盲人提供已经发表的文字作品"。显然,这种情形也属于合理使用。

上述两种合理使用情形的对象是各种文字作品,既包括中国公民、法人或其他组织的中文作品,也包括外国公民、法人的作品。至于是否要以营利为目的,则非所问。如果强制性地规定不得以营利为目的,很可能就减少盲文版本的供给,不能让盲人获得更多的机会阅读作品,反而不利于增进盲人的福利。

第九节　法定许可

法定许可指法律明确规定,行使某种著作权权能,排除其侵权责任,但应向著作权人支付报酬。包含以下几层意思:第一,法定许可的性质是一种免责事由,既不是对著作权的限制,也不是一种使用者的权利。在法定许可情形下,著作权人不能要求使用者承担侵权责任;第二,法定许可的结果是在著作权人和使用人之间订立一种法定的合同关系,根据此种合同关系,使用人应当向著作权人支付一定的报酬。我国著作权法规定了几种法定许可的情形,《信息网络传播权保护条例》也规定了两种法定许可情形。

一、报刊转载的法定许可

我国《著作权法》第33条第2款规定:"作品刊登后,除著作权人声明不得转载、摘编的外,其他报刊可以转载或者作为文摘、资料刊登,但应当按照规定向著作权人支付报酬"。此条规定为优秀作品的传播提供便利,也为文摘类报纸和学术文摘类期刊的合法存在创造了条件。不过,应当将报刊社转载、摘编的法定许可和合理使用区别开来。报纸、期刊为报道时事新闻不可避免地再现或者引用已发表的作品，以及报纸、期刊刊登其他报纸、期刊、广播电台、电视台等媒体已经发表的关于政治、经济、宗教问题的时事性文章（作者声明不许刊登的除外），皆属合理使用，报刊社不必经著作权人许可，也不必支付报酬。

报刊转载的法定许可只适用于报刊之间，既不适用于报刊和书籍之间，也不适用于网络和报刊之间。另外，在网络上，博文转载比比皆是，很多情况下，作者允许或者希望他人进行转载。转载量越大，作者的影响力就越大。在这种情形下，就不需要运用法定许可制度，也不一定要向著作权人支付报酬。但在法定许可的情况下，转载者必须要向著作权人支付报酬，其标准需要由国家版权管理机构予以确定。比如，《使用文字作品支付报酬办法》规定，报刊转载、摘编其他报刊已经发表的作品，应当自报刊出版之日起2个月内，按每千字100元的付酬标准向著作权人支付报酬。当然，对于报酬标准，著作权人和转载者可以在事后协商确定。

二、制作录音制品的法定许可

制作录音制品法定许可制度起源于20世纪初，其立法目的在于打破唱片公司对音乐的垄断，使得音乐著作权人和唱片公司之间的独家许可协议落空，从而在唱片市场上维持一种竞争状态，促使唱片价格合理化。对于音乐著作权人而言，在其许可他人制作录音制品之后，对于未经其许可制作录音制品的，就不能再提起侵权之诉，只能够要求其支付一定的报酬。

我国《著作权法》第40条第3款规定："录音制作者使用他人已经合法录制为录音制品的音乐作品制作录音制品，可以不经著作权人许可，但应当按照规定支付报酬；著作权人声明不许使用的不得使用"。法定许可的音乐作品如果尚未录制，著作权人仅仅和唱片公司订立许可协议，或者是他人非法录制的，这两种情形下都不存在法定许可问题。至于合法录制的制品是否销售，则非所问。作为法定许可的音乐作品只是词和曲，在词和曲基础上形成的表演行为不是法定许可的作品。如果直接翻录他人制作的录音制品，即侵犯了词曲作者、表演者的著作权，也侵犯了录音制作者的邻接权。

上述条款存在着比较严重的问题，具体而言，如果允许著作权人声明他人未经许可，不得使用音乐作品。这种制度安排无异于取消了法定许可制度。只要唱片公司与著作权人约定，在著作权人在其发表的音乐作品上作出不许他人录制的声明，如此一来，法定许可制度就无法适用了。

使用他人音乐作品制作录音制品的人应在使用之日起两个月内向中国音乐著作权协会支付报酬，由协会转交给会员。根据中国音乐著作权协会的规定，使用该会管理的音乐作品首次制作CD、盒带等录音制品，采用版税的方式付酬。按照批发单价×版税率6%×录音制品制作数量计算。非首次制作录音制品的，按照法定许可收费标准即批发单价×版税率3.5%×录音制品制作数量计算。批发价不确定的，比照市场同类制品的批发价计算。音乐作品的长度超过5分钟的，每增加5分钟按增加一首音乐作品计算使用费（不足5分钟的按5分钟计算）。

国家版权局公布的《著作权法草案》第46条规定："录音制品首次出版3个月后，其他录音制作者可以依照本法第48条规定的条件，不经著作权人许可，使用其音乐作品制作录音制品。"第48条规定："不经著作权人许可使用其已发表的作品，必须符合下列条件：（一）在使用前向国务院著作权行政管理部门申请备案；（二）在使用时指明作者姓名、作品名称和作品出处；（三）在使用后一个月内按照国务院著作权行政管理部门制定的标准向著作权集体管理组织支付使用费，同时报送使用作品的作品名称、作者姓名和作品出处等相关信息。"[1]

三、播放作品和录音制品的法定许可

《著作权法》第43条规定："广播电台、电视台播放他人未发表的作品，应当取得著作权人许可，并支付报酬。广播电台、电视台播放他人已发表的作品，可以不经著作权人许可，但应当支付报酬。"不过，这里的不包括电影作品和以类似摄制电影的方法创作的作品，也不包括录像制品。我国《著作权法》第46条规定："电视台播放他人的电影作品和以类似摄制电影的方法

---

[1] 音乐人高晓松认为："一首新歌在三个月内是难以家喻户晓的，在这时就可以不经版权人许可翻唱翻录，和一首歌红了几年你再去翻唱翻录性质完全不同，这是赤裸裸的鼓励互联网盗版行径。最蹊跷的是新法只写'录音制品'，为何不包括电影电视剧？如果所有知识产权都只保护3个月，我们愿意共同献身。"他认为，草案的规定使得音乐作品只有三个月的保护权，严重损害了创作者的利益。实际上，从上述两个条文来看，只是规定了对音乐作品的法定许可，并不是说音乐作品著作权只有三个月保护期限。问题在于：我国著作权集体管理组织存在问题，著作权人获得的使用费寥寥无几，从而使得著作权人的利益不能得到妥当的保护。

创作的作品、录像制品，应当取得制片者或者录像制作者许可，并支付报酬；播放他人的录像制品，还应当取得著作权人许可，并支付报酬。"该条规定排除了上述作品或制品法定许可的可能性。

四、编写教科书的法定许可

我国《著作权法》第23条规定："为实施九年制义务教育和国家教育规划而编写出版教科书，除作者事先声明不许使用的外，可以不经著作权人许可，在教科书中汇编已经发表的作品片段或者短小的文字作品、音乐作品或者单幅的美术作品、摄影作品，但应当按照规定支付报酬，指明作者姓名、作品名称，并且不得侵犯著作权人依照本法享有的其他权利。前款规定适用于对出版者、表演者、录音录像制作者、广播电台、电视台的权利的限制。"

教科书的法定许可主要目的在于促进九年制义务教育和国家教育规划，其范围相对较窄。为了其他教育目的，比如大学教育、职业教育，或者编写教科书以外的辅导材料等，均不属于法定许可的范围。而且，法定许可的对象仅仅是已经发表的作品片段或者短小的文字作品、音乐作品或者单幅的美术作品、摄影作品，大部头的作品不能整体纳入到教科书中。另外，如果作品片段的篇幅不大，在已经注明出处的情况下，在教科书中（下文中课件亦同）中使用，也可能是合法地引用，本身不构成侵权，谈不上法定许可。

目前，我国一些著作权集体管理组织已经同出版社就教科书法定许可订立报酬支付合同。比如，2009年人教社与中国文字著作权协会签订稿酬收转协议，委托该协会转付文字报酬，成为国内教科书出版社与中国文字著作权协会签订稿酬收转协议的首家单位。自2009年起，人教社即与中国摄影著作权协会多次磋商，就委托摄影作品报酬转付事宜达成一致意见并决定签约。

五、制作课件的法定许可

课件（courseware）是根据教学大纲的要求，经过教学目标确定，教学内容和任务分析，教学活动结构及界面设计等环节，而加以制作的课程软件。它与课程内容有着直接联系。2005年，我国颁布《信息网络传播权保护条例》，其中第8条规定："为通过信息网络实施九年制义务教育或者国家教育规划，可以不经著作权人许可，使用其已经发表作品的片断或者短小的文字作品、音乐作品或者单幅的美术作品、摄影作品制作课件，由制作课件或者依法取得课件的远程教育机构通过信息网络向注册学生提供，但应当向著作权人支付报酬。"

　　课件制作法定许可的目的也是为了促进九年制义务教育或者国家教育规划，允许在制作课件时使用他人的作品。这种法定许可考虑到远程网络教育课程的需要，制作多媒体课件供学生通过网络在远端加以利用，但依据《信息网络传播权保护条例》第 10 条的规定，应当采取一定的技术措施，防止服务对象以外的人获得课件中的著作权人的作品。

六、通过网络向农村提供特定作品的法定许可

　　《信息网络传播权保护条例》第 9 条规定："为扶助贫困，通过信息网络向农村地区的公众免费提供中国公民、法人或者其他组织已经发表的种植养殖、防病治病、防灾减灾等与扶助贫困有关的作品和适应基本文化需求的作品，网络服务提供者应当在提供前公告拟提供的作品及其作者、拟支付报酬的标准。自公告之日起 30 日内，著作权人不同意提供的，网络服务提供者不得提供其作品；自公告之日起满 30 日，著作权人没有异议的，网络服务提供者可以提供其作品，并按照公告的标准向著作权人支付报酬。网络服务提供者提供著作权人的作品后，著作权人不同意提供的，网络服务提供者应当立即删除著作权人的作品，并按照公告的标准向著作权人支付提供作品期间的报酬。依照前款规定提供作品的，不得直接或者间接获得经济利益。"上述规定有以下几层含义：

　　第一，作品著作权主体限制为中国公民、法人或者其他组织，包括在中国注册的三资企业。受益主体则是我国农村地区的居民，但问题在于：网络是贯通的，并不区分农村地区和城市地区，如何能够通过一定的技术手段保证只有农村地区的居民能够获得相关作品，这是一个问题。

　　第二，作品范围限制为已经发表的种植养殖、防病治病、防灾减灾等与扶助贫困有关的作品和适应基本文化需求的作品。其中，种植养殖、防病治病、防灾减灾等与扶助贫困有关的作品相对比较容易确定，但何为"适应基本文化需求的作品"，这就存在着很大的不确定性，需要在实践中进一步明确。

　　第三，网络服务提供者必须依照法定程序进行公告，著作权人有权提出

异议。在著作权人提出异议之后，网络服务提供者应当立即删除著作权人的作品，并按照公告的标准向著作权人支付提供作品期间的报酬。

第四，网络服务提供者不得直接或者间接获得经济利益。这项规定没有实际意义，首先，网络服务提供者直接获得一定的经济利益，并将经济利益中的一部分作为使用作品的报酬支付给著作权人，这是合乎情理的。如果网络服务提供者不能获得任何经济利益，无异于亏本经营，不符合商业规律，也无助于扩大对农村居民的科技和文化支持。其次，规定网络服务提供者不得获得间接的经济利益也是不符合实际的。在一个网站上提供了较多的适合农村居民的作品，其网站的知名度就可能因此而提高，网站经营者就可能获得间接的经济利益，这是必然的现象，也是法律所无法禁止的。

七、孤儿作品的法定许可问题

孤儿作品（orphan works）指可能仍然具有著作权，但是著作权人不明或著作权人虽然确定但是很难联系以洽商著作权利用事宜的作品。对于具有著作权的作品，如果不能获得授权，就不能利用。但如果孤儿作品必须授权以后才能利用，既不能出版，也不能改编。社会公众就不能接触到很多很有文化价值的孤儿作品，许多想要根据孤儿作品进行演绎创作的行为也不能进行，不利于科技文化的进步和繁荣。

对于这种孤儿作品利用上的困境，现行的著作权制度难以解决。一些国家包括加拿大、韩国、英国和日本等国的著作权法都规定了利用孤儿作品问题的解决方案。如英国著作权法规定，对于孤儿作品，如果经过合理努力仍无法找到著作权人，也不能确定著作权保护期是否届满的，则径行利用孤儿作品的行为不构成著作权侵权行为。加拿大和韩国的著作权法则通过特别许可制度解决孤儿作品的利用问题。

我国也应当建立特别许可制度。这种制度的要旨是：当作品利用人经过合理努力，仍不知其著作权人或者虽然著作权人明确却无法取得联系而获得授权时，经过著作权主管机关的特别许可，在支付使用费后，可以利用该孤儿作品。万一将来著作权人提起侵权之诉时，可以藉此免除其侵权赔偿责任。不过，一旦著作权人不同意继续利用作品的，作品使用人应立即停止使用。总体上看，特别许可制度可以在有效保护著作权的同时，又能兼顾公共利益的要求。

第十节 死海古卷案件分析

一、基本案情

1947 年春天，有两个牧羊少年人在死海旁康隆的一个山崖脚下牧羊，因为羊走失，去找羊的时候，无意中造就了 20 世纪最大的考古发现之———一批写在莎草纸、动物皮肤和铜铸残片上的腐朽经卷。哈佛大学的 Strugnell 最早将这些片断整理成一个卷轴。因解译古卷的任务需要用 Strugnell 所缺乏的语言学和犹太法律知识以补充散失的部分，为完成古卷解译，以色列 Qimron 教授于 1981 年参加了古卷解译工作。Qimron 教授是以色列 Ben-Gurion 大学的希伯来语教授，擅长于研究在库姆兰洞穴中发现的死海古卷。自那以后 11 年中，Qimron 教授运用其语言学和古犹太法律知识从事于艰苦的古卷解译工作，他不仅进行了大部分解译，也是将古卷命名为"圣经旧约之首五卷的主要补充"的人。Qimron 教授用从 Strugnell 处得到的 67 个古卷片断设法整理了一个 121 行的文本（下称"解密文本"），其中的 40% 是补充 67 个古卷片断文本中所没有的空白。[1] 在 Strugnell 和 Qimron 教授出版解密文本之前，1991 年 12 月，美国圣经考古评论的主编者 Hershel Shanks 未经同意，出版了一本叫做"死海古卷的摹写版本"的书，这本书包括了隐秘卷册的数百个片断的照片，包括古卷片断照片。书的编辑为该书写了导言并制作了包括在书中的照片的索引。Hershel Shanks 也为该书写了一个"出版者导言"，其附录之一是解密文本草稿的复制件。[2] 1992 年 1 月 14 日，Qimron 教授在耶路撒冷地区法院起诉，请求法院判令被告取消书的发行，并赔偿损失。2000 年，以色列最高法院作出终审裁决。两审法院均判决解密文本具有独创性，可以受到著作权

---

[1] See Niva Elkin-Koren, "COMMENTARY: Of Scientific Claims and Proprietary Rights: Lessons from the Dead Sea Scrolls Case", *38 Hous. L. Rev. 445*, (Summer, 2001). p. 453.

[2] "解密文本"的英文是"Deciphered text"，国内有学者译为"解译文本"。参见王太平、李长皓："著作权保护的双重限制——以死海古卷案引之为鉴"，载《知识产权》2007 年第 4 期，第 58~62 页。"解译文本"容易造成误会，以为这是经过原告 Qimron 教授翻译的文本。其实不然，就解密文本而言，Qimron 教授既没有翻译，也没有解释，只是补充了上面脱落的文字。解密文本仍然是古希伯来语，能够为懂得现代希伯来语的人所直接阅读。希伯来语为以色列的国语，字母外形、发音规则、词汇、词义、语言规则经过 3000 多年岁月，没有发生多大的变迁。因此，在以色列，人们说，如果 3000 年前的大卫王、所罗门王今天漫步在耶路撒冷的大街上，基本能够听懂他的子民之间的交谈。

保护，Qimron教授胜诉，颁发了永久禁令，赔偿Qimron教授的损失并将所有包含解密文本的书的复制件以及所使用或意图使用的用于制作复制件的图版交于Qimron教授。

二、本案的两个争议焦点

在这个案件中，主要争议焦点有两个。争议焦点之一在于：Qimron教授的"解密文本"有无独创性？在死海古卷案中，就独创性来说，以色列法院采用的是英国的做法。法院也曾为，为了获得版权保护，仅仅投入努力、时间或才干是不够的。然而法院却转而错误地认为，在检验独创性时，不能比较最终作品和其他作品，焦点应放在创作作品的阶段，集中于作品的创作过程。法院由此认为Qimron教授从事的是有创造性的、灵巧的工作，并不仅仅是机械的劳动。说到底，法院仍然是将Qimron教授在整理"解密文本"过程中付出的"努力、时间或才干"作为判断独创性的依据，这就导致法院错误地认为Qimron教授的解密文本具有独创性，从而可以受到著作权保护。

本案的争议焦点之二在于：如何界定思想表达二分法？在本案中，以色列最高法院认为版权保护不适用于抽象的思想，而只适用于思想的有体表达，且这种表达必须是独创的。在案后的评论中，有学者认为以色列法院错误地把思想表达二分法和作品独创性标准混淆在一起。[1]也就是说，作品独创性判断与思想表达二分法是两回事情，不可以绞在一起处理。确实如此，解密文本本身只有121行，本身也很难说构成一部独立的作品。如果解密文本仅仅作为原告作品的一部分的话，我们可以不考虑其独创性，但必须界定其属于不受保护的思想，还是属于可以受到保护的表达。

整理死海古卷过程中，Qimron教授主要做了三个方面的工作：对古卷碎片进行重组排列；填补其中丢失的字；解释古卷上面的文字。"解密文本"到底是属于思想，还是属于表达，确实很难予以界定。法院最后给予了保护，无疑，从思想表达二分法的角度上看，"解密文本"就属于"表达"部分。如果法院未予以保护，就属于"思想"。换句话说，在以色列审理本案，

---

〔1〕 See Niva Elkin-Koren, "COMMENTARY: Of Scientific Claims and Proprietary Rights: Lessons from the Dead Sea Scrolls Case", *38 Hous. L. Rev. 445*, (Summer, 2001). p. 450.

Qimron 教授是在主场作战，"解密文本"就属于"表达"。如果换在美国审理本案，Qimron 教授是在客场作战，"解密文本"很可能就属于"思想"。

三、分析本案的一种新思路

由上文可知，不管是通过作品独创性分析，还是思想表达二分法，都存在着重大的缺陷，使得案件的判断结果具有极大的不确定性。就其根源，与其说是主场作战还是客场作战问题，还不如说是人们对作品概念界定得不清晰。

笔者提出一种存量要素增量要素二分法，以此作为解决作品独创性以及著作权保护范围的关键。[1]这一思路的关键在于将作品当作是一种由存量要素和增量要素构成的有机系统，包括符号形式和符号信息两个层次。

从上述存量要素增量要素二分法出发，我们发现，独创性其实就是要求在作品具有一定的增量要素，形成新的符形组合方式、新的艺术形象、新的结构布局、新思想、新观点、新情节、新信息，或是形成独特的艺术底蕴。如果一个作品没有任何增量要素，仅仅是各种存量要素的组合或者重构，就不是一件新作品，那么就没有任何独创性可言。

在死海古卷案件中，原告 Qimron 教授的"解密文本"只是对各种存量要素进行重构，既没有对原有材料重新进行编排，也没有进行翻译，还没有进行解释。[2]如同陶艺家将一个破碎的古代花瓶碎片重新粘好，并参照现代花瓶的风格和样式补上部分失落的碎片。[3]换句话说，"解密文本"追求的就是与原本完全一致，没有好坏之分，只有真假之别。[4]因此，完全可以推定"解密文本"没有独创性，Qimron 教授对"解密文本"没有著作权。如果其他学者根据古卷碎片作出多种不同的"解密文本"，其中至多只有一份是真实的，在无法确认哪一份是真实的情况下，法律可以推定都是真实的，都是对

---

[1] 参见王坤："知识产权对象中存量知识、增量知识的区分及其功能"，载《浙江社会科学》2009 年第 7 期。

[2] See Niva Elkin-Koren, "COMMENTARY: Of Scientific Claims and Proprietary Rights: Lessons from the Dead Sea Scrolls Case", *38 Hous. L. Rev. 445*, (Summer, 2001), p. 455.

[3] See Cindy Alberts Carson, "THE DEAD SEA SCROLLS COPYRIGHT CASES", *22 Whittier L. Rev. 47*, 57 (Fall, 2000).

[4] See Niva Elkin-Koren, "COMMENTARY: Of Scientific Claims and Proprietary Rights: Lessons from the Dead Sea Scrolls Case", *38 Hous. L. Rev. 445*, (Summer, 2001), p. 456.

古卷的重构，都没有独创性，都不享有著作权。[1]

在保护范围问题上，也可以采用"存量要素增量要素二分法"，其核心思想是存量要素不受保护。作品既存的各种要素不属于保护范围。在本案中，Qimron 教授将古卷碎片进行组合、编排，并且填补其中的空白部分，由此形成了"解密文本"。毫无疑问，Qimron 教授进行了大量卓有成效的脑力劳动，但"解密文本"本身只是对各种存量要素进行重构，既没有对原有材料重新进行编排，也没有进行翻译，还没有进行解释。因此，"解密文本"不属于 Qimron 教授作品的保护范围。[2] Hershel Shanks 没有利用 Qimron 教授解释的部分，只是利用了 121 行的"解密文本"，这部分属于存量要素，而且属于存量要素中的公共知识，在任何情况下都可以自由利用，不属于著作权法的保护范围。

Qimron 教授对"死海古卷"的整理工作同我国的校勘类似。校是查校古书中文字的异同，勘是勘正古书流传过程中出现的错误。中国古籍大部分是刊刻本，小部分是手抄本。在刊刻抄写的过程中，难免产生文字上的讹误、缺漏、增添、颠倒等情况；同一种书籍，在流传过程中，文字也可能有所不同。校勘就是补正文字上的种种错误，校出古书中字、句或内容上的异同，以使人们获得较为可靠的、较接近于原稿的本子。对古书的校勘也是一项重要的任务，要求人们具有广博的知识和坚实的学问。尽管如此，对于校勘的成果，依然是存量要素的重构。校勘工作不同于对古籍的注释，后者往往具有一定的增量要素，注释文本也因而具有一定的独创性，属于作品中著作权的保护范围。

本案一审法院法官 Dorner 认为原告花费了 11 年的时间整理古卷碎片，梦想成为解密文本的第一个出版者。原告丧失了优先出版解密文本的权利，这给他带来了巨大的经济损失和精神损失。[3] 被告也确实可能侵犯了原告的民

---

[1] 这种情形有点类似于民法上的共同危险行为，可以实行举证责任倒置，要求希望享有著作权的学者提供相应的证据，证明补充的文字部分是虚构的产物，不是或不可能是古籍中遗漏部分的再现。

[2] See Cindy Alberts Carson, "THE DEAD SEA SCROLLS COPYRIGHT CASES", *22 Whittier L. Rev.* 47. (Fall, 2000), pp. 53~57.

[3] See David Nimmer, "copyright in the dead sea scrolls: authorship and originality", *38 hous. l. rev. 1houston law review. 5.* (spring 2001), p. 71.

事权益，但绝不是著作权。另外，在本案中，法院认为 Qimron 教授享有著作权的两个重要的理由就是：其一，其他学者也可以根据古卷碎片作出不同的"解密文本"，同样也享有著作权，因而不会存在垄断；其二，可以基于合理使用原则利用 Qimron 教授的解密文本。[1]这两个理由都是站不住脚的，第一个理由前面已有论述，其他学者作出不同的解密文本，也推定其只是恢复原状，自然也没有独创性，不具有著作权。就第二点而言，由此可知，合理使用的对象不是整个作品，而是作品中受到保护的增量要素部分。至于作品中公共知识部分，不管是存量要素中的公共知识，还是增量要素中的公共知识，本来就可以自由运用，根本就谈不上合理使用。因此，在本案中，从作品独创性以及保护范围两个角度上看，都不发生侵犯著作权问题。

---

[1] See Niva Elkin-Koren, "COMMENTARY: Of Scientific Claims and Proprietary Rights: Lessons from the Dead Sea Scrolls Case", *38 Hous. L. Rev. 445*, (Summer, 2001), p. 459.

第五章
反剽窃论

从词源上看,"剽窃"概念最早见于唐柳宗元《辩文子》:"其浑而类者少,窃取他书以合之者多,凡孟管辈数家,皆见剽窃。"在这里,剽窃的意思是抄袭他人的作品。根据《当代汉语词典》的释义,剽窃是指抄袭、窃取(别人的著作、成果等)。[1]"剽窃"在英文中对应的是"plagiarism",《韦氏高阶英语词典》将"剽窃"定义为"用他人的文字或思想而没有注明出处"[2]。《朗文高阶英汉双解词典》定义为"使用他人的文字、思想或作品,并将它们据为己有"[3]。在立法上,我国《民法通则》第118条规定的"剽窃"是一种侵犯知识产权的行为,剽窃对象包括各种知识产权对象。《著作权法》第47条规定的"剽窃"则仅是一种侵犯著作权的行为。在学界,对于剽窃也没有统一的界定,往往指将他人的作品、作品片段或思想观点据为己有的行为。[4]美国法学家理查德·波斯纳则认为,剽窃是一种欺诈性的复制,损害了预期读者的信赖。[5]上述剽窃概念的界定存在着以下几个方面的问题:

---

[1] 参见《当代汉语词典》,中华书局2009年版,第1117~1118页。

[2] "the act of using another person's words or ideas without giving credit to the person",引自stephen J. perrault主编:《韦氏高阶英语词典》,中国大百科全书出版社2009年版,第1230页。

[3] "the act of using someone else's words, ideas or work and pretending they are your own",引自《朗文高阶英汉双解词典》,外语教学与研究出版社2006年版,第1551页。

[4] 参见齐爱民、周伟萌:"论学术抄袭的两面性:以学术规范和法律规范的区分为视角",载《重庆大学学报(社会科学版)》2010年第6期;杨利华、冯晓青:"学术不端与知识产权——以学术剽窃及其治理为视角",载《重庆大学学报(社会科学版)》2010年第6期;王毅:"论抄袭的认定",载《法商研究》1997年第5期;于世平:"浅析如何判定剽窃、抄袭",载《人民司法》1993年第11期。

[5] [美]理查德·波斯纳:《论剽窃》,沈明译,北京大学出版社2010年版,第125页。

第一,概念精确化问题。词典中的剽窃概念是一种日常生活中的自然概念,建立在人们共同经验的基础上,但是其内涵和外延往往不清晰,属于那种一说就明白,一追问就糊涂的情形。比如,剽窃的对象是他人的整部作品,还是作品中的部分要素,如思想观点、信息,或者只是"文字",这些均存在着较多的争议。[1]

第二,概念泛化问题。如果剽窃的对象是各种知识产权的对象,剽窃等同于侵犯知识产权行为,过于宽泛,这种剽窃概念基本上没有法律意义。

第三,著作权法律制度的科学性问题。我国著作权法规定了著作权的各种权能,达到16项之多,在法律责任中规定了"剽窃",将它作为侵犯著作权的一种方式,但是并没有明确非法实施了著作权人的何种权能才算是构成"剽窃"。另外,剽窃和署名、复制等行为之间的关系也没有界定清楚。如果剽窃只是不当署名、非法复制等行为的代名词,在著作权法已经规定了复制等积极权能的情况下,根本就不需要在法律责任中规定"剽窃"概念,完全可以将"剽窃"概念转化为"不当署名、非法复制"等法律用语。

第四,制度建构的社会效果问题。最近几年来,学术界"剽窃"风波一直不断,呈现出愈演愈烈的态势,这跟剽窃概念范围过窄存在着密切的联系。人们通常将剽窃行为锁定在"将他人作品据为己有"上面,反而不利于处理各种学术乱象。比如,将他人的作品窃为第三人所有,就不属于剽窃。再加上思想表达二分法是难以抗拒的"天条",[2]当前学界的主流意见似乎仍然是根据思想表达二分法,将剽窃思想观点的行为归属于学术道德范畴,[3]将其他剽窃行为归入到著作权法律规制的范围。只要不是全文或大段地照抄,被剽窃者总是感到理直但气不壮。这种制度安排是否有助于惩治我国当前愈

---

[1] See David Nimmer,"The moral imperative against academic plagiarism (without a moral right against reverse passing off):2003 niro scavonne haller & niro distinguished lecture", *54 DePaul L. Rev.* (2004), p. 68.

[2] TRIPS 协议第 9 条第 2 款规定:"版权保护应延及表达,而不延及思想、工艺、操作方法或数学概念之类。"

[3] See Jaime S. Dursht,"Judicial plagiarism:it may be fair use but is it ethical?",*18 Cardozo L. Rev.* (1996), p. 1275. 在我国,2006 年 7 月,北京市第二中级人民法院对"王天成诉周叶中著作权纠纷案"作出一审判决(二中民初字第 06122 号民事判决书),法院认为:著作权法保护的是思想的表达形式,而非思想本身。被告涉案图书对于相关学术观点的借鉴,不构成著作权法意义上的侵权,原告的相关主张不能成立。

演愈烈的剽窃现象,值得深究。

因此,在剽窃问题上,首先是需要对剽窃概念进行准确的界定,使得"剽窃"从日常生活中的自然概念转化为著作权法上的科学概念,厘清剽窃行为的对象、种类、本质以及法律性质,在此基础上,确立剽窃行为的法律责任。

第一节 反剽窃的理论依据

在著作权法上,没有哪一种理论已经明确成为反剽窃的依据。不过,在知识产权法哲学层面上,论证知识产权正当性的学说有四种:劳动说、人格说、激励说以及社会规划说。[1]在这几种学说中,劳动说、人格说和激励说有可能成为反剽窃的理论依据。此外,从文化发展利益的角度上看,剽窃行为扰乱了思想观点、情节、形象的发展脉络,不利于文化发展,"文化发展利益说"也能够成为反剽窃的理论依据之一。

一、劳动说

为了论证财产权的合理性,英国思想家洛克提出劳动说,认为劳动是确定财产权的基础。[2]洛克的劳动说本来是用来证成动产以及不动产物权的,其目的是在论证私有财产权的伦理性,从而反对政治权力对私有财产的任意侵犯。洛克的劳动说被用来论证著作权的合理性,之所以产生著作权,就是因为作品是作者智力劳动的成果。作者为了创作一部作品,要进行复杂的思维活动,要搜集资料、积累经验、体验生活,经过艰苦的劳动使其变为作品。这种劳动创造了人类的精神财富,它同物质财富的创造一样,是社会进步不可缺少的力量。因此,这种劳动需要得到社会的承认与尊重。剽窃行为将他人的劳动成果据为己有,无异于掠夺了他人的动产,因而侵犯了他人的财产权。

从劳动说的视角上看,剽窃行为掠夺了作者的劳动成果,这种观点易于为人们所理解。但该说存在着以下几个方面的问题:第一,该说仅仅是从作

---

[1] 参见[美]贾斯汀·休斯:"知识产权哲学",载刘春田主编:《中国知识产权评论(第二卷)》,商务印书馆2006年版。

[2] 参见[英]约翰·洛克:《政府论》,杨思派译,九州出版社2007年版,第347页。

者私益角度上考量剽窃行为，其逻辑结果就是由作者或其继承人处理剽窃问题。如果剽窃的是无主作品，或是作者早已过世又无明确继承人的，劳动说就难以奏效；第二，依据劳动说，反剽窃仅仅是作者及其继承人的私事，剽窃者不会因此承担公法上的责任。也就是说，不管是著作权行政管理机关，还是剽窃者所属高校、科研机构等单位，都难以从劳动说的角度上对剽窃者进行行政处罚，更谈不上承担刑事责任。

二、人格说

人格说起源于康德、黑格尔时代。从人格说的角度上看，剽窃他人的作品，割裂了作品和作者人格之间的关系，无异于损害作者的人格。作为一种反剽窃理论依据，人格说的优势在于，剽窃行为损害作者的人格，这是要求剽窃者承担精神损害赔偿的理论依据。从劳动说的视角上处理剽窃问题，仅仅能够要求剽窃者停止侵权、承担经济赔偿责任等方面的法律责任，但不能要求剽窃者承担赔礼道歉、消除影响等责任，而从人格说的角度上则可以要求采用这些责任方式。不过，人格说的缺陷有以下几种：

第一，剽窃行为不一定会损害作者的人格。作品是作者人格的体现，但剽窃行为却不一定会损害作者的人格，造成作者精神上的痛苦。认为剽窃行为一定会损害作者的人格，需要进行精神损害赔偿，这是一个不可靠的推论，剽窃和作者人格受损之间并没有必然的联系。

第二，人格说同劳动说一样，仅仅是从私益角度上考量剽窃问题。反剽窃仅仅是作者及其继承人的私事，剽窃行为不会承担公法上的责任。也就是说，不管是著作权行政管理机关，还是剽窃者所属单位，都难以从人格说的角度上对剽窃者进行行政处罚。

第三，如果剽窃作者已经去世的作品，特别是早已进入公有领域的作品，从人格说的角度上看，就无法认为侵犯了作者的人格权，从而进行有效的规制。

三、激励说

从激励说的视角上看，剽窃行为仅仅是对现有作品的重复，不利于促进新作品的产生，不能实现著作权法的立法目的，因而损害了公共利益。激励说突破了劳动说和人格说仅仅从私益角度上进行反剽窃的局限性，将反剽窃提高到公共利益的高度上。应当说，激励说对于处理针对整部作品的剽窃行为较为有效，剽窃行为阻碍了新作品的产生，妨碍了思想文化的繁荣。但对于仅仅剽窃作品中部分要素的行为则无法适用，后者也可能形成了一种新作品。从这个角度上看，剽窃部分作品要素的行为并没有阻碍新作品的产生。比如，在王天成诉周叶中、戴激涛侵权案件中，[1]周叶中、戴激涛的著作《共和主义的宪政解读》有20多万字，同王天成作品只有少量雷同。《共和主义的宪政解读》是一部新作品，包含了很多创新的成分。从激励说角度上看，就不构成剽窃。

四、文化发展利益说

剽窃行为破坏了作品的署名规则，割裂了作品和作者之间的关系。从私益角度上看，署名的意义在于推定作品的归属，是作者行使其他著作权利的基础。因此，剽窃行为可能损害作者的私益，侵犯著作权。不过，从公益角度上看，剽窃行为最大的危害在于割裂了作品和作者之间的关系，不利于人们充分地理解作品和作者，同时也造成思想文化发展脉络的错乱，从而损害了文化发展利益。[2]文化发展利益说基于公益视角考量剽窃问题，能够有效地解释和处理各种剽窃行为。只要是破坏了署名规则，割裂了作品和作者之间的关系，就有可能损害文化发展利益。不过，文化发展利益说的缺陷在于：现在的作品数量、种类之多是前所未有的，很多是工程设计图、产品设计图等应用性作品，对这些作品的剽窃一般也不会造成思想文化发展脉络的错乱。此类作品的剽窃行为，需要通过其他学说进行处理。

总的来看，在上述四种反剽窃理论依据中，劳动说和人格说主要是从私法角度上维护作者的合法权益。激励说和文化发展利益说主要是基于公共利益立场处理剽窃问题，但二者保护公共利益的出发点不同。本书采文化发展利益说。

第二节 剽窃行为的对象、种类、本质及法律定性

本书将剽窃界定为一种混淆作品或作品中部分要素出处的行为，也是一

---

〔1〕 参见北京市第二中级人民法院民事判决书（2006）二中民初字第06122号。
〔2〕 参见施文高：《比较著作权法制》，台湾三民书局1993年版，第348页。

种不当署名问题。[1] 首先，剽窃的对象是作品或作品中的部分要素；其次，剽窃的本质是不当署名，混淆出处。禁止剽窃是一种与署名权相对应的、属于作者的消极权能；最后，剽窃的结果是割裂作者和作品之间的联系，既损害公益，也可能损害私益。

一、剽窃对象

首先，剽窃的对象是整部作品，其最典型的形态就是将他人的作品署上自己的名字去出版、发行。但作为剽窃对象的作品不一定要具有著作权，比如，美国大学学会出版公司出版的已畅销近百年的"少男少女丛书"，剽窃了蒲松龄两篇作品。其中一篇是 The Wonderful Pear Tree（《奇妙的梨树》），另一篇叫 The Maid in the Mirror（《镜中少女》）。但这两篇配有华人形象插图的故事，著作者名字却是"Frances Carpenter"。显然，蒲松龄的这两部作品早就没有著作权，但依然是剽窃的对象。

其次，剽窃的对象也可以是作品中的部分要素。这就涉及对作品概念进行科学界定问题。传统上认为作品是一种智力成果，但智力成果本身并非科学概念，内涵含混模糊，不能分析其中的构成要素。本书认为，作品是一种具有精神功能的符号组合，由符号形式和符号信息两个层次上的各种要素构成，包括符形组合以及思想观点、艺术形象、情节、结构、体裁、题材，等等。[2] 在这些要素中，作为剽窃对象的，一般是作品中某一部分的符形组合或作品中蕴含的思想观点、艺术形象、情节等要素。比如，在艺术作品中，多以形象、情节等要素为剽窃对象，在学术作品中多以思想观点为剽窃对象。

至于体裁、题材、结构、风格、艺术底蕴等作品要素，对之进行模仿有助于科学文化艺术的繁荣，基于公共利益的考量，一般不作为剽窃的对象。另外，根据特定作品中要素的来源，我们可以划分为存量要素和增量要素两个部分。作为剽窃对象的作品要素，应当是作品中的增量部分。比如，中国某学者甲在《法学研究》上发表的 A 论文中剽窃了国外学者乙在 B 论文中的

---

[1] See Roger Billings, "Plagiarism in Academia and Beyond: What Is the Role of the Courts?", 38 U. S. F. L. Rev. (2004), p.394. (Law professors Robert Gorman and Jane Ginsburg call this, more precisely, the "tort of misappropriation.")

[2] 参见王坤："作品概念的科学建构及其在著作权法上的意义"，载《知识产权》2010年第6期。

思想观点，国内其他学者从 A 论文中再次剽窃该思想观点的，其剽窃的对象还是乙在 B 论文的思想观点。相对于 B 论文而言，该思想观点在 A 论文中属于一种存量要素。[1]

二、剽窃的种类

根据剽窃的范围，分为全部剽窃和部分剽窃。全部剽窃指的是将他人的整部作品都变更了署名，部分剽窃则是针对作品中的一部分或其中蕴含的思想观点等要素。根据剽窃的方式，可以分为原状剽窃和变动剽窃。原状剽窃的结果和作品或作品的一部分完全或基本一致，而变通剽窃则改变了作品的符号形式而攫取了其中的思想观点、艺术形象等要素。根据剽窃成果的归属，可以分为以下几种情形：一是据为己有。将他人作品或作品中的部分要素据为己有，让人误以为是自己创作的结果，这是最为常见的一种剽窃方式。二是在他人作品上将自己署为合作者，这种情形也很多。比如，导师将自己列为第一作者或第二作者帮助学生发表论文，领导在下属的作品上将自己署为合作者。三是将他人作品或作品中的部分要素变更为第三人所有，让人误以为是第三人创作的成果。四是未经合作作者许可，将与他人合作创作的作品当作自己单独创作的作品发表的。五是将自己的作品署上他人的名字，比如，学生在导师不知情的情况下署上导师的名字。根据剽窃的主体，可以分为正向剽窃和反向剽窃，正向剽窃是剽窃他人的作品，上述剽窃成果归属中的前四种情形属于正向剽窃，第五种情形则是反向剽窃，作者自愿或主动将自己的作品给他人剽窃。

历史上又一次著名的反向剽窃案例，清代启蒙思想家魏源与陈沆是至交。陈沆死后，魏源非常怀念笃友，决心从众多的著作中整理一种尚未刻印的《诗比兴笺》，为亡友增加一项"名山事业"。在陈沆死后三年（道光九年），魏源开始辑选撰著的作品，至咸丰四年才整理扩充成四卷来。《诗比兴笺》虽托名"陈沆"，但却是魏源的著作，体现的却是魏源的论诗思想。应当说，只有把握了魏源的生平和思想，才能够更好地理解《诗比兴笺》。反之，也只有理解了《诗比兴笺》，也才能够整体上把握魏源的生平和思想。从学术发展的

---

[1] 参见王坤："知识产权对象中存量知识、增量知识的区分及其功能"，载《浙江社会科学》2009 年第 7 期。

角度上看，魏源的这种"反向剽窃"行为同陈沆主动剽窃魏源作品的行为在社会效果上没有差别，都扰乱了思想文化的发展脉络，给后人造成了诸多困扰。[1]

三、剽窃行为的本质

不管是上述哪一种情形，剽窃行为的本质都是混淆了作品或作品要素的出处，改变了作者与作品、作品要素之间的关系。说到底，就是一个作者身份上是否存在着欺诈问题。[2]在符号世界中，作品本身有形无体，任何人都不可能占有作品。从私益角度上看，署名的意义在于推定作品的归属，是作者行使其他著作权利的基础。此外，署名还直接具有公益性质，只有通过正确的署名才能够保障作者和作品之间的关系，才能理清文化发展过程中各种思想观点和艺术形象、情节演变的历程，才能对思想观点和文化艺术的发展脉络有着全面的把握。[3]因此，剽窃的危害就在于割裂作者和作品之间的联系，不仅可能损害了作者的私益，影响作者声望的提高、版税的收取，而且也必然不利于社会文化发展利益，造成思想文化发展脉络的错乱。[4]

四、剽窃行为的法律定性

剽窃是学术道德问题，还是应当在著作权法上受到规制，或者是部分剽窃行为属于学术道德范畴，另外一部分则属于著作权法规制的范围。这里关键的问题就是著作权法上的思想表达二分法。思想表达二分法就是将作品划分为思想和表达两个部分，专利法保护的是思想，著作权法保护的是表达。[5]思想表达二分法最大的缺陷就在于：对于什么是思想，什么是表达，

---

[1] 参见夏剑钦："《诗比兴笺》确系魏源所著"，载《中国韵文学刊》2004年第4期；龙钢华："（魏源诗比兴笺）序中的文艺担当意识及其当代意义"，载《求索》2011年第5期。

[2] [美]理查德·波斯纳：《论剽窃》，沈明译，北京大学出版社2010年版，第23页。

[3] 参见王坤："著作人格权制度的反思与重构"，载《法律科学》2010年第6期。

[4] 关于剽窃的危害，可以参见方流芳："学术剽窃和法律内外的对策"，载《中国法学》2006年第5期。

[5] See Lerinda Saint Waltrip. "Copyright law——the idea/expression dichotomy: where has it gone?", *Copyright 1985 By The Board Of Trustees Of Southern Illinois University*, p.411.

从来都是一笔糊涂账，难以有效地划分作品中著作权的保护范围。[1]"'二分法'的教条不仅严重影响了是非观念，而且阻断了常理思维。"[2]其直接的危害就是排除了"思想观点"得到保护的可能性，由此，剽窃思想观点不构成侵权，最多属于学术道德范畴的问题。对整部作品或对作品某一部分的剽窃只有与非法复制发行等行为联系在一起，才构成对著作权的侵犯。在学界内外，慑于思想表达二分法的铁律，对于剽窃思想观点的行为也不敢理直气壮地提出侵权诉讼，最多就是将之诉诸学术道德。[3]

从不当署名的角度上看，剽窃行为不一定侵犯著作权。主要原因不在于思想表达二分法，而是被剽窃的作品本身有无著作权。如果被剽窃的作品已经不具有著作权，或者作者本人不存在，也没有继受著作权的人，就谈不上侵犯著作权。如果作为剽窃对象的作品具有著作权，除了下文中提及的"反向剽窃"的情形，必然是一种侵犯著作权的行为。也就是由于不当署名，擅自行使了作者的署名权能，从而侵犯了作者的著作权。因此，从法律上看，剽窃与署名权密切相关，[4]但不能说，剽窃行为侵犯了署名权。从民事权利理论角度上分析，署名权、复制权、发行权等均为著作权的权能，不是一项项独立的民事权利。其中，复制、发行则为各种使用权能，是法律赋予著作权人以各种方式利用作品的资格，而署名权、完整权等为辅助性权能，有助于作者圆满地行使各种著作用益权能。[5]署名权、完整权、复制权、发行权等既然为各种权能，本身不可能成为侵犯的对象，正如人们不可能侵犯物权的占有权能、使用权能一样。当前，在著作权法上，人们习惯于认为剽窃行为同时侵犯署名权、复制权等说法其实是不规范的。剽窃同署名权相关，但剽窃侵犯的对象不是署名权，正如非法复制行为侵犯的对象也不是复制权一

---

[1] See Alfred C. Yen, "a first amendment perspective on the idea/expression dichotomy and copyright in a work's total concept and feel", *38 EMORY L. J* (1989), pp. 398~407.

[2] 方流芳："学术剽窃和法律内外的对策"，载《中国法学》2006年第5期。

[3] "著作权法意义上的学术剽窃是针对作品的表达形式，而不是作品的思想，因为后者不受著作权法保护。在实践中，如果有作品涉嫌剽窃了他人作品的观点、思想，不能以著作权侵权对待。当然，如前而所讨论的一样，尽管这类行为不构成著作权侵权，但因其是一种严重背离学术规范和学术道德的行为，其也会受到舆论的谴责。"杨利华、冯晓青："学术不端与知识产权：以学术剽窃及其治理为视角"，载《重庆大学学报（社会科学版）》2010年第6期。

[4] See Jaime S. Dursht, "Judicial plagiarism: it may be fair use but is it ethical?", *18 Cardozo L. Rev.* (1996), p. 1282.

[5] 参见王坤："著作人格权制度的反思与重构"，载《法律科学》2010年第6期。

样。剽窃和非法复制行为侵犯的都只是著作权,只不过侵犯著作权的手段不一样而已。

第三节 剽窃行为的侵权责任

从剽窃概念的界定可以看出,剽窃行为的成立与否同剽窃者主观恶意程度、有无获益、有无复制、是否经过允许、有没有增加作品的价值、被剽窃对象有无著作权,以及剽窃对象是文字、信息还是思想等因素均没有直接的关系。[1]但这些因素的有无对于衡量剽窃行为法律责任方式的承担却有着重要的意义。另外,剽窃行为的诉讼主体、例外情形等也与剽窃行为的法律责任密切关联。

一、衡量剽窃行为侵权责任的各种因素

理查德·波斯纳将剽窃界定为一种欺诈性的复制,剽窃行为之成立须以剽窃者的故意为条件。[2]鉴于剽窃问题不仅牵涉到作者的私益,而且关系到思想观点的发展脉络,涉及社会文化发展利益,因此,需要采取一种无过失责任方式。[3]剽窃之成立不应以剽窃者的主观过错为条件,[4]不过,考量剽窃者的主观恶意程度对于责任方式和赔偿范围方面具有参考意义。对于故意剽窃的,可以要求其承担惩罚性赔偿责任或赔礼道歉等责任方式。对于非故意剽窃的情形,可以让其承担补偿性赔偿责任。[5]没有造成损失的,则不令其承担赔偿责任。

剽窃之成立也不应以造成损害后果为承担责任的必要条件。《著作权法》第47条规定了侵犯著作权的几种责任方式:停止侵害、消除影响、赔礼道

---

[1] 美国学者根据不同的剽窃定义,概括了剽窃概念中的10种要素,包括文中提及的主观恶意程度、有无获益、有无增加价值、有无著作权,等等。See Carol M. Bast & Linda B. Samuels, "Plagiarism and legal scholarship in the age of information sharing: the need for intellectual honesty", 57 Cath. U. L. Rev. (2008), p. 783.

[2] [美]理查德·波斯纳:《论剽窃》,沈明译,北京大学出版社2010年版,第125页。

[3] 参见王毅:"论抄袭的认定",载《法商研究》1997年第5期。

[4] See Jaime S. Dursht, "Judicial plagiarism: it may be fair use but is it ethical?", 18 Cardozo L. Rev. (1996), p. 1271.

[5] See Carol M. Bast & Linda B. Samuels, "plagiarism and legal scholarship in the age of information sharing: the need for intellectual honesty", 57 Cath. U. L. Rev. (2008), p. 813.

歉、赔偿损失。采用何种责任方式,除了考虑当事人的主观恶意程度以外,还需要考量剽窃行为所造成的后果。比如,如果剽窃行为造成了恶劣的社会影响,就需要消除影响、赔礼道歉。如果剽窃行为导致了作者的经济损失,包括版税的损失或科研奖励方面的损失,也可以要求其承担经济赔偿责任。当然,对于损害后果轻微的,也可以只要求其停止侵害,不需要承担其他法律责任。

在衡量剽窃的法律责任时,剽窃部分的数量、质量在被剽窃作品以及剽窃作品中的地位和作用应当予以考虑。如果剽窃部分量大,而且属于被剽窃作品的精华部分,自然会对作者产生更大的不利影响,剽窃者应当承担更重的法律责任。同样,如果在剽窃者的作品中,剽窃部分的数量越多,而且构成了剽窃作品的核心,那么,剽窃者应当承担更重的法律责任。反过来说,如果剽窃部分所占的量不大,只是用来佐证剽窃者自己的观点。剽窃者在作品中添加的增量要素部分越多,质量越高,作品独创性越强,剽窃者所承担的法律责任相对应当更轻一些。[1]

另外,剽窃思想观点尽管不影响侵犯著作权的定性,但与法律责任之承担则有着绝大的关系。仅仅是对思想观点的剽窃一般不会造成经济损失,不用承担经济赔偿责任。情节比较轻微的,或者仅仅是出于技术性的失误,

---

[1] 在王天成诉周叶中、戴激涛侵权案件中。原告王天成诉称:其于1999年6月及同年年底创作完成《论共和国——重申一个古老而伟大的传统》和《再论共和国———次夜半对话》两篇论文。被告人民出版社于2005年9月编辑出版"法学名家经典系列"丛书,其中收入了被告周叶中、戴激涛合著的《共和主义之宪政解读》(以下简称《宪政解读》)一书。2005年11月,原告发现书中大量抄袭了《论共和国》网络版、纸介版和《再论共和国》文中的内容,不仅全书谋篇布局照搬原告论文框架,而且在大段剽窃原告作品的同时,对文字进行了增删,歪曲了原告作品关于共和主义的本意。为此,原告在网络上刊载相关文章,要求被告周叶中和戴激涛承认抄袭事实并公开致歉。原告主张《宪政解读》一书中抄袭的文字共有46处计5298字,并认为周叶中、戴激涛对此存在主观过错,侵犯了原告对上述作品所享有的署名权、修改权、保护作品完整权、复制权、发行权、获得报酬权等权利。被告周叶中、戴激涛辩称:两被告所著《宪政解读》一书是其独立创作完成、受著作权法保护的作品;原告指控"抄袭"的46处中,有的表述差别很大,有的在提交给人民出版社的书稿中标有注释,有的是借鉴和参考第三人的论文和著作,有的属于公知的历史知识和通说,故均不构成抄袭;从原告指控"抄袭"的46处在《宪政解读》一书中的地位和作用来看,均不构成该书的实质内容和主要部分。因此原告的诉讼主张不能成立,请求法院依法驳回原告的诉讼请求。就本案而言,周叶中、戴激涛的著作《共和主义的宪政解读》有20多万字,同王天成作品只有少量雷同。在衡量剽窃行为是否成立以及责任方式、赔偿范围的时候,既要考虑抄袭的数量,也要考虑抄袭部分的内容到底是什么?剽窃的是新概念、新观点,还是历史事实或公共领域中的各种既存的思想观点?说到底,衡量剽窃问题,既是一个事实判断问题,即有无雷同;也有一个价值判断问题,存在着自由裁量的空间。

一般不用承担法律责任。情节比较严重的，可以通过停止侵害、消除影响、赔礼道歉等责任方式进行。为了避免思想观点的剽窃，就需要在作品中进行必要的注释，注释指明了思想观点的归属，维护了他人的署名权，自然就不涉及侵权问题。当然，如果某一思想观点是其自己苦思冥想出来的，本身不是有意地对他人既有观点的重复，就不需要进行注释，阐明思想观点的来源。

剽窃没有著作权的作品，也要承担一定的法律责任。主要是由于署名问题关系到社会公共利益，因此，作者的继承人或国家指定机构有权要求社会公众对作品进行正确地署名，[1]要求剽窃者消除影响、赔礼道歉。当然，这种剽窃不涉及侵犯著作权问题，不需要承担民事赔偿责任。但对于主观恶意程度比较深，非法获利巨大，造成严重后果的，著作权行政主管部门应当有权对其进行行政处罚。对于特别严重的，自然也可以科以刑罚。[2]

二、与剽窃行为侵权责任相关的几个问题

首先，对于剽窃作品的著作权问题。一般而言，考量作品是否具有著作权与其是否侵犯他人著作权本身是两个问题，它们之间有一定的联系，但也有明显的区别。如果剽窃的对象是他人的整部作品，或者是他人作品中片段的简单组合，剽窃者在剽窃作品中毫无增量要素可言，这种情形下自然就没有著作权。如果仅仅是剽窃他人作品中的一部分，而剽窃作品中也有着一定的增量要素，符合独创性的要求，当然就具有著作权，当然，剽窃者仍然对其剽窃行为应当承担法律责任。比如，在王天成诉周叶中、戴激涛侵权案件中，后者的作品有 20 多万字，同王天成作品中只有少量雷同，即使构成剽窃的话，也不影响后者对其作品享有著作权。

其次，剽窃的例外情形。剽窃的本质是混淆出处，但在依据惯例或客观上不能标明出处的情形下，就不应当算作剽窃。比如，有些无主作品难以标明出处。生活中的公理、谚语等均不需要标明出处。再比如，马克思主义中

---

〔1〕参见王坤："著作人格权制度的反思与重构"，载《法律科学》2010 年第 6 期。

〔2〕参见雷东生："论增设剽窃他人著作罪"，载《法商研究》1995 年第 2 期。不过，在对剽窃科以刑罚的情况下，需要对剽窃他人著作罪的构成要件作严格的限定，比如，主观上必须是故意，客观上需是全部剽窃，获利巨大，等等。一般而言，仅仅是剽窃思想观点，或者是过失、无过失，这些情形下，自然不能承担刑事责任。

的一些基本理论,生产力决定生产关系,经济基础决定上层建筑,等等。在叙述的时候,世人都清楚这些观点的出处。这种情况下就没有必要专门地予以标明。剽窃的本质在于混淆出处,在不会混淆出处的情形下,也不构成剽窃。"用典不算剽窃,因为作者预期其读者能够看出这是用典。"[1]另外,基于职务行为的,比如,"以法官的名义发表一篇并非由他撰写的司法意见书,这并非剽窃。"[2]

再次,对于反向剽窃的情形,比如,下属自愿让上司在自己的作品上署名,学生让导师挂第一作者以便于论文发表的,有时候上司或导师在不知情的情况下"被署名"。由于署名问题关系到社会公共利益,不仅仅是作者的私益。在这种情况下,剽窃行为的责任者就是作者本人,被署名者视情况可以要求在停止侵害、消除影响、赔礼道歉。在吴冠中诉朵云轩、香港拍卖公司案中,讼争作品《毛泽东肖像》是一幅假冒吴冠中署名的美术作品,落款非吴冠中本人的署名。这个案件属于典型的反向剽窃行为,吴冠中"被署名"。在"反向剽窃"情形下,作品的著作权仍然属于剽窃者,被署名者由于没有进行创作,因而没有著作权,不存在侵犯著作权问题。但被署名者有权要求剽窃者(作者)停止侵害、消除影响、赔礼道歉,如果造成经济损失的,也可以要求其承担赔偿责任。

再次,自我抄袭问题。如果作者在作品中大量地利用了自己以前的作品,包括作品中的思想观点、艺术形象、作品片段,甚至是作品本身,比如,将以前的作品汇编成书予以出版。这种情况下,没有混淆作品的出处,不会构成剽窃。但如果一稿多发,浪费学术资源和社会资源,获得了不当利益,构成学术不端。[3]而且极有可能违反作者与期刊杂志社的合同,构成一种违约行为。

再次,剽窃行为的诉讼主体。在正向剽窃行为引起的诉讼中,如果窃为己有的,无疑,被告是剽窃者,原告则是被剽窃者。如果窃为第三人所有的,第三人和剽窃者均为共同被告。依据第三人的主观恶意程度以及获利情形,确定其承担法律责任的方式。如果被剽窃者早已不存在的,作品又无著作权

---

[1] [美]理查德·波斯纳:《论剽窃》,沈明译,北京大学出版社2010年版,第22页。

[2] [美]理查德·波斯纳:《论剽窃》,沈明译,北京大学出版社2010年版,第57页。

[3] See Carol M. Bast & Linda B. Samuels, "Plagiarism and legal scholarship in the age of information sharing: the need for intellectual honesty", 57 *Cath. U. L. Rev.* (2008), pp. 785~787.

的,可以由被剽窃者的继承人或国家指定机构基于公益的考量担任原告。在反向剽窃的情况下,基于诚信原则,作者不能向被署名者提起诉讼。如果是作者主动地将作品上署上他人的名字,而被署名者知情的,被署名者无权提起诉讼。在这种情况下,受到剽窃行为影响的人,比如与被署名者具有竞争关系的人,[1]或者国家指定机构基于公益的考量,也可以作为原告,提起诉讼。

最后,剽窃同非法复制等行为的关系。波斯纳将剽窃视为一种欺诈性的复制行为。[2]无疑是将复制当作是剽窃行为的构成要素之一。由于剽窃只是同不当署名相关,因此,剽窃与非法复制发行等行为之间有着根本的差异。[3]如果仅仅是盗版他人的作品,但并没有改编作品的归属,就不构成剽窃,仅仅涉及非法复制发行。如果引用他人作品过多,比如,在文章中大段大段地摘录他人的作品作为自己文章的主干,但注明了引用部分的出处,这就是所谓的过度引用情形,也不构成剽窃。如果仅仅是剽窃了他人个别思想观点,这种情况下,就不存在着非法复制行为,但构成了剽窃。同样,在他人已经复制的作品上署上自己的名字,这里就不牵涉到复制,仅仅是剽窃。当然,如果以自己的名义出版他人的作品,既构成了剽窃,也构成了非法复制发行。

第四节 著作权法上剽窃条款的修正

在剽窃问题上,从法学角度上看,需要突破思想表达二分法的藩篱,通过对"剽窃"概念进行科学界定,将剽窃同署名权的功能结合在一起,厘清剽窃同非法复制、发行、改编等行为之间的关系,增强著作权法理论和制度的科学性。同时,还需要将剽窃行为全部纳入到著作权法规制的范围。不管是全部剽窃,还是部分剽窃;不管是原状剽窃,还是变通剽窃;不管是窃为己有,窃为他人所有,还是将自己列为他人作品的合作者;不管是故意、过失,还是无过失;不管被剽窃作品或剽窃作品有无著作权,也不管剽窃的数

---

[1] 参见[美]理查德·波斯纳:《论剽窃》,沈明译,北京大学出版社2010年版,第125页。
[2] 参见[美]理查德·波斯纳:《论剽窃》,沈明译,北京大学出版社2010年版,第125页。
[3] "学术剽窃与非法复制有相似之处,但行为性质更恶劣。它是将别人的作品当作自己作品,改变了被学术剽窃作品属于著作权人的关系,非法复制则不改变被复制作品与原著作权人的关系。"杨利华、冯晓青:"学术不端与知识产权——以学术剽窃及其治理为视角",载《重庆大学学报(社会科学版)》2010年第6期。

量和质量；不管是正向剽窃，还是反向剽窃。只要是混淆了作品或作品中部分要素的出处，都构成剽窃，都要承担法律责任。只不过由于上述差异，在承担法律责任的方式以及赔偿范围上应当有所区别。这样，一方面，可以赋予被剽窃者以法律武器，让被剽窃者不仅理直，而且气壮，对剽窃者自然也是一个震慑，自然有助于规范学术活动，遏制当前愈演愈烈的学术乱象。另一方面，由于法律责任方式以及赔偿范围上的限制，被剽窃者基于诉讼成本方面的考量，一般也不会造成滥诉的情形。

我国现行《著作权法》第47条第2项规定："未经合作作者许可，将与他人合作创作的作品当作自己单独创作的作品发表的"。第3项规定："没有参加创作，为谋取个人名利，在他人作品上署名的。"这两种行为实际上都是与署名有关的剽窃行为。而第47条第5项规定："剽窃他人作品的"。显然，立法者没有将剽窃行为同署名权联系在一起。依据本书的分析，我国著作权法的相关规定就需要进行修改，关于剽窃的条款，可以合并上述第2、3、5项，在第47条侵犯著作权的情形中，形成一个新条款："不当署名，剽窃作品、作品片段或作品要素的，应当视情况承担不同的法律责任，但情节轻微的除外。"

第五节　剽窃行为的行政责任

剽窃行为的行政处罚一般由著作权行政管理部门、剽窃者所在单位或相关基金资助单位实施，如学校、出版社、杂志社、学术单位，等等。只要剽窃者因其剽窃的作品从上述单位获得了某种利益，如学籍、学位、荣誉、奖励、职称、论文发表、资助项目等，涵括了各种人身利益和财产利益。对于剽窃行为的行政处罚自然也就多样化，处罚主体多样化，处罚手段多样化。我国目前来说，剽窃行为行政处罚的规定繁多，看上去面面俱到，实际上存在着很多问题：

第一，缺少独立处理剽窃问题的正当程序。我国目前往往由相关单位自己进行处理，这种处理一方面是权威性不够，另一方面也容易被通关系，走后门。最好是能够迅速遴选中立第三方，组织调查委员会，启动调查程序。在此过程中，给予涉嫌剽窃者陈述、举证和申辩机会。在这个过程中，应当尊重涉嫌剽窃者的正当程序与隐私权，调查与报告内容不公开，但处理决定必须公开。

第二，缺少细化的标准，往往比较原则。对于什么是剽窃？何谓情节严重？何谓情节特别严重？何种情况下给予何种处罚？等等，最好能够设定比较细的标准，以控制自由裁量权的范围。否则的话，自由裁量权过大，很容易出现处罚结果畸轻畸重的现象。

第三，处罚力度不统一。现有的各种处罚手段往往都是由相关单位自己来设定，相互之间也不统一。出现因校而异，畸轻畸重的不公平现象。一旦出了问题，由此引发诉讼，一方面要依据特定单位的处罚标准来衡量处罚的合法性和合理性，另一方面也要考虑标准本身是否合理。

第四，行政处罚的范围受到很大的限制。比如，对于反向剽窃没有规定行政处罚措施，这一点上还不如大清著作权律以及民国时期的相关立法。中国历史上第一部著作权法《大清著作权律》第36条规定："不得假托他人姓名发行己之著作；但用别号者不在此限"。第42条规定："违背三十四条及三十六条规定者，科以二十元以上二百元以下之罚金。"也就是说，按照《大清著作权律》的规定，假冒吴冠中署名的行为可以受到著作权法的规制，被处以高额罚款。这个规定在民国政府颁布的《著作权法》得以延续。第29条规定："假托他人姓名，发行自己之著作，以假冒论。"

针对剽窃行为的行政处罚，有必要在以下两个方面进行改进：

首先，对于剽窃行为的处罚，最好是由政府相关部门出台统一的处罚标准和实施细则。这些标准和实施细则属于半强制性的，只能高于但不能低于这些标准。各相关单位在参照政府标准的基础上，出台本单位的具体制度，以供遵守。另外，在惩罚手段上面，也应当详细地列举：比如，解除雇佣合同、拒绝授予终身制教授、降职、减薪、停招研究生，等等。学术期刊和出版社可以将相关论文从电子数据库中立即删除，一定期限内不再接受剽窃者投稿。所属学会可以公布事件真相，开除会籍或停权。对于政府资助的研究项目，可以停止拨付项目资助经费，日后不再受理项目申请，等等。

其次，在《著作权行政处罚实施办法》中，也需要对剽窃行为的惩罚方式进行完善。比如，针对剽窃行为，责令剽窃者改正。包括改正署名上的错误，或者加上必要的注释；如果剽窃行为造成不良影响的，责令剽窃者采取措施，包括登报、发表声明等，以消除影响；剽窃无著作权作品的，著作权行政主管部门应当有权责令停止复制、发行剽窃作品。造成不良影响的，也可要求剽窃者消除影响。

第六节　剽窃行为的刑事责任

当今世界上，多数国家和地区均将情节严重的剽窃行为纳入到刑法规制的范围。如《日本著作权法》第 121 条规定："对发行以非著作人的真名或众所周知为何人的假名作为著作人姓名而署名的著作物复制品（含以非原著作人的真名或众所周知为何人的假名作为原著作物的著作人姓名而署名的二次著作物的复制品）的人，处一年以下的徒刑或 30 万日元以下的罚金。"《澳门著作权法》第 197 条规定，任何人不经作者许可以任何形式利用和开发他人作品都有触犯刑法的危险。第 197 条规定，窃取和膺造他人作品是犯罪行为，对作案者可判处 1 年的监禁以及相关的罚金。对于剽窃行为是否入罪，我国当前存在着两种不同的看法：一种认为，剽窃行为应当入罪。[1] 另一种则相反，认为剽窃行为不能入罪。主流还是认为剽窃行为应当入罪。

我国《刑法》第 217 条规定："以营利为目的，有下列侵犯著作权情形之一，违法所得数额较大或者有其他严重情节的，处三年以下有期徒刑或者拘役，并处或者单处罚金；违法所得数额巨大或者有其他特别严重情节的，处三年以上七年以下有期徒刑，并处罚金：

（一）未经著作权人许可，复制发行其文字作品、音乐、电影、电视、录像作品、计算机软件及其他作品的；

（二）出版他人享有专有出版权的图书的；

（三）未经录音录像制作者许可，复制发行其制作的录音录像的；

（四）制作、出售假冒他人署名的美术作品的。"

第 218 条规定："以营利为目的，销售明知是本法第二百一十七条规定的侵权复制品，违法所得数额巨大的，处三年以下有期徒刑或者拘役，并处或者单处罚金。"

---

[1] 高铭暄、莫开勤："论侵犯著作权犯罪"，载《法制与社会发展》1996 年第 1 期；雷东生："谈增设剽窃他人著作罪"，载《法商研究》1995 年第 2 期；程璞、夏吉先："剽窃的刑事责任"，载《上海大学学报》1995 年第 2 期；刘进、喻志耀："论剽窃罪的增设及其立法操作"，载《武汉职业技术学院学报》2006 年第 5 期。另外，也有政协委员认为应当增设剽窃罪，惩治学术腐败。参见 http://news.sina.com.cn/c/2005-03-12/09295339630s.shtml，最后访问时间：2018 年 6 月 28 日。

所谓违法所得数额巨大，根据有关司法解释的规定，是指违法所得数额即获利数额在 10 万元以上，或单位违法所得数额在 50 万元以上。所谓其他特别严重情节，是指具有下列情形之一者：①因侵犯著作权被追究刑事责任，又犯侵犯著作权罪的；②个人非法经营数额在 100 万元以上，单位非法经营数额在 500 万元以上的；③造成其他特别严重后果或者具有其他特别严重情节的。单位犯本罪的，对单位判处罚金，对其直接负责的主管人员和其他直接责任人员，依本条规定追究刑事责任。

从上述规定中可以看出：第一，我国现行刑法对于侵犯著作权犯罪的规定主要是针对出版行为，也就是复制发行行为；第二，在犯罪的构成上具有两大要件，一是主观上须是故意，须以盈利为目的，二是在客观上违法所得数额较大或者有其他严重情节；第三，侵犯著作权罪的行为方式包括制作、出售假冒他人署名的美术作品的，也就是说，假冒他人署名，这是一种剽窃行为。对于反向剽窃的规定也是和复制发行结合在一起的，而且仅仅是针对美术作品而言。

建议在刑法上对剽窃进行如下规定：

第××条：剽窃情节严重的，处一年以下有期徒刑或者拘役，并处或者单处罚金；剽窃情节特别严重的，处一年以上三年以下有期徒刑。对于剽窃情节的认定，可以把握以下几点：

第一，须发表、出版或以其他方式为公众所知。剽窃行为如果不为公众所知，就没有造成一定的社会影响，也就谈不上具有严重的后果。

第二，须以故意为条件。造成剽窃的，一般有三种情况：一是故意。大部分情况下为故意；二是过失。因为技术性失误或其他原因没有注明出处的；三是无过失的。比如，在被署名的情形下就不存在任何过失，更谈不上故意。只有在故意情况下才需要承担刑事责任。

第三，剽窃一般为整体剽窃、原状剽窃，当然，窃取其他人著作中的一大部分据为己有，或者是将别人著作翻译后再据为己有的，剽窃性质也是比较严重的。

第四，不以营利为条件，不要求剽窃者须具有经营者身份。但如果剽窃行为和复制发行行为结合在一起的，二罪并罚。

第五，被剽窃的作品是否具有著作权，在所不论。本来，剽窃行为是否成立，与被剽窃作品是否具有著作权并没有关系。在承担刑事责任方面，也是一样。只不过，可以考虑，在剽窃具有著作权的作品时，可以考虑通过刑事自诉路径追究剽窃者刑事责任的可能性。

第七节　剽窃例外情形

本书将剽窃界定为混淆作品或作品要素出处的行为。但在日常生活中，有很多情形不能认定为剽窃，否则，势必造成社会生活中的不便。这些情形包括：第一，尽管没有注明出处，但不会发生混淆的，自然不能认定为剽窃；第二，依据惯例、作品性质或客观上不能标明出处的，自然不能视作剽窃；第三，依据职务要求需要在他人作品上署名的，也不能算是剽窃；第四，依据作品的性质，不至于混淆思想文化的发展脉络，从而损害文化发展利益。以上这些情形都是属于剽窃行为的例外情形，对这些例外情形的承认有助于缓解剽窃行为严格认定带来的消极后果。下文予以分析：

一、不会混淆出处的

生活中的公理、谚语等均不需要标明出处。比如，著名的猫论，"不管白猫黑猫，能抓到老鼠就是好猫"，实际上是古已有之的一句民间谚语，并非邓小平同志首创，但究竟源于何时，已无法稽考。蒲松龄的《聊斋志异》记载："异史氏曰：'黄狸黑狸，得鼠者雄'。此非空言也。"刘伯承同志经常讲一句四川话，"黄猫、黑猫，只要能捉住老鼠就是好猫。"这是说的打仗。我们之所以能够打败蒋介石，就是不讲老规矩，不按老路子打，一切看情况，打赢算数。

马克思主义中的一些基本理论，生产力决定生产关系，经济基础决定上层建筑，等等。在叙述的时候，世人都清楚这些观点的出处。这种情况下就没有必要专门地予以标明。剽窃的本质在于混淆出处，在不会混淆出处的情形下，也不构成剽窃。"用典不算剽窃，因为作者预期其读者能够看出这是用典。"[1]在不会造成混淆的情况下，依然处处进行注释，不仅造成文章臃肿不堪，而且也有掉书袋嫌疑。

在科普作品中，如果介绍的是科学常识，不会造成读者混淆，根本就不

---

[1] [美] 理查德·波斯纳：《论剽窃》，沈明译，北京大学出版社2010年版，第22页。

需要进行注释。但在科学常识之外,介绍他人创新的思想观点,或者直接引用他人的各种符号表达方式,就需要指出来源。指出来源的方式有很多,比如,在传统的文字作品中,可以在正文中指明出处;在图画作品或是视频媒体中,也可通过字幕等方式标出。

二、基于职务行为在他人作品上署名的

在生活中,有很多情形,人们是基于自己职务的要求在他人的作品上署名,比如,美国总统的各种演说词由幕僚起草,政界、商界、军界的领导人的讲话由秘书起草,或者是以法官的名义发表一篇并非由他撰写的司法意见书,[1]这些行为并非剽窃。基于职务行为在他人作品上署名的,既包括政府、法院等公权力机关领导人,也包括企业等社会组织的领导人,还包括各种临时性职务、活动中的领导人。

最高人民法院就由别人代为起草而以个人名义发表讲稿的著作权问题,在对上海市高级人民法院(1988)沪高民他字第3号《关于金文明与罗竹风著作权纠纷案的请示报告》回复中指出,《汉语大词典》主编罗竹风,在中国语言学会成立大会上关于介绍《汉语大词典》编纂工作进展情况的发言稿,虽然是由《汉语大词典》编纂处工作人员金文明等四人分头执笔起草,但他们在起草时就明确是为罗竹风个人发言作准备的;罗竹风也是以主编身份组织、主持拟定发言提纲,并自行修改定稿,嗣后以其个人名义在大会上作发言。因此,罗竹风的发言稿不属于共同创作,其著作权(版权)应归罗竹风个人所有。罗竹风同意在其他刊物署名刊载发言稿全文,不构成侵害他人著作权。对金文明等人在执笔起草发言稿中付出的劳动,罗竹风在获得稿酬后,可给予适当的劳务报酬。

2002年10月12日,最高人民法院通过了《关于审理著作权民事纠纷案件适用法律若干问题的解释》(以下简称《解释》),自2002年10月15日起施行。该解释第13条规定,"除著作权法第十一条第三款规定的情形外,由他人执笔,本人审阅定稿并以本人名义发表的报告、讲话等作品,著作权归报告人或者讲话人享有。著作权人可以支付执笔人适当的报酬。"

不过,这种剽窃例外情形必须和职务行为密切相关。因此,在两个方面

---

[1] 参见[美]理查德·波斯纳:《论剽窃》,沈明译,北京大学出版社2010年版,第57页。

存在着重大限制：第一，在作品范围上，一般限于讲话稿、演说词或者工作报告。如果是论著则否，主要因为论著与职务行为并不密切相关。另外，领导人自己为评职称，完成学业，而发表论著等行为与其职务没有必然的联系。这种情况下在他人的作品上署名就是剽窃。

第二，作品起草者和发表者之间应当有着一种职务关系。这种职务关系可能是一种比较稳定的上下级关系，也可能是一种临时性的上下级关系。比如，为完成某项课题或任务而临时形成的组织内成员上下级关系。如果没有这种职务关系，这种剽窃例外情形就不存在。比如，现实生活中，有的法官同一方当事人勾结，甚至判决书都是由当事人一方的代理律师起草的，这种情况下就不能构成剽窃例外情形。

1937年7月7日，蒋介石发表了著名的《庐山讲话》，这篇讲话稿是其文胆陈布雷起草的，其中最为著名的两句话就是："如果战端一开，那就是地无分南北，年无分老幼，无论何人，皆有守土抗战之责，皆应抱定牺牲一切之决心。"显然，蒋在这篇讲稿上署名的行为是一种职务行为，不构成剽窃。但在西安事变发生之后，蒋介石发表《西安半月记》一书。实际上，这本书是其文胆陈布雷所著。另外，在1943年，蒋介石授意，陶希圣执笔，完成《中国之命运》一书。1956年，陶希圣等人完成《苏俄在中国》一书，以蒋介石之名发表。显然，后面这几种情形应当属于剽窃，这种出版论著的行为与蒋氏的职务之间并无必然联系。

三、依照作品性质不能标明出处的

我国《著作权法实施条例》第19条规定，"使用他人作品的，应当指明作者姓名、作品名称；但是，当事人另有约定或者由于作品使用方式的特性无法指明的除外。"九年义务制教材的教辅用书系与教材配套使用，读者群体相对固定，教辅用书的编写者在编写教辅用书时，必须充分考虑小学生学习的特点，习题设计必须考虑篇幅。涉案图书以选择填空形式设计的练习题引用课本相关部分内容，在教辅作品中不指明涉及的课本文章作者姓名是考查小学生掌握语文课文熟练程度的需要，属于我国《著作权法实施条例》规定的由于作品使用方式的特性无法指明的除外情形。由于语文书中已经为原告署名，该做法不会造成相关读者对作品及作者的混淆或误认。

当然，对于其他的教材而言，凡是引用别人的观点或材料的，仍然应当注明出处。教材，特别是大学教材，不是剽窃的特区。比如，武汉大学法学院教授周长城著《经济社会学》（中国人民大学出版社2003年版）是"21世纪社会学系列教材"，全书共12章，约40万字，被曝光竟在10章、115页、436个段落发现抄袭他人著作，总字数接近10万字。[1]这本书的教材性质无碍于剽窃行为的定性。

另外，在古典诗词中相互点化、蹈袭前人的个别词句一般也难以说是剽窃。试看下面的几个例子：

陶渊明："采菊东篱下，悠然见南山。"韦应物："采菊露未晞，举头见南山。"

庾信《射马赋》："落花与芝盖齐飞，杨柳共春旗一色。"王勃《滕王阁序》："落霞与孤鹜齐飞，秋天共长天一色。"

杜甫："夜足沾沙雨，春多逆水风。"白居易："巫山暮足沾花雨，陇水春多逆浪风。"

杜甫《题王宰画山水图歌》："焉得并州快剪刀，剪取吴松半江水。"李贺《罗浮山人诗》："欲剪湘中一尺天，吴娥莫道吴刀涩。"

李贺《金铜仙人辞汉歌》："衰兰送客咸阳道，天若有情天亦老。"毛泽东《七律·人民解放军占领南京》："天若有情天亦老，人间正道是沧桑。"

在古典诗词创作中，只要不是直接袭用前人的诗句，一般不认为是剽窃。而且，诗词这种文体也不适于通过注释方式标明某种要素的出处。

韩愈认为，"惟古于词必己出，降而不能乃剽贼。"可见，在他眼里，选字用词是出于作者自己还是他人，是区分创作与剽窃的一个重要标准。[2]唐代的诗僧皎然写了一本书，叫做《诗式》。这是一部研究作诗方法的书，也算是唐代诗学理论书。他谈到诗有三种偷法：一曰偷语，就是偷取前人的句子。二曰偷意，是偷用前人的意境。三曰偷势，是偷袭前人的风格气势。他以为偷势者才巧意精，可以原宥，偷意就情不可原了，而偷语则是公行劫掠，最

---

[1] 参见张斌："学术规范的重要性——评武汉大学教授周长城的学术剽窃问题"，《学术批评网》2005年9月19日首发。最后访问时间：2013年6月25日。

[2] 参见刘汉波："著作权司法实践中的文学观念批判——以文学剽窃的认定为中心的考察"，华东师范大学2008年博士毕业论文，第3页。

为钝贼，必须判罪。[1]用现在的话说，偷语要承担法律责任，相当于剽窃别人的"表达"；偷意相当于剽窃思想观点，要受到道德谴责；偷势则为合理的借鉴，不应受到道德和法律的责难。

四、依照惯例无需标明出处的

有的作品在使用过程中客观上不能或不需要标明出处的，这种情况下就不能认定为剽窃，但并不影响其承担其他侵权责任。比如，未经他人许可，将他人的美术作品用作自己的商标。如果该美术作品具有著作权的话，就是以非法复制方式侵犯他人的著作权。在商标上面通常没有作者署名，是否构成剽窃？一般来说，按照商业惯例，商标标识上一般不会附上作者的名字。这样，即使没有获得著作权人的许可，也不能认为是剽窃。再比如，设置或陈列在公共场合的艺术作品，社会公众往往有意无意地以其为背景进行拍摄、录像。对于这些艺术作品，是否需要在照片、录像中注明出处，显然是不需要。只要不是故意地混淆作品的出处，也并不需要刻意地标注出这些作品是谁人所创作的。

最后，在建筑作品上，出于整体建筑审美或是艺术或是实用的要求，署名往往不能体现。不过，在哈尔滨，凡是在2006年1月1日后竣工的建筑都可以申请登记建筑署名。其中，建筑面积5000平方米以上的单体建筑、具有一定规模的建筑组团；城市中心区重点地段标志性景观及建筑小品；重要桥涵、标志性建筑及其他应署名的重要建筑物、构筑物都应署名。署名应制成标识牌悬挂在署名建筑上，或制成碑铭立在署名建筑附近。从中可以看出，哈尔滨市政府专门作出这样一个规定，反过来说明，在一般的建筑惯例中，往往不署名。

五、作者同意由他人署名的

我国《著作权法实施条例》第19条规定："使用他人作品的，应当指明作者姓名、作品名称；但是，当事人另有约定或者由于作品使用方式的特性无法指明的除外。"这就是说，依据当事人的约定，作者不予以署名的，没有

---

[1] 施蛰存："戴叔伦《除夜宿石头驿赏析》"，来源于http://www.confucianism.com.cn/html/wenxue/8620466.html，发布时间：2009年6月11日，最后访问时间：2013年5月19日。

侵犯署名权，也不构成剽窃。法律进行这样的规定，主要还是基于署名权方面的考量。在著作权法上，署名权包括作者在作品进行署名、不进行署名、署以别名等内容。也就是说，如果当事人之间约定作者不在作品上署名，也是出于作者的意愿，因而符合著作权法的规定。

对于这种情形应当具体分析，并非当事人约定署名就可能不构成剽窃，主要应当看作品的性质。比如，在合作作品中，当事人约定部分作者不署名的，是否构成剽窃？不可一概而论，也需要结合作品的性质进行确定。比如，对于论著性质的作品或者是文艺作品，本来是由研究生和导师共同创作的，导师对作品也作出了创造性贡献，在上面署名是理所应当的。如果导师过分谦虚，不在作品上署名，其实也会构成作品来源的混淆，同学生只署上自己的名字从而构成剽窃的社会效果是一致的。在此，社会公共利益的要求与作者的署名权之间存在着冲突，作者署名权的行使应当服从社会公共利益。对于非论著性质的作品，或者是非文艺作品，对于合作作者之间约定署名，可以更为宽松一些。

委托作品上的署名情况也是这样。委托作品又称定作作品，是指受托人根据委托人的委托，并依其意愿和要求创作的作品。根据《著作权法》的规定，委托作品的著作权的归属由委托人与受托人通过合同约定，没有明确约定或者没有订立合同的，著作权归受托人。因此，根据《著作权法》第17条之规定，可以由委托人享有。不过，关键也还是要看是何种性质的作品。如果仅仅是一般的工程设计图、产品设计图或软件，或者是一般的年终工作总结，约定署名权归委托人也没有关系。在这些作品上更换署名，很难说与公共利益结合在一起，一般也可以不视为剽窃。

如果是论著性质的、文艺性质的委托作品，涉及思想文化发展之脉络，牵涉到公共利益，因而署名就不能随意变更，委托人不能在委托作品上署名。否则的话，这条规定势必为剽窃行为打开方便之门。现在的网络上有很多代写论文的枪手，专门为人代写各种论文，包括硕士论文、本科论文，乃至博士论文，论文的署名当然是委托人。这种行为自然是不被许可的，当事人约定署名由于损害公共利益而无效。

六、作品要素在客观上无法注明出处的

意蕴、艺术风格、意境、意象、风格都是作品的构成要素，这些作品要

素一般不能成为剽窃的对象。主要原因在于：这些作品要素的主观性太强，具有很大的抽象性和不确定性，往往见仁见智。很多情况下，属于只可意会，不可言传的东西，所以其他人也无法进行剽窃。而且，一部作品的意蕴、艺术风格、意境、意象等要素可能受到其他多部作品的影响，不可能同其他某一部作品的意蕴、艺术风格、意境、意象完全相同，因此，客观上也无法对意蕴、艺术风格、意境、意象等作品要素进行注释，标明其来源。从思想文化发展的角度上看，对作品的意蕴、艺术风格、意境、意象等要素的学习、模仿、借鉴也有助于文化艺术的繁荣，增进社会公共利益。总之，意蕴、艺术风格、意境、意象、风格等作品要素不能成为剽窃的对象，这些要素本身属于作品中的公共要素，或公共知识，他人对之进行学习、模仿、利用不会侵犯著作权，因此也不会构成剽窃。

七、单位在作品上的署名的

根据作品的主体，可以分为单位作品、合作作品和个人作品。其中，单位作品指以特定单位的名义，由其投资或出资，并由其承担责任的作品。这里的单位包括电影制片公司、电台、电视台等，既可以是法人，也可以是非法人组织，但须依法设立。对于单位作品而言，作者是该单位本身。单位作品的著作权完全属于该单位所有，单位在作品上的署名是理所应当的，并不构成剽窃。

八、借鉴他人作品创意的

在日常生活中，创意往往作为形容词使用，说某人很有创意，意思是说很有新的思路或想法。在经济学上，有着创意产业这一概念，也被称为创意经济。指那些从个人的创造力、技能和天分中获取发展动力的企业，以及那些通过对知识产权的开发可创造潜在财富和就业机会的活动。它通常包括广告、建筑艺术、艺术和古董市场、手工艺品等产业。

创意从字面上看创出新意，也指所创出的新意或意境。亦作"刱意"。汉王充《论衡·超奇》："孔子得史记以作《春秋》，及其立义创意，褒贬赏诛，不复因史记者，眇思自出于胸中也。"王国维在《人间词话》中说："但恨创调之才多，创意之才少耳。"郭沫若《鼎》："文学家在自己的作品的创意和风格上，应该充分地表现出自己的个性。"由此可知，创意是存在于文艺作品中的一种理念、意境、思路，具有一定的模糊性和不确定性，往往没有明确的内容，与思想观点不一样。

  创意不属于著作权法的保护范围，主要原因既在于创意往往属于人们一时一地的某个思路、想法，本身具有一定的不确定性和模糊性，他人对创意的借鉴、学习有助于促进科技文化的发展和繁荣。只有在创意具体化，或是演化为一定的技术方案时，受到专利法的保护；或是演化为具体的作品时，受到著作权法的保护。仅仅是处于创意阶段，不受知识产权法的保护，自然也就不能成为剽窃的对象。

第六章
著作权立法论

第一节 总 则

1-1 条

为保护著作权人、邻接权人的合法权益，鼓励作品的创作、传播和使用，促进科技文化创新和信息交流，制定本法。

说明： 此条为著作权法立法目的方面的规定，在著作权法中最为重要，体现了立法价值目标。主要考虑有三点：第一，著作权法的根本目标在于促进科技文化创新，除此之外，还应包括促进信息交流，只有这样才能够在著作权主体、对象、权能范围等方面涵盖面更大一些；第二，著作权法并非仅仅保护著作权人、邻接权人的利益，还应当保护使用者、社会公众的合法权益，这里的社会公众包括其他经营者、作者、读者等群体，所以要鼓励作品的创作、传播和使用，平衡各方之间的利益关系；第三，为了实现著作权法根本的立法目标，主要是通过两种手段，一是以赋权方式给予著作权人、邻接权人创新的动力，二是通过限权方式降低社会公众创新的成本，二者相辅相成，不可偏废。

1-2 条

中国公民、法人或者非法人组织的作品，不论是否发表，依照本法享有著作权。

外国公民、法人、无国籍人的作品根据其作者所属国或者经常居住地国同中国签订的协议或者共同参加的国际条约，依照本法享有著作权。

外国公民、法人、无国籍人的作品首先在中国境内出版或发表的，依照本法享有著作权。

未与中国签订协议或者共同参加国际条约的国家的作者以及无国籍人的作品首次在中国参加的国际条约的成员国出版或发表的，或者在成员国和非成员国同时出版或发表的，享有著作权。

说明：第一，此为常规性之规定，指明作品著作权的成立不以发表为条件；第二，在存在双边、多边协议或公约情况下，其他国家的公民、法人在著作权主体问题上享有国民待遇；第三，无双边、多边协议或共同参加公约的，著作权的享有以发表或出版为条件，但此种情形为数极少；第四，此条最大的意义就在于：很大程度上克服了知识产权的地域性。在一个国家取得著作权，不需要经过任何手续，就可以在世界上绝大部分国家和地区自动取得著作权。

1-3 条

著作权自作品成型之日起产生。

说明：著作权究竟何时取得？这也是一个非常重要的问题，本书认为是作品成型，并不要求非常完善。问题在于：何谓成型。论文写了一半、绘画作了一半，算不算成型？只要基本架构有了，就可以说著作权产生了。

1-4 条

著作权法 1-2 条第 3 款规定的首先在中国境内出版或发表的外国公民、法人、无国籍人的作品，其著作权自首次出版或发表之日起受保护。

外国人、无国籍人的作品在中国境外首先出版或发表后，30 日内在中国境内出版或发表的，视为该作品同时在中国境内出版或发表。

说明：此条为计算少数外国人作品著作权的保护期限，在出版或发表前，并不受法律保护，不享有国民待遇。

1-5 条

各级文化、广电、新闻、出版等行政部门依法对作品的发表、出版、传播进行监督管理。

说明：此条为行政管理方面的规定，与著作权主体、成立、维权没有直接关系，对著作权的行使会产生一定的影响。

1-6 条

术语定义：

（一）著作权。指作者对特定作品依法享有的排他性支配权。

（二）作品。指发挥精神功能的知识。

（三）知识。指具有系统性和创新性的符号组合，由各种符号元素构成，包括符号形式和符号信息两个层次上的各种要素。作品、商标、发明等均为知识。

（四）精神功能。指作品所具有的审美功能和信息功能。

（五）实用功能。指作品所具有的对生产生活发挥实际作用的功能，包括实用技术功能以及其他实用功能。

（六）存量要素。指作品中所吸纳的既存的各种要素。

（七）增量要素。指作者在作品中新增的各种要素。

（八）独创性。指作品中需要具备一定层次上的增量要素从而有可能获得著作权的属性。

（九）邻接权。指与著作权相类似的一些民事权利。

（十）人。本法所称的人包括自然人、法人、非法人组织。

（十一）单位。包括法人和非法人组织。

说明：此条是关于著作权法上一些专门术语的规定，很多概念为本书独创，故有必要进行专门说明。

第二节 作 品

2-1 条

本法所称的作品包括但不限于：

（一）静态作品。包括文字作品、乐谱作品、舞谱作品、图形作品、绘画作品、书法作品、摄影作品、雕塑作品、模型作品、建筑作品、软件作品等。

（二）动态作品。包括口述作品、音乐作品、相声作品、舞蹈作品、杂技作品、戏剧作品、电影作品和以类似摄制电影的方法创作的其他视听作品等。

说明：根据正文中的论述，静态作品、动态作品区分的意义主要有三个：第一，著作权对象一开始都是静态作品。在科技不发达的时代，动态作品无法保存下来，转瞬即逝，并不被视为作品。只是在科技发展以后，能够对动态作品进行保存、传播、改编之后，电影、音乐、戏剧、舞蹈、相声等才可能成为著作权对象；第二，动态作品和静态作品之间存在着密切的关系，动态作品往往是静态作品的演绎作品，或者说，是对静态作品进行表演后形成的新作品，比如，音乐与乐谱，舞蹈与舞谱，戏剧与剧本；第三，动态作品和静态作品的区分为表演者成为作者，表演者权成为著作权而非邻接权，奠定了理论基础。

2-2 条

改编、翻译、注释、摄制已有作品而产生的新作品为演绎作品。

说明：本条是关于演绎关系的规定，只要是在原有作品基础上形成的，大量利用原有作品的派生作品，均为演绎作品。方式多种，包括各种改编作品体裁的改编行为，也包括翻译、摄制行为，但不包括整理行为，整理行为没有产生新作品。所谓在原有基础上形成，通常是指大量利用原作品中的核心要素。

2-3 条

汇编若干作品、作品的片段，由此产生的新作品为汇编作品。

说明：汇编作品的特点就在于，被汇编的对象往往具有著作权，汇编作品独创性的根源就在于其特有的编排方式上。在汇编作品时，需要取得原著著作权人的同意。如果被汇编对象上没有著作权，汇编行为就无需取得同意，但应标明出处。以前的著作权法上，往往把汇编不构成作品的数据或者其他材料形成的作品也称为"汇编作品"，实际上，后者的形成无需取得同意，也无需标明出处，同原创性作品并无差异，只不过独创性程度低而已。

2-4 条

本法不适用于：

（一）法律、法规、规章，国家机关的决议、决定、命令和其他具有立法、行政、司法性质的文件，及其官方正式译文。

（二）国家机关组织的各类考试试题。

（三）时事新闻。

（四）历法、通用数表、通用表格和公式。

说明： 上述四种类型不能成为著作权对象，但其中的原因各有不同，前两种情形本身能够成为作品，只不过是基于公共利益方面的考量，法律上不使其具有著作权；而后两种情形，本身过于简单，不属于作品类型，因而不能具有著作权。

第三节 著作权的权能

3-1 条

作者享有署名权、保持作品原状权等辅助性权能，社会公众应当遵守对他人作品的善用义务。

说明： 本条是关于著作人格权方面的规定。本书认为，署名权、完整权并非著作人格权，而是一种具有公益性质的辅助性权能。其中，署名权相当于物权中的占有权能，完整权类似于排除他人干涉、妨碍权能。这两种权能都服务于作品的使用权能。

3-2 条

辅助性权能不能转让、设定、继承，但可以放弃或授权他人行使。

说明： 由于署名权和完整权关系到他人能够准确地理解作品、理清思想文化发展脉络问题，此点对于人文社科类作品尤为重要。因而既不能转让，也不能继承。但可以授权他人行使，比如，授权他人为自己取一个笔名，或授权他人对自己的作品进行修改，或放弃追究他人侵权责任的权利，这些从民法角度上看均无问题。

3-3 条

辅助性权能的存续期间为自然人作者有生之年或为法人的存续期间。

作者死后或法人发生解散、撤销、分立、合并等情形之后，其继承人、继受人或国家指定机构有权要求社会公众继续遵守对作品的善用义务，正确地署名并保持作品的原状。

说明：第一，辅助性权能作为著作权的一项内容，其存续应当与自然人作者或法人的生命周期等同，这才符合民法的精神；第二，由于辅助性权能具有公益性质，因而即使权利主体不存在了，其他人也应当遵守对他人作品的善用义务。

3-4 条

著作用益权能包括：

（一）复制权能。即以印刷、复印、拓印、录音、录像、翻录、翻拍等方式将作品制作一份或者多份的权能。

（二）发行权能。即以出售或者赠与方式向公众提供作品的原件或者复制件的权能。

（三）出租权能。即有偿许可他人临时使用电影作品和以类似摄制电影的方法创作的作品、计算机软件的权能，计算机软件不是出租的主要标的的除外。

（四）公开传播权能。即以展览、表演、放映、广播、信息网络传播或其他方式使公众感知作品的权能。

（五）演绎权能。即以改编、摄制、改变、翻译、注释或其他方式将作品改作成新作品的权能。

（六）汇编权能。即将作品或者作品的片段通过选择或者编排，汇集成新作品的权能。

（七）应当由著作权人享有的其他权能。

说明：本条是关于著作权具体内容的规定，前 6 项是列举式规定，第 7 项是兜底性条款。在实务中，如何确定著作权人的其他权能，判定的依据或依据是什么？需要考量以下几个方面的情况：首先，是否为新的作品传播途径？如果是新的作品传播路径，一概需要纳入到规制范围；其次，如果是新的作品利用方式，就需要看利用原作品中增量要素的量和质；再次，衡量这种利用方式对著作权人经济利益的影响程度，有没有可能和著作权人在传播市场以及后续的改编市场上产生直接的竞争；再次，衡量此种利用方式与作品精神功能之间的关系。如果和作品精神功能无关，非在作品意义上使用，就可能不是侵犯著作权；最后，衡量此种权能的确立对公共利益的影响程度，会不会极大地损害社会公众的利益。

第四节　著作权的归属

4-1 条

自然人、法人、非法人组织均可为作者。

说明： 法人、非法人组织均可以成为作者，享有署名权、完整权等辅助性权能，这一方面体现了社会组织在当前经济文化生活中的作用，另一方面也能够强化说明署名权、完整权并非所谓人格权，其所保护的并非作者的精神利益。

4-2 条

两人以上合作创作的作品，著作权由合作作者共同享有。没有参加创作的人，不能成为合作作者。

合作作品分割后可以构成独立作品的，作者对各自创作的部分可以单独享有著作权。

合作作品的作者之间无合作创作意图的，各方就己方的创作部分分别承担法律责任。

合作作品可以分割使用的，在分割使用时不得侵犯合作作品整体的著作权。

合作作品不可以分割使用的，其著作权由各合作者共同享有，通过协商一致行使；不能协商一致，又无正当理由的，任何一方不得阻止他方行使除转让权以外的其他权利，但所得收益应当合理分配给所有合作作者。

说明： 合作作品是否需要作者之间的合意，各国有不同的做法。本书认为，合作作品是一个客观事实，应当从社会公众的角度进行判断。即使当事人之间无合作意图，也可以成为合作作品。比如，曹雪芹和高鹗的《红楼梦》。问题关键在于：如果没有合作意图，一方创作内容涉及侵权或其他违法行为的，则另一方不承担连带侵权责任。

4-3 条

包括署名权在内的视听作品的各项著作权能均由制片者享有。根据协议或惯例，编剧、导演、摄影师、词曲作者、演员以及其他辅助性人员等可以在视听作品上署名。

视听作品中的剧本、音乐等可以独立成为作品的，作者享有著作权，但当事人另有约定的除外。

说明：本条最大的意义在于，彻底将人格论的残余从视听作品制度中清除出去。在以前的立法中，视听作品著作权的归属实际上是多元的，导演、演员、编剧等享有署名权，其他著作权归制片人。本书认为，导演、演员、编剧的署名不具有著作权法意义，所有著作权均完整地归属于制片人，故有此规定。

4-4 条

单位投资或组织的，并且由单位承担责任的作品，著作权属于该单位。

主要是利用单位的物质技术条件创作，并由单位承担责任的工程设计图、产品设计图、地图、计算机软件等作品的著作权归单位所有。

作者为完成单位的其他工作任务所创作的作品是职务作品。职务作品的著作权归属由当事人约定。当事人没有约定的，著作权由自然人作者享有，法律另有规定除外。单位有权在其业务范围内优先使用。作品完成两年内，未经单位同意，作者不得许可第三人以与单位使用的相同方式使用该作品。未经单位同意的，此种许可行为不得对抗单位的优先权。

职务作品完成两年内，经单位同意，作者许可第三人以与单位使用的相同方式使用作品所获报酬，由作者与单位按约定的比例分配。

职务作品完成两年的期限，自作者向单位交付作品之日起算。

说明：本条区分了两种情形，一是单位作品，包括署名权在内的所有著作权完全归属于单位，参与者的署名不具有著作权法意义；另一种是职务作品，著作权归作者，但受到一定的限制，单位具有优先使用权。关键问题在于：单位的优先权能否对抗善意第三人。本书认为，单位优先权是一种法定优先权，可以对抗善意第三人。当然，作者和第三人之间的许可合同还是有效的，只是不能对抗单位的优先权而已。

4-5 条

受委托创作的作品，著作权的归属由委托人和受托人约定。但署名权仍然由受托人享有。

合同未作明确约定或者没有订立合同的，著作权属于受托人，委托人在约定的使用范围内享有使用作品的权利。双方没有约定作品使用范围的，委托人可以在委托创作的目的范围内免费使用该作品，但不得变更署名。

说明：本条关键在于委托作品署名的规定。一般来说，署名权具有公益性质，所以不能随意约定归他人所有，这一点在人文社科类作品中尤为重要。但在其他类型的作品中，如产品设计图、地图等多功能作品中，则表现得并不突出。但还是有必要作此规定。主要是因为现在枪手代写论文现象极为严重，法律不能为此大开方便之门。其他相关法律自然禁止代写论文，著作权法也需要否定在委托作品上由委托人署名的法律效力。

4-6 条

美术作品原件的受让人有权展览原件。

说明：美术作品通常包括美术、摄影、雕塑和模型等作品，本条所称的"原件"，指"原稿""底本"或"原本"，是与复制件相对应的一个概念。美术作品原件具有特殊的艺术价值和不可再现性，可以通过出售、赠与、遗赠、继承等方式转移到作者之外的人，该原件的持有者合法取得该物的所有权，依法对该物享有占有、使用、收益、处分的权利，自然就包括展览权，展览权本身属于物权的一项内容。在著作权法上对此进行规定，是为了防止物权人、著作权人之间产生冲突。

4-7 条

著作权属于自然人的，自然人死亡后，其著作权在本法规定的保护期内，依照继承法的规定转移。

著作权属于法人或者非法人组织的，法人或者非法人组织变更、终止后，其著作权在本法规定的保护期内，由承受其权利义务的法人或者非法人组织享有。

著作权无人继承或没有法人和非法人组织承受的，著作权消灭。

说明：第一，本条中的著作权，既包括各种使用权能，也包括各种辅助性权能；第二，法人、非法人组织由于在理论上具有无限期的生命力，因而在著作权保护期限上和自然人作者是不同的；第三，在著作权无人承受时，并非收归国有，缺少适当的国有机构来承接、行使著作权，归于消灭，落入公共领域较为妥当。

4-8 条

作者身份不明的作品，由原件所有者行使除署名权以外的其他各项著作权能。原件所有者有权要求他人不得在作品上随意署名。作者身份确定后，由作者或者其继承人行使著作权。

说明：第一，作者身份不明，各种辅助性权能自然就无从行使。同时，各种使用权能也无从行使；第二，原件所有者也无法证明其从何种途径获得授权或者受让权利，在这种情况下，只有法律赋予原件所有者行使各项著作权，但署名权除外，因为署名权关系到作品出处，关系到思想文化发展脉络，因而不能随便行使；第三，尽管原件所有者自己无法行使署名权，但对于他人侵犯署名权的，仍然可以进行维权，其地位类似于继承人。

4-9 条

在作品上署名的人，包括自然人、法人或非法人组织，推定为作者。

说明：在著作权法上，署名的功能类似于物权法上的占有，将占有人推定为所有人，得举证推翻。

第五节 著作权保护范围

5-1 条

著作权保护仅限于其直接或间接地发挥作品精神功能的范围，他人利用作品的实用功能，并不侵犯著作权。

说明：这里涉及著作权和专利权保护范围之间的关系，基于实用目的的，不属于著作权法保护的范围。但如果在发挥实用功能的同时,存在复制、下载等方面行为的,仍然涉及作品的精神功能,仍然侵犯著作权。比如,根据图纸,造出大楼,这个不算侵犯著作权。但如果图纸是电子版的,存在下载行为,则侵犯著作权。同样,将他人绘画用作商标,存在复制行为,也侵犯著作权。

5-2 条

特定作品著作权保护范围不及于作品中的存量要素部分。

作品的体裁、题材、风格、意蕴等要素不属于著作权的保护范围。

说明:第一,著作权是一种支配权,仅仅就特定作品成立。在该作品中的存量要素部分,有可能属于其他作品的保护范围,也有可能属于公共领域,但不属于该作品著作权的保护范围;第二,作品中的增量要素部分,也并非全部属于著作权保护范围,需要进行价值衡量,作品体裁、题材、风格、意蕴等或是过于抽象,不便于支配,或是基于公共利益,不能纳入著作权法的保护范围。

5-3 条

著作权由自然人享有的作品,著作权保护期为作者终生及其死亡后50年,截止于作者死亡后第50年的12月31日;如果是自然人合作作品,截止于最后死亡的作者死亡后第50年的12月31日。

著作权由单位享有的作品,其著作权保护期为50年,截止于作品首次发表后第50年的12月31日,但作品自创作完成后50年内未发表的,不再属于著作权的保护范围。

说明:第一,著作权保护期限,对于合作作品而言,需要是当事人双方存在合作创意的,如果没有合作意图的合作作品,保护期限自然不能截止于最后死亡的作者死亡后第50年的12月31日。比如,曹雪芹、高鹗版的《红楼梦》版本著作权存续期间不能截止于高鹗死后50年;第二,对于单位作品而言,没有发表的,依然具有著作权,但保护期限只有50年。已经发表的,保护期限实际上是延长了。

第六节 著作权的利用

6-1 条

著作权可以转让、继承，或者由著作权人为他人设定出版权、表演权、质权等权利。

说明：第一，著作权作为一项普通的民事权利，自然可以转让、继承；第二，著作权人可否把出版权、表演权等转让给他人？从法理上讲是不可以的。正如土地所有权人不能把土地使用权、抵押权转让给他人一样。这里面就是一个设定问题，设定了包括使用权和质权在内的次级权利，构成对著作权的限制。在这种限制消除之后，著作权回复到圆满状态。

6-2 条

许可使用合同中著作权人未明确许可的权利，未经著作权人同意，被许可人不得行使，除非该项权利为被许可人行使许可权利所必需。

说明：未明确许可的权利，除非为被许可人行使许可权利所必需，被许可人不得行使，否则的话，就有可能构成侵权。比如，许可他人拍摄电影，没有约定许可他人制作、发行电影海报，电影海报是电影的衍生作品。这种情况下，根据诚信原则，应当认定，小说原著著作权人允许摄制人发行电影海报，这是合同的附随义务。

6-3 条

依照本法使用他人作品时，不得擅自行使专属于作者的辅助性权能。

说明：不得擅自行使专属于作者的辅助性权能，一旦行使了，即为侵犯著作权。在作者著作权已经不存在的情况下，作者的继承人也可以要求予以纠正。当然，如果经过作者许可或者授权，可以行使，比如，为作者选择笔名，或者进行修改。但编辑对作品进行技术性修改、文字性修改的除外。

6-4 条

以著作权作为标的设立质权时，著作权人行使著作权所获收益应当向质权人提前清偿债务或者提存。

说明：这是设定质权时的应有之义，如果未提存或者未提前清偿债务的，质权人应当有权提起诉讼。

6-5 条

以著作权出质的，由出质人和质权人向国务院著作权行政管理部门或其授权部门办理出质登记。

说明：质权具有对抗善意第三人的效力，著作权对象为符号组合，并非动产，不能由质权人直接进行占有。这种情况下，只有在行政机关登记公示后才具有社会公信力，才能够对抗第三人。

6-6 条

图书出版者出版图书应当和著作权人订立出版合同。

图书脱销后，图书出版者拒绝重印、再版的，著作权人有权终止合同。当事人双方另有约定的除外。

说明：第一，本条赋予著作权人单方面终止合同的权利，对于此种权利，双方可以在合同中约定排除；第二，以往的条文中，往往规定图书出版者重印、再版作品的，应当通知著作权人，并支付报酬。实际上，是否支付报酬，是否要再次通知著作权人，可以在合同中予以约定，并不需要法律进行强制性规定。

6-7 条

著作权人向报社、期刊社投稿的，自稿件发出之日起十五日内未收到报社通知决定刊登的，或者自稿件发出之日起三十日内未收到期刊社通知决定刊登的，可以将同一作品向其他报社、期刊社投稿。双方另有约定的除外。

作品刊登后，除著作权人声明不得转载、摘编的外，其他报刊可以转载或者作为文摘、资料刊登，但应当按照规定向著作权人支付报酬。经合理努力无法联系著作权人的，转载、摘编的合理报酬由相关著作权集体管理组织代为收取和保管。

说明：第一，第一款的立法目的在于防止重复发表，造成杂志社、报社之间的版权纠纷；第二，第二款实际上是一个法定许可方面的规定，只要没有特别声明的，其他报刊可以转载。

6-8 条

图书出版者为保证作品质量，可以对作品进行技术性修改。其他修改，须经作者许可。对于文字性修改部分，作者怠于回复修改意见的，视为同意修改。

报社、期刊社可以对作品作技术性修改、删节。对内容的修改，应当经作者许可。

说明：在现有的立法上，图书出版，任何修改，都应当通过作者，经过作者同意，主要是考虑到图书出版周期相对较长。而报社、期刊社出版周期较短，因而，可以对作品进行技术性修改。在实际生活中，为了保证出版质量，出版社对作品也有所谓编辑修改权，主要是针对文字性问题以及政治性问题。本书认为，技术性修改也应当经过作者同意，但作者怠于回复的，就可以视为作者同意修改意见。

6-9 条

再演绎作品著作权的行使，应当获得演绎作品、原作品著作权人的许可。

说明：本条是关于再演绎作品使用规则方面的规定，在演绎作品基础上形成的再演绎作品，其著作权的行使不仅要受到演绎作品著作权的制约，还需要受到原作品著作权的制约。如果不是再演绎，而是针对演绎作品的复制、发行、信息网络传播等行为，只要考量演绎作品著作权的行使是否获得了原作品著作权人的同意。如果未经同意，则复制发行行为同时侵犯演绎作品著作权和原作品著作权。

第七节　邻接权

7-1 条

出版者有权许可或者禁止他人使用其出版图书的新颖的版式设计。

前款规定的权利的保护期为 10 年，截止于使用该版式设计的图书首次出版后第 10 年的 12 月 31 日。

说明：第一，版式设计本身不是作品，而是对作品的编排方式，版式设计的目的既在于让读者便于阅读作品，获得作品中的信息，也使得作品具有一定的美感，能够让读者获得审美愉悦；第二，版式设计权的对象须是具有新颖性的版式设计。这里的新颖性仅仅是针对特定作品而言，并不要求这种新颖的编排手段是前无古人的，只是要求这种新颖的版式设计在特定作品上的应用是前无古人的；第三，版式设计权的主体是图书出版社，报刊、期刊社不应当成为版式设计权的主体。报刊的基本版式设计重复使用率比较高，有的几年或几十年不变，因此，投资的成本不是很高。而书籍则是各不相同，每一本书都需要新的版式设计。特别是一些时间久远的著作。在出版之前，往往需要做各种技术性工作，比如纠正原作的排印错误，注明原书所引事实、数据、名称之错误等，甚至需要重新进行选择、整理、编辑和校勘工作。这些工作需要投入大量的人力、物力、财力，因此有必要赋予其一种排他性的专有权——版式设计权。

7-2 条

录音录像制作者对其制作的录音录像制品，享有许可他人复制、发行、出租、通过信息网络向公众传播的专有权，以及对于为商业目的发行的音像制品直接或间接地用于广播或对公众的任何传播获得报酬的权利；权利的保护期为 50 年，截止于该制品首次制作完成后第 50 年的 12 月 31 日。

获得录音录像制作者的许可，复制、发行、通过信息网络向公众传播录音录像制品的被许可人，还应当取得著作权人（包括表演者在内）许可，并支付报酬，除非著作权人已经充分授权给录音录像制作者。

他人未经许可不得复制、发行，以及通过信息网络等方式向公众传播录音录像制品，不得更改、删除、涂抹制作者名称，也不得对制品内容随意修改、剪辑。

经合理努力无法找到著作权人的，基于被许可人申请，著作权行政主管机关可以发放许可并确定合理报酬，报酬不应低于相关著作权集体管理组织的标准，报酬由相关著作权集体管理组织代为收取和保管。

说明：第一，录音录像制作者主要是基于其传播者身份，进行了投资，为维护其投资利益，故享有邻接权，因此，录音录像行为本身并不需要具有独创性；第二，录音录像的对象可能是他人享有著作权的作品，也可能是不享有著作权的作品，还可能是非作品；第三，录音录像制作者的权利主要包括复制、发行以及信息网络传播，不存在署名权和完整权。但他人也不能在制品上更改制作者名称，也不能对制品进行随意剪辑，这些并非署名权、完整权，但也类似于上述权利；第四，建立了一种政府许可制度，这种许可制度既不同于法定许可，也不同于专利法上的强制许可，有助于促进作品的传播，而且也可以给著作权人带来收益。

7-3 条

广播组织有权将其播放的节目信号进行同步转播或者滞后重播的，有权将其播放的节目录制在音像载体上，复制该音像载体以及向公众发行该音像载体的复制品，有权通过信息网络向公众传播节目。法律法规另有规定的除外。

他人未经许可，不得转播、重播该信号播放的节目，不得复制、发行或通过信息网络方式传播该信号播放的节目。不得干扰广播组织播放节目信号，在从事转播、重播、复制、信息网络传播时，不得遮掩、删除该广播组织标志，或者对节目进行删改、剪辑。

前款规定的权利的保护期为 50 年，截止于该节目首次播放后第 50 年的 12 月 31 日。

说明：第一，广播组织权的对象是各种节目信号，是节目载体，并非节目本身；第二，广播组织权作为一种传播者权，没有署名权和完整权，但他人不得遮掩该广播组织标志，破坏节目完整性，这些也类似于署名权和完整权。这些也涉及权利人的经济利益，和商誉直接相关，因而也需要进行法律规制。如此一来，邻接权和著作权之间更加接近了；第三，节目信号是否一定能够播出、复制、发行，不仅要基于著作权法的规定，也要受制于相关行政法规。

7-4 条

自然人对其声音、肖像形成的人格符号享有财产权，他人未经许可，不得基于商业目的擅自利用、模仿、歪曲他人的人格符号。

说明： 自然人的声音和肖像经过复制后就能够脱离人身，成为一种独立的符号，有可能产生商业价值，需要纳入民法保护范围之中。这种权利又同姓名权、肖像权等人格权不同，与著作权之间也有着根本的区别，但其权利内容类似于著作权、商标权，故可作为邻接权进行处理。当然，也可以从著作权法中拿出来，作为一种独立的民事权利，直接规定在民法总则中。

7-5 条

名人的姓名符号，除具有其他含义的以外，他人未经许可，不得基于商业目的擅自利用、模仿、歪曲。

说明： 普通人的姓名符号不能让社会公众将其和特定的人联系在一起，因而缺少商业价值。只有名人的姓名符号能够产生商业促销功能，此中的商业价值是名人在其社会活动中产生的，应当归属于特定的名人。当然，名人姓名符号财产权也可以从著作权法中拿出来，作为一种独立的民事权利，直接规定在民法总则中。

7-6 条

他人未经许可，不得擅自复制、发行、传播无独创性的数据库，或者破坏其技术措施，或者为破坏、规避技术措施提供帮助。

说明： 无独创性的数据库本身无著作权，但也需要投资才能够形成，有助于促进信息的传播，因而也应当受到一定的保护，只有通过邻接权制度进行保护较为妥当。

第八节　侵犯著作权的救济

8-1 条

未经许可，擅自行使他人著作权或邻接权权能的，构成对著作权或邻接权的侵犯。

说明： 知识产权是一种专有权利，包含各种权能。未经许可，行使了这些权能，实际上是把自己置于权利人的地位，侵犯了他人的知识产权，是一种直接侵权。著作权的具体权能范围是开放式的，除了法定的十多种权能之外,还有一个"其他权能"兜底条款,这就需要在司法过程中予以确定。

8-2 条

不当署名,剽窃作品、作品片段或作品要素的,应当视情况承担不同的法律责任,但情节轻微的除外。

说明:凡是不当署名,割裂作品和作者之间关系的,都属于剽窃,这就扩大了剽窃概念的范围。剽窃的对象也包括多种,整部作品、作品中的某一部分或作品的要素。法律责任也是多样的,包括停止侵权、消除影响、赔礼道歉、赔偿损失,等等,视情况而定。情节轻微的,如主观恶意不大或纯粹是过失的,不懂学术规范的,改正了即可,不需要承担过重的法律责任。

8-3 条

下列行为,视为侵犯著作权或者邻接权:
1. 故意避开或者破坏权利人技术措施的行为。
2. 故意制造、进口或者向公众提供主要用于避开或者破坏有效技术措施的装置或者部件的行为。
3. 故意为他人避开或者破坏有效技术措施提供技术服务的行为。

说明:本条是关于技术措施的规定,当然,对于技术措施而言,不存在一个技术措施权。他人破坏软件作品的技术措施,通常只是视为侵犯他人著作权或邻接权的前奏,或者为他人侵犯著作权提供帮助,创造条件,因而可以视为侵犯著作权。如果仅仅是出于学习、研究目的,可以不认为是侵犯著作权。

8-4 条

下列行为,视为侵害著作权或者邻接权:
1. 故意增加虚假的权利管理电子信息的;
2. 故意删除或者改变权利人采取的权利管理电子信息的。但由于技术上的原因或者按照作品等的使用目的和方法无法避免删除或者改变的除外;
3. 明知属于删除或者改变了权利管理电子信息的作品、录制品等,而复制、发行,或者向公众传播的。

说明：在数字和网络时代，权利管理信息往往是电子形式的，以便公众了解著作权的权利状态，主要作用是便于人们识别作者、权利人的信息。因此，故意增加或删除、改变作者身份方面的权利管理信息的，侵犯了作品的署名权；故意增加或删除、改变著作用益权人身份管理信息的，易于导致著作用益权被侵犯；而明知属于删除或者改变了权利管理电子信息的作品、录制品等，而复制、发行，或者向公众传播的，直接侵犯复制权、发行权等著作权。因此，改变权利管理信息，或者是直接侵犯著作权，或者是导致他人的著作权易于受到侵犯。

8-5 条

对著作权或邻接权造成侵害或侵害危险的，无论行为人是否有过错，权利人均可以请求其停止侵害或排除侵害的危险。

著作权人或者邻接权人按照前款规定提出请求时，可以请求行为人销毁侵权产品、侵权工具，或者采取其他停止侵害或者预防侵害的必要措施。

说明：第一，只要存在侵权行为并且仍然处于持续状态的，停止侵权行为就是无条件的，不管行为人有无过错；第二，为停止侵权行为，可以要求销毁侵权产品，或者在产品上消除侵权状态。对于专门的侵权工具，也可以要求销毁，除非该侵权工具也可以用于其他合法目的。

8-6 条

故意侵害他人著作权或者邻接权的，负损害赔偿责任。

权利人可以选择下列方式之一计算损害赔偿额：

1. 权利人因被侵权所遭受的实际损失；

2. 侵权人因侵权所获得的利益。侵权人不能证明其合法成本或者必要费用时，以其全部侵权所得为所得利益；

3. 正常的许可使用费。如果权利人能够证明其损害赔偿额大于许可使用费的，可以在正常使用费的基础上酌情增加。

如果权利人以上述方式难以证明确切的损失额，但可以证明其确实遭受了损失的，可以请求法院根据侵权情节，判决给予 5000 元人民币以上的赔偿。

说明： 知识产权受到侵犯时，损失赔偿额度的确定非常困难。第一，实际损失如果能够确定的，可以由权利人举证证明；第二，侵权所得全部推定为非法所得，应当归属于权利人，但侵权人自己举证属于合法成本或费用的除外，这就把举证责任倒置给被告；第三，如果按照上述几种方式仍然无法确定的，只能采用法定赔偿的方式。

8-7 条

权利人向侵权人主张损害赔偿时，可以请求其赔偿为制止侵权行为而支付的调查费、取证费等，以及合理的律师费。但权利人败诉时，必须支付对方为应诉而支付的调查费、取证费等合理开支，以及合理的律师费。

说明： 本条的规定一方面有助于维护著作权人的合法权益，减少侵权行为；另一方面，也防止权利人的滥诉行为，使得权利人在提起诉讼时，更加谨慎。

8-8 条

侵犯著作权导致不良影响的，可以请求侵害人消除影响。

作者因前款规定的侵害行为而遭受精神损失的，可以请求侵害人赔礼道歉、赔偿损失。

说明： 侵犯著作权产生不良影响的行为既包括侵犯署名权、完整权等情形，也包括混淆作品来源关系等情形，只要产生不良影响，导致公众产生误会或者评价降低的情形，都可以请求侵害人消除影响。如果作者遭受精神损失的，还可以要求侵害人赔礼道歉，支付精神抚慰金。此处的损失并非经济损失，而是精神抚慰金。

8-9 条

合作作品的著作权人，或者由于合同等其他原因对著作权或邻接权形成共有关系的权利人，未经其他著作权人或者邻接权人同意，可以按照本节的规定请求救济，并且可以按照其所占份额，请求损害赔偿。不能确定份额的，有权要求全部赔偿。

说明： 本条解决的是著作权、邻接权共有情况下的诉讼主体以及赔偿数额问题。有份额的，自然按照份额确定赔偿额度。如果没有确定份额的，可以要求全部赔偿，避免其他权利人再提出重复诉讼。当然，这仅仅是针对赔偿额度而言的，对于停止侵权、消除影响、赔礼道歉等责任方式则不受影响。

8-10 条

著作权人或邻接权人有证据证明他人正在实施或者即将实施侵犯其权利的行为，如不及时制止将会使其合法权益受到难以弥补的损害的，可以在起诉前向人民法院申请采取责令停止侵权行为。

说明： 本条是关于诉前禁令方面的规定，启动条件之一是合法权益受损后难以弥补。实际上，除了单纯的经济损失以外，其他所有的损失都存在难以弥补问题。在知识产权侵权纠纷中，采用诉前禁令方式的，往往都涉及经济利益。只要是经济利益受到损失，就不会存在难以弥补问题。

8-11 条

著作权人或者邻接权人对进口或者出口侵害其著作权或者邻接权的物品，可以申请海关查扣。

说明： 申请海关查扣侵权产品，实际上类似于一种诉前禁令制度。无非是由行政机关作出判断，是否要进行查扣而已。

8-12 条

侵害著作权或者邻接权，同时严重损害公共利益的，可以由著作权行政管理部门责令停止侵权行为，没收违法所得，没收、销毁侵权复制品，并可以处以罚款；情节严重的，著作权行政管理部门还可以没收主要用于制作侵权复制品的材料、工具和设备。

侵害行为应当同时承担民事责任、行政责任和刑事责任而侵权人的财产不足以支付的，必须先承担民事责任。

当事人对行政处罚不服的，可以自收到行政处罚决定书之日起三个月内向人民法院起诉，期满不起诉又不履行的，著作权行政管理部门可以申请人民法院执行。

说明：只有在损害公共利益的时候，著作权行政管理部门才能对侵权人进行行政处罚，否则只是侵犯私益而已，行政机关无需介入。问题在于：何种情况下算是损害公共利益。从法理上讲，只有两种情形下才能够算是损害公共利益：一是侵犯署名权、完整权等；二是造成的经济损失数额、侵权次数、侵权产品数额等达到一定的量。

8-13 条

著作权纠纷可以申请调解，也可以按照约定申请仲裁机构仲裁。

著作权行政管理部门应当设立著作权纠纷调解委员会，负责调解著作权纠纷、邻接权纠纷。

说明：著作权侵权纠纷可以进行调解，但侵权纠纷不适用仲裁。只有著作权合同纠纷才适用仲裁。

第九节 侵犯著作权的免责情形

9-1 条

因作品性质、使用目的和方式无法标明作者署名的，或者依据社会习惯可以省略作者署名的，可以省略作者的署名。

说明：本条是免除侵犯署名权情形的规定，并非所有不署名的情形都侵犯他人的署名权。

9-2 条

为便于使用作品而对作品进行技术性改动的。

为满足建筑物的扩建、改建的需要而对建筑作品进行必要改动的。

说明：本条是免除侵犯完整权情形的规定，并非所有修改行为都侵犯他人的完整权。

9-3 条

在不影响作品的正常使用和未不合理地损害著作权人的合法利益的前提下，依本条规定使用作品，可以不经著作权人许可，不向其支付报酬。

（一）为个人目的复制、表演、改编他人已经发表的作品。

（二）为了介绍、评论某一作品或者说明某一问题，在自己的作品中适当引用他人的作品。

（三）为报道时事新闻，在报纸、期刊、广播电台、电视台、互联网等媒体中不可避免地再现或者引用已经发表的作品。

（四）报纸、期刊、广播电台、电视台、互联网等媒体刊登或者播放其他报纸、期刊、广播电台、电视台、互联网等媒体已经发表的时事性文章以及同类性质的已向公众传播的作品，但作者或者广播、电视组织声明不许刊登、播放的除外。

（五）转载时事新闻。

（六）报纸、期刊、广播电台、电视台等媒体刊登的时事性文章或者播放在公众集会上或者在广播、电视、互联网等媒体上发表的讲话，但作者声明不许刊登、播放的除外。

（七）为非营利性教育机构的课堂教学朗诵、展示、表演、改编、翻译或少量复制已发表作品，或者为科研人员的科学研究翻译或少量复制已经发表的作品，但不得出版发行。

（八）国家机关为执行公务在合理范围内使用已经发表的作品。

（九）图书馆、档案馆、纪念馆、博物馆、美术馆等为陈列或者保存版本的需要，可以复制本馆收藏的作品，复制方式包括复印或以数字化形式存在。

（十）不以营利为目的，在不向听众、观众直接或间接收取费用，也不向表演者支付报酬的情况下表演已经发表的作品。

（十一）对设置或者陈列在室外公共场所的艺术作品进行临摹、绘画、摄影、录像。

（十二）将中国公民、法人或者非法人组织已经发表的以汉语言文字创作的作品翻译成少数民族语言文字作品在国内出版发行。

（十三）将已经发表的作品，以盲文、附加手语翻译或字幕，或其他为满足视觉障碍者、听觉障碍者、学习障碍者之所需的方式复制、传播，专供视觉障碍者、听觉障碍者、学习障碍者使用。

前款规定适用于对出版者、表演者、录音录像制作者、广播电台、电视台的权利的限制。

9-4 条

为实施九年制义务教育和国家教育规划而编写出版教科书,除作者事先声明不许使用的外,可以不经著作权人许可,在教科书中汇编已经发表的作品片段或者短小的文字作品、音乐作品或者单幅的美术作品、摄影作品,但应当按照规定支付报酬。

前款规定适用于对邻接权的限制。

9-5 条

作品刊登后,除著作权人声明不得转载、摘编的外,其他报刊可以转载或者作为文摘、资料刊登,但应当按照规定向著作权人支付报酬。

说明: 本条赋予了报刊转载权,这也是扩大信息交流的一种途径。而且在作品发表后,著作权人也不存在禁止他人转载的理由。反之,允许转载,扩大影响,对著作权人而言也是很有利的,更何况,著作权人还能够获得一定的报酬。

9-6 条

录音制作者使用他人已经合法录制为录音制品的音乐作品制作录音制品,可以不经著作权人许可,但应当按照规定支付报酬。不过,著作权人声明不许使用的除外。

说明: 一般说来,著作权人公开发表其作品,表明他愿意让作品在社会上传播,所以规定一定条件下,可以不经著作权人许可使用其作品,不违背著作权人意愿,这也是规定制作录音制品的法定许可的基础。但实践中也可能出现一些作者在其作品被录制为音乐作品后,不愿意再传播其作品的情况,比如,某作曲家认为他在 20 世纪 60 年代发表的一些歌曲质量不高,不能代表其创作水平,录制播放后有损他的声誉,所以声明不许他人使用。再比如,著作权人已经许可他人独家录制音乐制品,不能再许可该他人以外的人,否则将构成违约。因此,为了尊重作者的意愿,保护其著作权,该条在规定法定许可的同时,规定"著作权人声明不许使用的除外"。也就是说,对于那些著作权人已声明某作品未经其许可不得再制作录音制品的,录音制作者就不能适用法定许可的规定，否则将构成侵权。

9-7 条

广播电台、电视台播放他人未发表的作品，应当取得著作权人许可，并支付报酬。广播电台、电视台播放他人已发表的作品，可以不经著作权人许可，但应当支付报酬。不过，著作权人声明不许使用的除外。

9-8 条

为通过信息网络实施九年制义务教育或者国家教育规划，可以不经著作权人许可，使用其已经发表作品的片断或者短小的文字作品、音乐作品或者单幅的美术作品、摄影作品制作课件，由制作课件或者依法取得课件的远程教育机构通过信息网络向注册学生提供，但应当向著作权人支付报酬。

参考文献

一、中文著作

1. 施文高：《比较著作权法制》，台湾三民书局1993年版。
2. 黄华新、陈宗明主编：《符号学导论》，河南人民出版社2004年版。
3. 梁宁建：《当代认知心理学》，上海教育出版社2003年版。
4. 吴彤：《系统分析与哲学思维方式》，云南人民出版社2005年版。
5. 严家炎：《金庸小说论稿》，北京大学出版社1999年版。
6. 李宗仁口述，唐德刚撰写：《李宗仁回忆录》，广西师范大学出版社2005年版。
7. 张耕：《民间文学艺术的知识产权保护研究》，法律出版社2007年版。
8. 吴天祥主编：《写字与书法》，西北大学出版社2004年版。
9. 吴天祥：《漫话书法审美》，西北大学出版社2009年版。
10. 徐利明编著：《中国书法通论》，南京大学出版社2005年版。
11. 胡妙胜：《戏剧演出符号学导论》，中国戏剧出版社1989年版。
12. 郑成思：《知识产权法》，法律出版社2003年版。
13. 刘春田主编：《知识产权法》，中国人民大学出版社2002年版。
14. 刘春田主编：《知识产权法》，高等教育出版社、北京大学出版社2003年版。
15. 韦之：《知识产权论》，知识产权出版社2002年版。
16. 彭吉象：《艺术学概论》，北京大学出版社2006年版。
17. 赵炎秋、毛宣国主编：《文学理论教程》，岳麓书社2000年版。
18. 邱振中：《书法的形态与阐释》，中国人民大学出版社2005年版。
19. 汤维建等：《民事诉讼法全面修改专题研究》，北京大学出版社2008年版。
20. 《当代汉语词典》，中华书局2009年版。
21. 杨仁寿：《法学方法论》，中国政法大学出版社1999年版。
22. 常书鸿：《九十春秋——敦煌五十年》，浙江大学出版社1994年版。

23. 敦煌研究院编:《常书鸿文集》,甘肃民族出版社2004年版。
24. 史尚宽:《民法总论》,中国政法大学出版社2000年版。
25. 齐爱民:《知识产权法总论》,北京大学出版社2010年版。
26. 杨延超:《作品精神权利论》,法律出版社2007年版。
27. 薛其林:《民国时期学术研究方法论》,湖南人民出版社2002年版。
28. 吴汉东:《知识产权基本问题研究》,中国人民大学出版社2004年版。
29. 李秋零主编:《康德著作全集(六)》,中国人民大学出版社2007年版。
30. 王泽鉴:《民法总则》,中国政法大学出版社2001年版。
31. 王泽鉴:《侵权行为法(第一册)》,中国政法大学出版社2001年版。
32. 张俊浩主编:《民法学原理》,中国政法大学出版社1991年版。
33. 徐国栋:《民法总论》,高等教育出版社2007年版。
34. 朱妙春:《律师知识产权名案精选》,上海三联书店2009年版。
35. 金元浦、王军、邢建昌主编:《美学与艺术鉴赏》,首都师范大学出版社1999年版。
36. 郑成思主编:《知识产权文丛(第13卷)》,中国方正出版社2006年版。
37. 唐广良主编:《知识产权研究(16卷)》,中国方正出版社2004年版。
38. 郭禾:《知识产权法选论》,人民交通出版社2001年版。
39. 、林家阳、张奇开:《文字与版式设计》,高等教育出版社2006年版。
40. 李明德、许超:《著作权法》,法律出版社2009年版。

二、中文译著

1. [德] G. 拉德布鲁赫:《法哲学》,王朴译,法律出版社2005年版。
2. [德] 黑格尔:《法哲学原理》,范扬、张企泰译,商务印书馆1982年版。
3. [德] 黑格尔:《美学(第1卷)》,朱光潜译,商务印书馆1979年版。
4. [美] 理查德·波斯纳:《论剽窃》,沈明译,北京大学出版社2010年版。
5. [德] M. 雷炳德:《著作权法》,张恩民译,法律出版社2005年版。
6. [西] 德利娅·利普希克:《著作权与邻接权》,中国对外翻译出版公司2000年版。
7. [美] 唐纳德·A. 威特曼:《法律经济学文献精选》,苏力等译,法律出版社2006年版。
8. [美] E. 博登海默:《法理学、法律哲学与法律方法》,邓正来译,中国政法大学出版社2004年版。
9. [瑞士] 费尔迪南·德·索绪尔:《普通语言学教程》,高名凯译,商务印书馆1980年版。
10. [英] 帕斯卡尔·卡米纳:《欧盟电影版权》,籍之伟、俞剑红、林晓霞译,中国电影出版社2006年版。

11. ［澳］胡·贝弗利-史密斯：《人格的商业利用》，李志刚、缪因知译，北京大学出版社 2007 年版。
12. ［德］迪特尔·梅迪库斯：《民法总论》，邵建东译，法律出版社 2000 年版。
13. ［美］罗斯科·庞德：《法理学（第三卷）》，廖德宇译，法律出版社 2007 年版。
14. ［日］富井政章：《民法原论（第一卷）》，陈海瀛、陈海超译，中国政法大学出版社 2003 年版。
15. ［美］苏珊·朗格：《情感与形式》，刘大基、傅志强、周发祥译，中国社会科学出版社 1986 年版。
16. ［以色列］尤瓦尔·赫拉利：《未来简史》，中信出版集团 2017 年版。

三、中文期刊

1. 张建邦："精神权利保护的一种法哲学解释"，载《法制与社会发展》2006 年第 1 期。
2. 金渝林："论版权理论中的作品概念"，载《中国人民大学学报》1994 年第 3 期。
3. 黄维惠："对著作邻接权若干问题的思考"，载《现代法学》1997 年第 4 期。
4. 齐爱民、周伟萌："论学术抄袭的两面性：以学术规范和法律规范的区分为视角"，载《重庆大学学报（社会科学版）》2010 年第 6 期。
5. 杨利华、冯晓青："学术不端与知识产权——以学术剽窃及其治理为视角"，载《重庆大学学报（社会科学版）》2010 年第 6 期。
6. 王毅："论抄袭的认定"，载《法商研究》1997 年第 5 期。
7. 于世平："浅析如何判定剽窃、抄袭"，载《人民司法》1998 年第 11 期。
8. 李永明："论表演者权利的法律保护"，载《浙江大学学报（人文社会科学版）》2002 年第 4 期。
9. 金渝林："论作品的独创性"，载《法学研究》1995 年第 4 期。
10. 冯晓青、冯晔："试论著作权法中作品独创性的界定"，载《华东政法学院学报》1999 年第 5 期。
11. 肖峰："重勘信息的哲学含义"，载《中国社会科学》2010 年第 4 期。
12. 方流芳："学术剽窃和法律内外的对策"，载《中国法学》2006 年第 5 期。
13. 雷东生："论增设剽窃他人著作罪"，载《法商研究》1995 年第 2 期。
14. 尹西明："反思与重构：著作人身权制度探讨——以法律本体秩序为视野"，载《河南省政法管理干部学院学报》2007 年第 1 期。
15. 柳励和："论著作人身权的功能"，载《学术论坛》2009 年第 2 期。
16. 李莉："论作者精神权利的双重性"，载《中国法学》2006 年第 3 期。
17. 李明发、宋世俊："著作人身权转让质疑"，载《安徽大学学报（哲学社会科学版）》2003 年第 5 期。

18. 何炼红、阳东辉:"著作人身权合理使用制度研究",载《法学评论》2004 年第 1 期。
19. 郑成思:"有关作者精神权利的几个理论问题",载《中国法学》1990 年第 3 期。
20. 龙卫球:"论自然人人格权及其当代进路——兼论宪法秩序与民法实证主义",载《清华法学》2002 年第 2 期。
21. 马俊驹:"从人格利益到人格要素——人格权法律关系客体之界定",载《河北法学》2006 年第 10 期。
22. 李雨峰:"精神权利研究——以署名权和保护作品完整权为主轴",载《现代法学》2003 年第 2 期。

四、外文文献

1. Jessica Litman, "The Public Domain", *Emory Law Journal*, Fall, 1990.
2. Niva Elkin-Koren, "Commentary, Of Scientific Claims And Proprietary Rights: Lessons From The Dead Sea Scrolls Case", *38 Hous. L. Rev* (Summer, 2001).
3. Paul Goldstein, *Copyright, Patent, Trademark And Related State Doctrines*, Foundation Press, 2002.
4. Cindy Alberts Carson, "The Dead Sea Scrolls Copyright Cases", 22 *Whittier L. Rev.* (Fall, 2000).
5. Alfred C. Yen, "A First Amendment Perspective On The Idea/Expression Dichotomy And Copyright In A Work's Total Concept And Feel", 38 *Emory L. J* (1989).
6. David Nimmer, "The Moral Imperative Against Academic Plagiarism", *2003 Niro Scavonne Haller & Niro Distinguished Lecture. 54 Depaul L. Rev.* (2004).
7. Jaime S. Dursht, "Judicial Plagiarism: It May Be Fair Use But Is It Ethical?", *18 Cardozo L. Rev.* (1996).
8. Roger Billings, "Plagiarism In Academia And Beyond: What Is The Role Of The Courts?", *38 U. S. F. L. Rev.* (2004).
9. Lerinda Saint Waltrip, "Copyright Law——The Idea/Expression Dichotomy: Where Has It Gone?", Copyright 1985 By The Board Of Trustees Of Southern Illinois University.
10. Carol M. Bast & Linda B. Samuels, "Plagiarism And Legal Scholarship In The Age Of Information Sharing: The Need For Intellectual Honesty", *57 Cath. U. L. Rev.* (2008).
11. Elizabeth F. Judge & Daniel Gervais, "Of Silos And Constellations: Comparing Notions Of Originality In Copyright Law", *27 Cardozo Arts & Ent. L. J.* (2009).
12. Richard A. Mann Et Al, "Starting From Scratch: A Lawyer's Guide To Representing A Start-Up Company", *56 Ark. L. Rev.* (2004).
13. Richard Bronaugh & Peter Barton & Abraham Drassinower, "A Rights-Based View Of The I-

dea/Expression Dichotomy In Copyright Law", *16 Can. J. L. & Juris.* (2003).
14. BurtonOng, "Originality From Copying: Fitting Recreative Works Into The Copyright Universe", 2, *I. P. Q*, (2010).
15. Howard B. Abrams, "Originality And Creativity In Copyright Law", *Spg Law & Contemp. Probs.* (Spring, 1992).
16. Amy B. Cohen, "Copyright Law And The Myth Of Objectivity: The Idea-Expression Dichotomy And The Inevitability Of Artistic Value Judgments", *Ind. L. J.* (1990).

基础文献

1. 王坤:"知识产权本体解析——以二十世纪哲学转向为背景",载《浙江学刊》2008 年第 1 期。
2. 王坤:"知识产权对象中存量知识、增量知识的区分及其功能",载《浙江社会科学》2009 年第 7 期。
3. 王坤:"论著作权的权能体系",载《商丘师范学院学报》2009 年第 10 期。
4. 王坤:"著作人格权制度的反思与重构",载《法律科学》2010 年第 6 期。
5. 王坤:"作品概念的科学建构及其在著作权法上的意义",载《知识产权》2010 年第 6 期。
6. 王坤:"论美术字组的法律问题——以方正诉宝洁'飘柔'倩体字一案为分析对象",载《知识产权》2011 年第 5 期。
7. 王坤:"略论剽窃行为的法律治理路径",载《中国版权》2012 年第 8 期。
8. 王坤:"剽窃概念的界定及其私法责任研究",载《知识产权》2012 年第 8 期。《中国社会科学文摘》2012 年第 12 期全文转载。
9. 王坤:"论反向剽窃",载《电子知识产权》2012 年第 9 期。
10. 王坤:"论剽窃行为侵权责任的构成要件及承担方式",载《电子知识产权》2013 年第 9 期。
11. 王坤、王进:"对死海古卷案件的再思考",载《商丘师范学院学报》2012 年第 10 期。
12. 王坤:"论著作权保护的范围",载《知识产权》2013 年第 8 期。
13. 王坤:"人格符号财产权制度的建构及其法律意义",载《浙江社会科学》2013 年第 11 期。
14. 王坤:"反剽窃的理论依据及其对制度建构的影响",载《浙江学刊》2013 年第 4 期。
15. 王坤:"《大清著作权律》立法模式",载《中国出版》2014 年第 12 期。
16. 王坤:"论作品的独创性",载《知识产权》2014 年第 4 期。

17. 郑培、王坤:"从一则于右任小故事谈谈书法作品的著作权问题",载《中国版权》2014 年第 5 期。
18. 郑培、王坤:"从'抽象人格'到'人格要素'——对著作人格说的反思与重构",载《商丘师范学院学报》2015 年第 10 期。
19. 王坤、王峥:"'二权分离'后著作人格权的行使规则",载《中国版权》2016 年第 5 期。

后 记

物理学家马克斯·普朗克（Max Planck）有句名言：科学在一次一次的葬礼中进步。他所说的是，必须等到一个世代离去，新的理论才有机会铲除旧的理论。[1]知识产权法学的悲哀在于：它连一个像样的、值得铲除的旧理论都没有。它的缺陷是全方位的：

首先，上下脱节。在总论部分，有着众多分歧的观点，智力成果权说、无形财产权说、信息产权说、符号产权说，等等，不一而足。但这些观点往往高高在上，与分论部分脱节，不能够深入到各种知识产权制度内部，系统地指导各部门法的研究。

其次，左右不通。也就是说，分论之间缺少有机的关联。比如，商标显著性、作品独创性、发明新颖性彼此之间有无关联？商标和作品、发明之间是什么关系？它们之间的本质联系和区别是什么？很少有人去进行专门的研究，分论之间呈现出一幅分疆裂土、各守领地、互不往来的景象。

最后，内外失调。对内，知识产权概念的内涵模糊，外延不确定，以至于只能用列举的方式对知识产权概念进行定义。对外，主要是与民法之间的关系失调。比如，永世长存的著作人格权制度，把权利、权能混为一谈的著作财产权制度，莫名其妙的知识产权公权化问题，这些制度、论述常常不符合民法的逻辑，往往都是基于实用主义的考量。就此展开的各种观点基本上是在经验层面上各执一端，自说自话，莫衷一是，以至于知识产权法长期游离于民法体系之外，难进民法的殿堂。

---

[1] 参见［以色列］尤瓦尔·赫拉利：《未来简史》，中信出版集团2017年版，第23页。

整个知识产权法研究状况如同中国历史上的春秋时代，周室衰微，王纲解纽，只存在着一个名义上的中央政权，如同知识产权总论之虚弱。而诸侯并起，纷争不已，又肖似知识产权分论之争议。无论是身处知识产权法学界之内，还是置身其外，都能切实地感受到一个"乱"字，这就给知识产权法的学习和应用带来众多的困难。

为了克服学习过程中的迷茫和痛苦，寻找到一种科学上的确定性，必须重新"立说"，自创体系。于是，在研究著作权法过程中，笔者尝试着综合运用符号学、信息学和系统论，对作品概念进行科学界定，在此基础上，对著作权、独创性、著作人格权、剽窃等概念的内涵和外延进行重构，为此也撰写、发表了一系列的论文，提出一系列异端观点，对作品、著作人格权、人格符号财产权、作品独创性、著作权保护范围、剽窃、著作人格权行使规则等概念和制度进行系统的研究，初步形成了著作权法的一个新体系。本书大部分内容就是在上述论文的基础上，将在研究过程中形成的各种观点统合起来，整理成六个专题，作为对过去几年著作权法研究的一个阶段性总结，供读者质疑批判。

本书作为浙江省社会科学院2018年重点课题研究成果之一，同时也是浙江省社会科学院"部门法学"重点学科成果之一。初稿成于2015年5月，在以后的岁月中，不断地增加新的材料，每有心得，就赶快增补到其中。特别是最近几年来，笔者参与办理《鬼吹灯》系列案件，办案过程中的一些心得也直接体现在本书中。感谢案件委托方阅文集团副总裁朱佳女士及集团总法律顾问王铮先生、总监朱睿龙先生等对案件办理的全力支持和配合。感谢上海市联合律师事务所马晓伟律师、李婷律师、王怡梦律师在《鬼吹灯》案件证据收集、整理等方面所做的大量细致工作。感谢本书的责任编辑老师的精心付出。

感谢北京天达共和律师事务所对本书出版的大力支持。北京天达共和律师事务所系由原北京天达律师事务所与原北京共和律师事务所于2014年合并而成，实施公司化管理，秉持"成功始于助人成功"的理念，致力于推进专业化建设和年轻律师的培养。为达此目的，北京天达共和律师事务所设立出版资助项目，与中国政法大学出版社订立出版协议，鼓励本所律师，特别是年轻律师，在办案过程中勤思考、多研究，从相关法律部门的理论、制度、案例入手，不断积累写作素材，研习写作技巧，最终汇集成书，以此作为推

后　记

动专业化建设和培养年轻律师的主要抓手。本书即为该出版资助项目的首批成果之一。

感谢浙江省社会科学院的领导和同事陈柳裕研究员、沈军博士、唐明良研究员、宋小海研究员、罗利丹博士、弋浩婕博士、孟欣然博士等，多年来在科研和生活方面给予的各种帮助、支持和包容，使我能够怡然从事自己喜欢的研究工作。

感谢北京天达共和律师事务所杭州办公室李燕山主任，彭建新、陈相瑜、夏家品、吴萃、吴军威、章大勇、蒋立新、焦燕燕等合伙人以及其他各位年轻的律师朋友在法律实务方面给予的配合、指导和帮助，他们是一群有情怀的、专业化的法律人，和他们相处，身心愉快。

著书是一个交织着痛苦与快乐、无力与妄想、激情与挣扎，并最终得以解脱的过程。不管过程有多长，总归会有一个了断。现在，就是一种了断，也是一种解脱。然后，重新启程，继续探索未知的领域，在混沌中发现规律，在杂乱中建构秩序，在一个小领域中形成自己的知识谱系。这是宿命，更是使命，人生之乐，亦在于此。

王　坤

2018 年 7 月于杭州

声　明　1. 版权所有，侵权必究。
　　　　2. 如有缺页、倒装问题，由出版社负责退换。

图书在版编目（CIP）数据

著作权法体系化研究/王坤，王展著. —北京：中国政法大学出版社，2018.8
ISBN 978-7-5620-8467-9

Ⅰ.①著… Ⅱ.①王… ②王… Ⅲ.①著作权法－研究－中国 Ⅳ.①D923.414

中国版本图书馆 CIP 数据核字(2018)第 184416 号

出 版 者	中国政法大学出版社
地　　址	北京市海淀区西土城路 25 号
邮寄地址	北京 100088 信箱 8034 分箱　邮编 100088
网　　址	http://www.cuplpress.com（网络实名：中国政法大学出版社）
电　　话	010-58908285(总编室) 58908433(编辑部) 58908334(邮购部)
承　　印	固安华明印业有限公司
开　　本	720mm×960mm　1/16
印　　张	15.75
字　　数	255 千字
版　　次	2018 年 8 月第 1 版
印　　次	2018 年 8 月第 1 次印刷
定　　价	69.00 元